URSULA
GUTHÖRL

Tanz um den
Göttelborn

Unterm Förderturm – Eine Kindheit und
Jugend im Bergmannsdorf Göttelborn

novum ◆ pro

Dieses Buch ist auch als
e-book
erhältlich.

w w w . n o v u m v e r l a g . c o m

Bibliografische Information
der Deutschen Nationalbibliothek:

Die Deutsche Nationalbibliothek
verzeichnet diese Publikation in
der Deutschen Nationalbibliografie.
Detaillierte bibliografische Daten
sind im Internet über
http://www.d-nb.de abrufbar.

© 2022 novum Verlag

ISBN 978-3-99131-674-9
Lektorat: Mag. Angelika Mählich
Umschlagfotos: Ursula Guthörl,
Oleksandr Lytvynenko,
Michal Bednarek | Dreamstime.com
Umschlaggestaltung, Layout & Satz:
novum Verlag
Autorenfoto: Ursula Guthörl

www.novumverlag.com

Gedruckt in der Europäischen Union
auf umweltfreundlichem, chlor- und
säurefrei gebleichtem Papier.

Climate neutral
Print product
ClimatePartner.com/16547-2201-1002

Für meine Mutter Wilhelmine

With confidence we shall advance,
With certitude we shall wait.
(Mira Alfassa, The Mother)

Mit Zuversicht werden wir vorankommen
Mit Gewissheit werden wir warten

Inhaltsverzeichnis

Göttelborn (9.11.2004)

Am Göttelborn hat meine Seele
sich in ein Erdenkleid gesenkt.
Sie lud Musik in meine Kehle
und hat mir freien Geist geschenkt.

Die Brünnlein flossen durch die Auen,
ich sprang durch Wald und Wiesengrund
mit Übermut und Selbstvertrauen.
Oft fiel ich Knie und Hände wund,

hielt flugs sie untern Wasserhahn
und nichts von jämmerlichen Klagen.
Kein Mahnen bremste den Elan,
die Sprünge weit und tief zu wagen,

um munter wieder hochzusteigen
an schroffen Hängen ohne Seil.
Vom morschen Ast zu grünen Zweigen
fand ich den Tritt vergnügt und heil.

Dann schnappte ich mir einen Strahl,
schoss in den Raum schnell wie das Licht,
begegnete der freien Wahl,
befreit vom irdischen Gewicht.

Die Geister lehrten mich das Fliegen
am blauen Himmel nah und fern.
Ich durfte mich im Äther wiegen,
erreichte froh den Morgenstern.

Er funkelte hell und erhaben
in tausend Farben märchenhaft.
Um meine Ängste zu begraben,
gab er mir Mut und Lebenskraft.

Zurück an trüben Erden-Stätten,
sah ich viel Trauer weit verstreut,
Gewalt und Schmiedeeisenketten,
als wäre das der Clou von heut.

Damit will ich mich nicht begnügen.
Es muss doch einen Ausweg geben
aus all den Irrungen und Lügen
im Streben nach dem echten Leben.

Ich lausche still dem Innenton,
der ruhig schwingt und leise klingt.
Er spricht von einer Union,
die uns dem Wahren näher bringt

Er bindet wieder Sein und Schein.
Die Zweifel zeigen Zuversicht.
Es rollt der schwere Mühlenstein,
bis er die Ego-Schale bricht.

Dann fassen wir uns bei den Händen,
wir Männer und wir starken Frauen,
vereinen uns zu neuen Ständen,
um unsre Träume aufzubauen.

Beim Singen froher Liebeslieder,
im Blick das Licht am Firmament,
kommt grenzenloser Frieden nieder,
im Kosmos allzeit immanent.

Vorwort

Auf den ersten Blick mag dieser Text wie eine Autobiografie aussehen. Ich nenne ihn eine Erzählung. Der Inhalt ist authentisch, aber nicht umfassend. Es ging mir darum, anhand von Beispielen der Wirklichkeit die fast versunkene Epoche zwischen 1935 und 1965 eines Kohlenbergwerksdorfes im Saarland auf mehreren Ebenen aus der persönlichen Erinnerung wieder auftauchen zu lassen. Ich hatte nicht den Ehrgeiz, möglichst objektiv zu berichten. Nur das, was ohne viel nachzudenken in mir hochstieg, fand – aus der Sicht des jeweiligen Alters – Aufnahme in meine Schilderungen. Recherchen habe ich keine gemacht. Während des Schreibens mischte sich ab und zu eine kleine Besorgnis ein, meine Offenheit könnte mir als Indiskretion angekreidet werden. Da mir jedoch Verständnis und Humor nachsichtig lächelnd über die Schulter schauten, bin ich zuversichtlich, dass eventuelle Leser und Leserinnen sie zu schätzen wissen und mich nicht als Klatschbase abtun, zumal ich auch mich selbst nicht geschont habe. Die meisten Namen habe ich allerdings geändert.

Die Personen, die in meiner Geschichte vorkommen, leben fast alle nicht mehr. Mehrere Namen entdeckte ich auf Grabsteinen, als ich kürzlich über den Friedhof meines Heimatdorfes schlenderte. Doch sicher gibt es noch eine Reihe von Menschen in Göttelborn und Umgebung, die die alten Zeiten vor, während und nach dem Zweiten Weltkrieg miterlebt haben und sich vielleicht freuen, meine Reminiszenzen zu lesen. In erster Linie habe ich beim Schreiben jedoch an die heutige Jugend gedacht. Sie weiß wahrscheinlich nur noch wenig darüber, wie lebenslustig die Bevölkerung von Göttelborn nach dem Zweiten Weltkrieg war. Sie hatte nach sechs Jahren Ausnahmezustand so viel nachzuholen.

1965 verließ ich Göttelborn, um in Luxemburg eine neue Arbeitsstelle anzutreten. Ich war sehr froh, den Absprung geschafft zu haben, weil ich mir nicht vorstellen konnte, lebenslang am Ort meiner Geburt zu verharren. Ich sehnte mich nach neuen Erfahrungen. 50 Jahre später interessieren mich Göttelborn und Umgebung nun wieder, und ich hoffe, dass sie eine positive Zukunft haben – auch ohne Kohlenbergwerk. Das ausgedehnte Grubengelände bietet bestimmt viele Möglichkeiten, um kreativen Aktivitäten Raum zu geben. Ich empfinde eine gewisse Zärtlichkeit für diese Landschaft. Das Kind in mir spürt seine Wurzeln wieder. Es wünscht sich, dass das Kohlekraftwerk ebenfalls in absehbarer Zeit durch ökologisch vernünftige Methoden der Energiegewinnung – wie zum Beispiel Nutzung der Sonnenenergie und dezentrale Kraftwärmekopplung – abgelöst wird, damit sich die Natur erholen und die Menschen wieder gesund umgeben kann.

Den Titel *Tanz um den Göttelborn* verdanke ich einem Artikel in der Saarbrücker Zeitung über einen irischen Mönch, der in einer Hütte auf der sogenannten *Himmelswiese* in der Nähe von Merchweiler wohnte und versuchte, die Heiden endgültig zum Christentum zu bekehren.

Es heißt:

„War doch der irische Mönch gerade deshalb in dies Tal gezogen, um die immer wieder vom Christentum zu ihren alten Göttern sich abwendenden Bewohner endgültig zu bekehren. Denn sie liebten es mehr, auf sturmumtosten Höhen an dem unter uralten Eichenbäumen sprudelnden heiligen Born, der **Götterborn** *oder auch* **Göttelborn** *genannt wurde, ihr Sonnwendfest nach altem heidnischen Brauch, trotzdem sie dem Namen nach Christen waren."*

Diese Sage gefällt mir. Ich fühle mich ebenfalls zu verschiedenen Göttern hingezogen, obwohl ich als Christin getauft wurde. Als ich jung war, tanzten wir Göttelborner ebenfalls ausge-

14

lassen – allerdings im Konzertwald –, um das Sonnenwendfest (wir nannten es Frühlingsball) zu feiern. Vielleicht ahnten wir tief innen, dass Göttelborn ein besonderer Ort war und ist. Mein Vater erwähnte auch manchmal, dass es heilige Quellen in Göttelborn gab, ohne Genaueres darüber zu wissen. Den Zeitungs-Ausschnitt schickte mir ein ehemaliger Schulkamerad (Joachim Grohmann) aus Saarbrücken, obwohl er dabei nicht an einen Titel für mein Buch dachte. Wissend, dass Göttelborn mein Heimatdorf ist, wollte er mir lediglich eine Freude machen, wofür ich ihm nun dankbar bin.

1

ICH BIN SO FROH, DASS ICH DICH HABE

Während eines zweimonatigen Aufenthaltes in der südindischen Stadt Pondicherry hatte ich, wie mir scheint, einen bedeutsamen Traum. Meine Mutter – sie wohnt nicht mehr auf der Erde – und ich machten einen ausgedehnten Spaziergang miteinander. Wir langten an einem ruhigen Fluss an, der über seine Ufer getreten war. Er wirkte nicht bedrohlich. Ich zögerte zunächst, durch das fußtiefe Wasser weiter zu waten. Mutter Wilhelmine schritt jedoch mutig und entschlossen voran. Also folgte ich ihr vertrauensvoll. Wir behielten die Schuhe an, die vollkommen vom Wasser bedeckt waren. Die Tiefe der überschwemmten Flussaue konnten wir nicht einschätzen. Zwei fremde männliche Gestalten erschienen plötzlich, um uns zu begleiten. Wir fühlten intuitiv, dass sie den Fluss kannten und uns vor der Gefahr des Ertrinkens bewahren wollten. Nachdem wir das weitläufige Überschwemmungsgebiet hinter uns gelassen hatten, erreichten wir einen neu angelegten Fußweg am Rande einer Hügellandschaft. Der Pfad war ganz frisch ausgebaggert. Die rote Erde wölbte sich zum Abhang hin wulstig auf. Es gab keine Fußspuren, so dass ich das Gefühl hatte, wir waren die ersten die ihn betraten. Mir gefiel dieser breite Pfad. Er hatte etwas einladend Freundliches. Obwohl er unbefestigt war, sanken unsere Füße nicht ein in dem lockeren, weichen Erdreich. Wir folgten ihm bis zum Ende. Inzwischen waren die Männer nicht mehr an unserer Seite. Mutter und ich unterhielten uns angeregt, während wir unterwegs waren.

Wie fast immer nach solchen Träumen, blieb nur ein Satz in meinem Gedächtnis haften. Mutter Wilhelmine sah mich liebevoll, aufmerksam an und sagte: „Du siehst so gut aus, wie seit langem nicht." Darüber freute ich mich. Es ist wahr, seit ich etwas älter geworden bin, fühle ich mich gesünder als in den Jugendjahren, auch glücklicher und ausgeglichener.

Unvermittelt tat sich plötzlich eine herrliche Landschaft vor uns auf. Wir blieben überrascht stehen und schauten mit freudiger Dankbarkeit in die Weite. Grüne bewaldete Hügel und Täler, betupft mit malerischen Ansiedlungen, erstreckten sich bis zum Horizont. Die Gegend erfüllte meine Idealvorstellung von Heimat. Der Gedanke: Hier würde ich in Zukunft gern leben, kam mir in den Sinn. Jetzt, im Alter von 74 Jahren, überlege ich nämlich, wo ich mein hohes Alter, falls ich es erreiche, verbringen werde. Der Traum erweckte eine gewisse Zuversicht in mir, dass meine Intuition mit Hilfe der höheren Kraft die richtige Entscheidung treffen wird, wenn der Moment kommt.

Einige Tage später beglückte mich erneut ein wunderbarer Traum von meiner Mutter. Ich kam nachhause, als sie gerade im Aufbruch war, zu Fuß irgendwo hin zu gehen. Ich nahm sie in meine Arme, drückte sie zärtlich an mich und sagte: „Ich bin so froh, dass ich dich habe." Dabei empfand ich höchste Liebe, die zwischen uns hin und her floss. Obwohl ich mich aufs Ausruhen gefreut hatte, sagte ich schnell: „Ich fahre dich." Mutti sah nämlich etwas müde aus. Wohin sie gehen wollte, weiß ich nicht. Hier endete der Traum, oder ich erinnere mich nicht an mehr.

Diese beiden Träume haben bewirkt, dass meine Hand im fernen Indien fast wie von selbst begann, einige Geschichten aus meiner Kindheit und Jugend niederzuschreiben. Mir scheint, jetzt habe ich ein Alter erreicht, in dem ich Abstand zu allem gefunden habe und mich nicht mehr meiner Leichen im Keller schäme. Immer wieder lache ich laut auf über meine eigenen Jugendtorheiten und Eitelkeiten. Auch habe ich das Gefühl, als hätte mir meine Mutter durch die beiden Träume ihr Einverständnis zu meinem Vorhaben, ein Buch über meine Kindheit und Jugend – und damit auch über sie – zu veröffentlichen, signalisiert.

2

DAS WUNSCHKIND UND MUTTIS OPFER

Als ich meiner jungen einundzwanzigjährigen Mutter nach der Entbindung in die Arme gelegt wurde und sie überglücklich war, nun einen Menschen zum Lieben zu haben, fand sie mich so hübsch, wie kein anderes Baby je sein könnte. Als Kleinkind zweifelte auch ich nicht an meinem Aussehen, doch je älter ich wurde, desto mehr Mängel entdeckte ich an mir. Vor allem war ich nicht mit meiner Kopfform zufrieden. Immer musste ich mich bemühen, den Haaren Volumen und Stand zu geben, damit ich einigermaßen nach etwas aussah. Kosmetik war vonnöten, um meinem Gesicht mehr Ausdruck zu verleihen. Mund, Nase und Augen gefielen mir auch nicht mehr, als ich in die Pubertät kam. Ich war zu klein (1,60) und fand meine Beine zu kurz. (Wenn ich jetzt lese, dass zum Beispiel Madonna kaum 1,60 m und Kylie Minogue nur 1,53 m groß sind, staune ich, dass sie trotzdem im Showbusiness so erfolgreich waren und sind.) Als ich ab 15/16 Akne bekam, drückte ich ständig an den Pickeln herum und kleisterte sie mit Puder zu. Ich machte mir Sorgen, wie ich sie verbergen könnte, wenn ich mit einem Mann zum ersten Mal ins Bett ginge und mich abends vorher abschminken müsste. Trotzdem sagten Leute oft, dass ich hübsch wäre, und die Männer sahen mir auf der Straße nach. Einmal nannte mich sogar einer Brigitte Bardot, was mich wunderte. Ihre sinnlichen Lippen hätte ich gern gehabt. Deshalb half ich mit der Zunge durch Druck von innen nach. Mein vier Jahre jüngerer Bruder meinte allerdings, das sähe komisch aus. Schon in den Fünfziger-Jahren war es wichtig, möglichst sexy zu wirken. In allen Zeitschriften hob man den Sexappeal hervor. Ich wäre gern morgens aus dem Bett gesprungen, ohne an mein Äußeres zu denken, bevor ich den Menschen unter die Augen trat. Doch leider bin ich keine

Naturschönheit, wie meine Mutter es war, die nur Wasser und Seife für Ihr Gesicht brauchte. Erst in späteren Jahren benutzte sie, auf meinen Rat hin, eine leichte Feuchtigkeitsemulsion. Ich war ein echtes Wunschkind. Mutti Wilhelmine hatte ihre eigene Mutter, die auch Wilhelmine hieß, bereits mit sieben Jahren an die jenseitige Welt verloren. Ihr Vater, selbst krank, stand in einer Großstadt alleine da mit fünf Kindern zwischen drei und vierzehn Jahren. Es blieb ihm nichts anderes übrig, als so schnell wie möglich eine Stiefmutter für seine Kinder zu finden. Eine entfernte ältliche Kusine aus seiner Heimat, dem Siegerland, wurde ihm von seinen Verwandten vermittelt. Diese fand ihn trotz seines Lungenleidens anziehend als Mann. Daher stimmte sie der Heirat zu und nahm die Kinder in Kauf. Später sagte sie einmal zu ihnen: „Ich habe euern Vater nicht wegen euch geheiratet; er hat mir gefallen." Außerdem verlangte sie, dass Opa weiter in ihre persönliche Rentenkasse einzahlte. Das Geld fehlte natürlich der Familie, da er, wenn es gesundheitlich überhaupt ging, nur als angelernter Arbeiter bei der Bahn beschäftigt war. Sein Traum, Lokomotivführer zu werden, ging ohne Lehrausbildung nicht in Erfüllung. Seinen ursprünglichen Beruf, Gutsverwalter in Ostpreußen, gab er auf, nachdem er seine erste Frau geheiratet hatte. In der Landwirtschaft wurde so wenig bezahlt, dass er keine Familie davon hätte ernähren können. Liebe konnte die Stiefmutter den Kindern natürlich nur wenig geben, aber sie war eine professionelle Schneiderin und nähte hübsche Kleider für die Töchter. Dafür mussten diese, vor allem meine Mutter, die Wohnung putzen. Opa und Stiefoma hatten ein gemeinsames Hobby: Schachspielen. Es half ihnen wahrscheinlich, ihr schweres Leben zu ertragen. Mutti sehnte sich nach Liebe. Trotzdem heiratete sie bereits mit zwanzig Jahren aus Vernunft. Sie konnte es sich nicht leisten, auf die wahre Liebe zu setzen, da sie als Weißnäherin kein Auskommen fand. Zu Hause war auch auf Dauer kein Platz für sie. Später erzählte sie mir, dass sie den Bruder ihrer besten Freundin Mia, Franz Kirchhoff, liebte, ihn aber, ebenfalls aus Vernunftgründen, nicht heiraten konnte, weil es in seiner Familie eine erbliche Hautkrankheit gab. Ihre Freundin war von diesem Leiden betroffen, wodurch ihr Liebesleben ruiniert wurde. Meine Mutter wollte ihren noch ungeborenen Kindern ein solches Los ersparen und verzichtete auf Franz. Ich fand ihre Entscheidung sehr nobel und rechnete es ihr hoch an, dass sie so selbstlos an ihre zukünftigen Kinder gedacht hatte. Später gestand sie mir, dass es ihr wichtiger war, geliebt zu werden, als selbst einen Mann zu lieben. Sicher kam dies daher, weil sie als Kind unter Liebesmangel gelitten hatte. Sie wollte nicht mehr leiden, indem sie fürchtete, der Mann könnte sie enttäuschen. Vielleicht war es aber auch ihre Art, sich selbst zu trösten, da sie der Umstände halber ohne wirkliche Liebe geheiratet hatte. Im August 1937 besuchte Mutti mit mir ihre Freundin Mia und deren Bruder Franz in Wörsdorf im Taunus, wo er beim Arbeitsdienst beschäftigt war. Auf Fotos sieht man deutlich, dass die beiden sich liebten. Muttis Gesicht strahlte, wenn sie ihn ansah. Als Papa per Fahrrad zu Besuch kam (was eine körperliche Leistung war), veränderte sich ihre Miene. Sie wirkte nun auf den Fotos bedrückt und Vater eifersüchtig, frustriert. Obwohl ich erst 14 Monate alt war, erinnere ich mich an die gespannte Atmosphäre. Auch mir sieht man es auf den Fotos an. Sogar andere kleine Details sind mir noch gewärtig. Für eine Aufnahme stellte mich Mutti in ein Schildwachenhäuschen des Arbeitsdienstes. Darin fühlte ich mich überhaupt nicht wohl. Meine Haltung auf dem Foto drückt es aus. Immer wieder strebte ich an die Holzklappe eines Kellerfensters, die ich auf und zu machen wollte. Scheinbar liebte ich Gegenstände, die sich bewegen ließen. Hinter dem Bett, in dem Mutti und ich schliefen, hing eine Schnur zum Licht anknipsen. Die begeisterte mich ebenfalls, doch zu meinem großen Schreck wischte sie mir einen Elektroschock. Das tat weh. Als ich mir die Fotos aus dem Taunus jetzt wieder genau betrachtete, überkam mich Traurigkeit. Ich wünschte mir, dass Mutti Franz geheiratet hätte, um glücklich zu werden, auch wenn ich nicht in dem Körper geboren wäre, der mir jetzt noch dient. Warum hat sie sich nicht wieder scheiden lassen, als sie merkte, dass Vater nicht der richtige Mann für sie war? Mir hätte es wahrscheinlich nichts ausgemacht. Auf einem Foto hält er mich im Arm, während ich mich von ihm abwende in Richtung meiner Mutter. Ich denke, man tut Kindern keinen Gefallen damit, wenn man ohne Liebe heiratet oder ihnen zuliebe bei dem falschen Partner bleibt. Daraus kann viel Kummer resultieren. Allerdings war eine Scheidung aus finanziellen Gründen damals so gut wie unmöglich, und der Ruf einer geschiedenen Frau meist ziemlich angeknackst. In Akademikerkreisen handhabe man die Angelegenheit vielleicht schon großzügiger. Von Franz besitze ich auch ein Foto mit seiner Familie und seinen Eltern aus dem Jahr 1960. Seine Frau war gar nicht mit Mutti zu vergleichen, und er wirkte ebenfalls ein wenig resigniert.

Heute frage ich mich allerdings: Kommen wir denn überhaupt auf die Erde, um immer nur glücklich zu sein? Wäre das nicht ein bisschen langweilig? Ich jedenfalls bin froh, verschiedene Erfahrungen, waren sie nun gut oder schlecht, gemacht zu haben. Dadurch lernte ich mich besser kennen, Stärken entwickeln und Egoismen durchschauen. Außerdem ist mir bewusst geworden, dass innerer Frieden und Glück wenig mit äußerer Wunscherfüllung zu tun haben.

Im ersten Jahr ihrer Ehe redete Wilhelmine sich ein, glücklich und zufrieden zu sein. Ich denke schon, dass sie ein gewisses Maß an Sympathie für Artur empfand, als sie ihn heiratete und dass sie versuchte, an sein inneres Wesen heran zu kommen. Wahrscheinlich war sie nicht erfolgreich, weil er unfähig war, sich ohne Rückhalt zu öffnen, und sie selbst wollte sich wohl auch keinen Risiken durch allzu große Ehrlichkeit aussetzen. Sie lebte in einem schönen Haus, hatte genug zu essen, und vor allem wohnte ihre Lieblingsschwester Gertrud mit Onkel Louis im gleichen Dorf. Die Schwestern wurden gleichzeitig schwanger und bekamen beide im Juni ihre Kinder. Gertrud hielt Ingo und Wilhelmine Ursula im Arm. Tante Gertrud war noch bescheidener als Mutti. Sie wohnte mit Mann und Kind über der Schwiegermutter in zwei kleinen Zimmerchen und musste wie Oma und Onkel Ruprecht das stinkende, kalte Plumpsklo im Hof benutzen. Trotzdem war sie glücklich, weil sie Onkel Louis liebte und bewunderte. Er sah ganz gut aus, war aber ziemlich eitel und egozentrisch. Er war Geräteturner, wie übrigens auch mein Vater. Louis konnte allerdings die Riesenwelle am Reck, die Vater nicht drauf hatte. Dafür konnte er zwischen den Waden die Barrenstangen einklemmen, so dass er nicht abrutschte. Das erforderte viel Kraft. Niemand außer ihm gelang dieser Kraftakt, worauf er stolz war. Ob das gut für seine Beine war, möchte ich bezweifeln. Im Alter bekam er Durchblutungsstörungen, und ein Bein wurde ihm amputiert. Auf Turnfesten war Louis erfolgreicher. Tante Gertrud und Mutti Wilhelmine spazierten stolz mit ihren Kinderwagen über die lange Hauptstraße von Göttelborn und konnten alle großen und kleinen Probleme miteinander besprechen. So ließen sich auch egozentrische und zum Austausch unbegabte Ehemänner spielend verkraften. Doch es dauerte nur etwa 14 Monate, bis ein grausames Schicksal zuschlug. Tante Gertrud bekam die galoppierende Schwindsucht und starb innerhalb kürzester Zeit mit 29 Jahren. Ich kann mich noch daran erinnern, wie Mutti mit mir im Kinderwagen zu Fuß bis zum Krankenhaus Sulzbach ging, um ihre Schwester wahrscheinlich ein letztes Mal zu besuchen. Auf einem Foto, das kurz nach Gertruds Tod von Mutti aufgenommen wurde, sieht sie sehr traurig aus mit riefen Rändern unter den Augen. Nun hatte sie niemanden mehr, dem sie ganz vertrauen konnte. Ihre drei anderen Geschwister lebten weit entfernt in Dortmund, und ihr Vater, der ja ebenfalls an Tuberkulose litt, starb mit 59 Jahren. Mutti saß also in der Fremde ohne ihre liebste Schwester, einsam trotz Ehemann und kleiner Tochter. Auch ihre Freundinnen aus Dortmund vermisste sie. Immer wieder erzählte sie mir von Mia, Leni, Herta, Olga. Nur noch selten kam sie nach Dortmund, weil ihr Mann sie nicht gern im Haushalt entbehrte. In der Küche war er eine Null. Außerdem hatte ihn die Eifersucht im Griff. Mit fortschreitendem Alter wurde er zudem immer geiziger. Am liebsten wollte er sein Geld auf dem Konto horten. Nie gönnte er seiner Frau ein bisschen Komfort in den wenigen Urlauben. Alles musste immer möglichst billig sein, obwohl das Geld inzwischen nicht mehr ganz so knapp war. In den letzten Jahren, als ich noch bei meinen Eltern wohnte, war Geld das Hauptgesprächsthema, was mir zunehmend auf die Nerven ging. Sogar in späteren Jahren war er dagegen, dass Mutter für ein paar Tage allein nach Dortmund zu ihrer Schwester Erna reiste. Sie fügte sich, um Ärger aus dem Weg zu gehen und weil sie dachte, es sei ihre Pflicht, für Vater zu kochen. Während seiner Abwesenheit im Krieg hatte sich Mutti ab und zu einen kurzen Besuch in ihrer Heimat gegönnt. Bald nach Mutters Tod spendierte Vater sich selbst eine teure Schiffsreise nach Ägypten. Das gönnte ich ihm von Herzen, doch gleichzeitig erinnerte ich mich mit Wehmut daran, wie knauserig er sich Mutter gegenüber verhalten hatte.

Als ich erwachsen war, sagte Mutter einmal zu meinem Erstaunen von meinem Vater: „Er hat mich immer gut befriedigt", was immer sie darunter verstanden haben mochte. Ich hatte vorher wahrscheinlich mein Unverständnis darüber geäußert, dass sie ihn geheiratet hatte. Scheinbar wollte sie ihre Ehe doch mehr oder weniger rechtfertigen. Jetzt kommt mir wieder in den Sinn, dass die Gründe für eine Eheschließung zu vielschichtig sind, um sie als Tochter im Nachhinein beurteilen zu können.

Mein Vater wuchs ebenfalls unter schwierigen Verhältnissen auf. Seine Mutter heiratete bereits mit achtzehn – aus Liebe. Großvater war ein gut aussehender Mann mit eigenem Anstreicher-Geschäft in Göttelborn. Irgendwann ging der Betrieb jedoch Pleite, und er musste, wie fast alle Männer unseres Dorfes, auf der Kohlengrube arbeiten. Vater sagte, er sei zu großzügig gewesen und habe die Wandergesellen auch im Winter mit durchgeschleppt, wenn es keine Arbeit gab. Die Zeiten waren schlecht. Trotzdem brachte Großmutter Emma zwölf Kinder zur Welt. Die Familie lebte auf engstem Raum mit Plumpsklo im Hof und ohne Bad natürlich. Gebadet wurde in einer Zinkwanne in der Küche. Das muss bei elf Kindern schwierig gewesen sein. Wahrscheinlich wurden die kleinen ins gleiche Wasser gesteckt, und das bestimmt höchstens einmal die Woche. Sie trugen draußen beim Spielen nur ein Kittelchen ohne Höschen drunter. So konnten sie einfach laufen lassen, wenn es nötig war. Großvater Ludwig starb auch bereits mit 59. Er schien ein Problem gehabt zu haben, doch die Familie hielt es unter Verschluss. Ich erinnere mich vage daran, dass Vater einmal davon sprach, dass sein Vater medikamentenabhängig war. Ich habe allerdings den Verdacht, dass auch Alkohol eine Rolle spielte. Oma weigerte sich immer standhaft Pillen zu schlucken, was den Hausarzt verärgerte. Scheinbar hatte sie bei ihrem Mann die Auswirkungen kennengelernt. Mein Vater hatte regelrecht Angst vor Alkohol. Nie trank er zum Beispiel einmal im Alter ein Gläschen zur Entspannung, obwohl mehrere Flaschen in seiner Hausbar standen, die er von Bekannten geschenkt bekam. Vaters Chancen waren in der Jugend gering, sich gegen die dominanten älteren Brüder und Schwestern durchzusetzen. Alle profitierten von seinem relativ guten Einkommen als Vermessungssteiger bei der Kohlengrube. Seiner jüngsten Schwester Kätchen musste er die Aussteuer bezahlen, dem jüngsten Bruder Ruprecht die Kunstschule, und Bruder Erich ständig aus der Patsche helfen, wenn der wieder mal sein Gehalt vertrunken hatte. Seiner Mutter erzählte er dann, es sei ihm ins Klo gefallen. Sie glaubte und verzieh ihm alles auf brav Arturs Kosten. Mit Ende zwanzig hatte Papa noch nicht die richtige Frau gefunden. Seine Schwestern hielten ihn für zu schüchtern, und Tante Olga sagte einmal lachend zu mir: „Wir dachten, er weiß nicht, wie man es macht." Sogar sein etwas jüngerer Bruder Louis heiratete vor ihm. Dessen Frau hatte eine hübsche, temperamentvolle Schwester, meine Mutter. Die beiden Geschwister wurden also kurzerhand miteinander verkuppelt. Als Vater nach Dortmund fuhr, um sich dem Schwiegervater vorzustellen, musste er sich zuerst einmal einen richtigen Anzug kaufen. Bis dahin hatte er nur Knickerbocker mit einem kurzen schwarzen Sportjüppchen (Sportjäckchen) getragen. Außer einem Schreibtisch besaß er nichts, auch keine Ersparnisse, obwohl er jahrelang gut verdient hatte. Jetzt war er sehr stolz, eine solch hübsche, temperamentvolle Frau aus der Stadt zum Traualter zu führen. Die Gattinnen seiner Brüder konnten gar nicht an sie tippen. Er wusste auch, wie es geht, und kaum ein Jahr später erblickte ich das Licht der Welt. Aus dem Knappschaftskrankenhaus Quierschied brachte man mich in eine stattliche weiße Villa (die der Grube gehörte) in ein Zimmer mit einem Bettchen, dessen Himmel aus hell-lavendelblauem Voile bestand. Man mag es für unmöglich halten, aber ich erinnere mich an den nachhaltigen Eindruck, den diese Farbe auf mich machte, als ich sie zum ersten Mal über mir erblickte. Ich fühlte mich sehr geborgen darunter und entwickelte mich zur Freude meiner Eltern schnell zu einem quicklebendigen, gutgelaunten Krabbelkind. Ich war noch kein Jahr alt, da stand ich schon auf strammen Beinchen und neigte dazu, mich von der Hand meiner Mutter loszureißen, um selbständig die Welt zu erkunden. Mit 14 Monaten konnte ich meinen vollen Namen mit Adresse aufsagen und Liedchen singen. Daran erinnere ich mich auch noch. Im Treppenhaus hörte ich zum ersten Mal Musik vom Radio der unter uns wohnenden Leute herauf schallen. Wir selbst hatten noch kein Radio. Im Garten gab es eine hohe Schaukel, auf der sich meine Mutter gern vergnügte. Ich saß derweil im Kinderwagen und schaute ihr zu. An die schwingende Bewegung erinnere ich mich ebenfalls. Eines Tages trug mich mein Vater auf dem Arm durch einen Rosengang in unserm Garten. Die uns von allen Seiten umgebenden Blüten mit ihrem intensiven Duft bezauberten mich zutiefst. Als ich etwa eineinhalb Jahre alt war, zogen wir um in ein anderes großes Haus im Nachbarort Quierschied. Es war noch interessanter für mich als das erste, weil es gleich neben dem Schwimmbad lag. Man nannte es „Schlösschen". Der Besitzer einer ehemaligen Glashütte hatte es erbaut. Wir wohnten oben. Unten wohnte das Ehepaar Konrad. Inzwischen gehörte das imposante Gebäude ebenfalls der Kohlengrube. Es war von einem Park mit hohen Bäumen umgeben, der von einem Bächlein durchflossen wurde. Für ein kleines unternehmungslustiges Kind war das nicht ganz ungefährlich. Vater trug mich zum Steg und erzählte mir die schauerliche Geschichte von dem Mädchen, das einst darin ertrunken wäre und am andern Ende einer unterirdischen Rohrleitung wieder zum Vorschein kam. Das fand ich sehr schlimm, so dass ich nie in

Versuchung kam, mich dem Bach allein zu nähern. Die Zimmer unserer Wohnung waren groß und hoch. Die kleinen, spärlichen Möbel wurden fast von ihnen verschluckt. Ein Nachteil des stattlichen Hauses war seine abgelegene Lage. Kein Kind, außer einigen etwas verwahrlosten Kindern aus der alten Glashütte, wagte sich in unsern Park, um mit mir zu spielen. Mutter nahm Kontakt zu einer Familie in der weiteren Nachbarschaft auf und lud deren Kinder zu uns ein. Ich freute mich sehr über die Gesellschaft. Die Kinder schienen sich jedoch fremd bei uns zu fühlen und verabschiedeten sich bald. Traurig sagte ich zu meiner Mutter: „Die Kinder gehen schon wieder." Heute, mit 74, wundere ich mich darüber, dass ich noch eine solch genaue Vorstellung von unserem Leben in diesem Haus habe. Konrads im Erdgeschoss besaßen eine Spieluhr mit einer sich drehenden Ballerina. Die durfte ich mir manchmal ansehen. Ich dachte, etwas Schöneres kann es nicht geben. Wenn ihr kleiner Enkel zu Besuch kam, freute ich mich, weil ich ihn gern hatte. Das Schlösschen wurde vor Jahren abgerissen, um die Liegewiese des Schwimmbades zu erweitern.

Der Sommer im Jahr 1938 scheint warm gewesen zu sein. Da wir eine Dauerkarte fürs Bad hatten, konnten wir direkt von unserem Garten aus durch eine Lücke im Lattenzaun schlüpfen. Ich fand das abenteuerlich und hatte das Gefühl, etwas Verbotenes zu tun. So verloren wir keine Zeit, und ich konnte sofort begeistert ins Planschbecken springen. Wasser machte mir überhaupt keine Angst. Vater nahm mich manchmal auf dem Rücken mit ins tiefe Becken. Das war ebenfalls aufregend. Als Mutti es auch einmal versuchte, fühlte ich mich nicht ganz so sicher, weil sie weniger gut schwamm, als mein Vater. Er hatte das Schwimmen bereits als kleiner Junge im Kohlbachweiher in Göttelborn gelernt. Einmal hätte er, so erzählte er uns, das kleine Jäbchen, seinen Kameraden, vor dem Ertrinken aus dem Weiher gerettet. Später bekam das Lang-Jäbchen eine Reihe hübscher Töchter. Die Rettung hat sich also gelohnt.

Nach nicht ganz eineinhalb Jahren zogen wir schon wieder um, zurück nach Göttelborn in die Straße des 13. Januar Nr.12.

Nach dem Krieg hieß sie dann Josefstraße. Die katholische Kirche war nicht weit, und der strenge, dicke Pastor hat bei der Namensgebung sicher ein Wörtchen mitgeredet. Volkstümlich nannte man diese Straße „Beamtenkolonie". Die Grube hatte sie um die Jahrhundertwende für die mittleren Angestellten (die Steiger) gebaut. Die Ingenieure und Direktoren wohnten in von Parks umgebenen Villen. Wir Kinder schlichen neugierig um sie herum und schlüpften mit schlechtem Gewissen auch gelegentlich durch die Tore, wenn sie offen standen, um den Luxus der Chefs zu bestaunen. Ich sah Gärtner, oder eher für die Gartenarbeit freigestellte Bergleute, während in unserer Gesellschaftsschicht die Väter selbst das Gemüse anbauten. Meistens war es voller Maden, Würmer und Raupen. Gedüngt wurde nämlich mit Puddel (Jauche) aus der Klogrube. Auch die mittleren Angestellten hatten ausgedehnte Gärten mit vielen Obstbäumen und Beerensträuchern. Die Häuser und Gärten der Arbeiter waren etwas kleiner und bescheidener. Die Toiletten standen in den Gärten und hatten keine Wasserspülung.

Das erste Weihnachten, an das ich mich erinnere, war 1938, als ich zweieinhalb Jahre alt war. Davon gibt es ein kleines Foto mit Mutti, Papa, mir, der neuen Puppe, dem Puppenbettchen, dem Struwwelpeter und natürlich einem Tannenbaum. Ich war sehr glücklich mit meinen Geschenken. Die Kerzenlichter am Baum beeindruckten mich wie auch die zarten, schwebenden Kugeln, die glänzende Spitze ganz oben und das fließende Engelshaar. Die Puppe liebte ich über alles. Sie musste überall hin mit: im Krieg in den Luftschutzbunker in einem Grubenstollen und in die Evakuierung im Hunsrück. Als ich längst schon in Luxemburg lebte, fiel sie mir einmal aus dem Schrank, so dass ihr Kopf zerbrach (sie war aus Bakelit). Trotzdem brachte ich es nicht übers Herz, sie in den Müll zu werfen. Doch inzwischen habe ich mich von ihr getrennt. Sie war wirklich nicht mehr vorzeigbar. Eine andere Puppe hatte ein kürzeres Leben. Da ich sie einfach nicht leiden konnte, vergrub ich sie im Hof unseres Hauses in der Straße des 13. Januar Nr.12. Ob sie da noch liegt?

Wir Kinder hatten reichlich Auslauf zum Spielen. Besonders liebten wir den hinteren verwilderten Teil des Gartens. In den Hecken konnten wir uns gut verstecken. Allerdings machte ich dort mit vier oder fünf auch eine Erfahrung, die ich irgendwie angenehm, aufregend, aber gleichzeitig schmutzig fand. Ein zwei Jahre älteres freches Mädchen, das wir Mädi nannten, zog mir das Höschen herunter und kitzelte mich mit einem Grashalm am „Hinnerle". Ich erzählte es prompt meiner Mama (Mutti nannte ich sie erst später). Was Mama dazu sagte, daran erinnere ich mich nicht mehr. Ein paar Jahre nach dem Vorkommnis meinte sie, als das Thema wieder auf den Tisch kam: „Ich habe doch immer versucht, dich rein zu halten." Jedenfalls war etwas in mir geweckt worden, das sich durch meine ganze Kindheit und Jugend zog. Dafür schämte ich mich sehr. Immer wieder versuchte ich davon loszukommen, leider vergeblich. Ich nahm an, niemand auf der Welt sei so sündig wie ich. Als ich lesen konnte, fand ich die Bestätigung in der evangelischen Bibel und dachte: Der liebe Gott ist enttäuscht von mir. Gesprochen hätte ich nie darüber, eher wäre ich gestorben. Erlöst von meiner einsamen Selbstverachtung hat mich erst der Film „Das Schweigen" von Ingmar Bergmann im Kino von Völklingen; mit etwa 24 Jahren. Das war ein Aha-Erlebnis. So allein unnormal und schlecht war ich also gar nicht. Unsere Sexualaufklärung war zu jener Zeit ziemlich lückenhaft.

Auch Brüderchen Werner begann mit ungefähr vier Jahren sich dafür zu interessieren, wie es sich bei Mädchen unterm Rock anfühlt. Er langte mit seinem Händchen bei Mutti und mir nämlich immer mal wieder dahin, wo es bei ihm anders aussah. Mutti erwähnte es mir gegenüber einmal leicht verwundert. Ansonsten gingen wir aber darüber hinweg, ohne ein Problem daraus zu machen. Irgendwann war Werners Neugier gestillt, und er wandte sich neuen Interessensgebieten zu.

In der »Beamtenkolonie« bewohnten wir eine Doppelhaushälfte mit sechs Zimmern. Ein Bad gab es in diesen Häusern allerdings nicht. Samstags wurde der Kessel in der Waschküche im

Keller mit Kohle befeuert und das Wasser erhitzt, das anschließend mit Eimern in Zinkbadewannen umgefüllt wurde. Wenn Mutti und ich einmal in einer richtigen langen Wanne mit viel heißem Wasser baden wollten, gingen wir zur öffentlichen Badeanstalt im Keller der Volksschule – lange bevor die neue Schule am Waldrand gebaut wurde. Der Hausmeister war fürs heiße Wasser zuständig. Es muss vor der Geburt meines Bruders gewesen sein, als ich noch keine vier war. An Werner erinnere ich mich in diesem Zusammenhang nämlich nicht. Die Atmosphäre war durch den Wasserdampf besonders intensiv in der kleinen Badekammer. Ich fühlte mich äußerst wohl darin mit Mutti in der Wanne. Die Erinnerung der liebevollen Nähe ist noch heute lebendig in mir. Damals hatten nur wenige Familien ein eigenes Badezimmer. So badete man gewöhnlich einmal die Woche auswärts. Für Papa stellte das fehlende Bad kein Problem dar. Er kam ja täglich frisch geduscht aus der Waschkaue der Grube. Mein Bruder, der das Licht der Welt erblickte, als ich vier war, und ich badeten im Allgemeinen hintereinander im gleichen Wasser. Nur als Baby wurde er in der Küche ins kleinste Wännchen gelegt. Mutti zeigte mir, wie man einen kleinen Jungen wäscht. Ich schleppte meinen süßen, muckeligen Bruder mit Wonne herum. Manchmal setzte ihn Mutti in einen Sport-Kinderwagen und ließ mich mit ihm auf der Straße fahren. Das war damals noch ungefährlich, weil während des Krieges zwischen 1939 und 1945 kaum je ein Auto auf unserer Straße verkehrte. Allerdings war der Kinderwagen defekt und kippte manchmal, wenn ich nicht aufpasste, nach hinten um. Brüderchen hat es aber gut überstanden. Apropos Autos in unserer Straße. Wenn ausnahmsweise doch mal eines durch kam, lief ich im letzten Augenblick direkt vor ihm so schnell ich konnte über die Straße. Ich bildete mir nämlich ein, fliegen zu können. Die Abenteuerlust war mir scheinbar angeboren. Das Schimpfen der Autofahrer klang ziemlich wütend hinter mir her, wenn ich wie ein Wiesel davon rannte.

Im Alter von fünf hatte ich einige Tics. Eine Zeitlang rollte ich die Zunge zusammen und streckte sie heraus. Besonders auf

Fotos tat ich es gern. (Im Fernsehen sah ich gestern, dass dieses Talent nicht jedem gegeben ist, was mich leicht verwunderte und ein wenig stolz auf meine Fähigkeit macht.) Oder ich griff auf jeder Seite mein Röckchen, krumpelte es zusammen und hob es an. So stand ich auch auf einem Foto. Als ich lesen konnte, musste ich zwanghaft immer wieder alle Schilder auf den Straßen entziffern und laut vor mich hin sagen. Ich denke, dass mich Wörter faszinierten, mein Verstand jedoch nicht genug Futter oder Anregung bekam. Die richtigen Bücher hätten wahrscheinlich viel bei mir bewirken können. Vielleicht hatte diese intellektuelle Unterversorgung jedoch auch ihre guten Seiten. So konnte ich relativ unbeeinflusst heranwachsen und meine Erkenntnisse aus eigener Erfahrung gewinnen. Zu vieles Lesen kann junge Menschen unter Umständen mit Wissen vollstopfen, das sie noch gar nicht aufnehmen und verarbeiten können. Mir begegneten die richtigen Bücher später ganz allmählich nach und nach, ohne viel zu suchen. Manchmal lagen sie in einem Buchladen plötzlich vor mir, jemand sprach über ein lesenswertes Werk, oder in den Medien fielen sie mir ins Auge oder Ohr. Ich habe jedoch selten Bestseller gelesen oder Sachen, die ein gebildeter Mensch eben lesen muss. Ehrgeiz, gebildet zu sein, war nie mein Antrieb. Ich habe in mich aufgesogen, was mich berührt oder interessiert hat. So halte ich es noch heute. Sogar der Kitsch mag bereichernd und entspannend wirken, wenn man darüber lachen kann.

3

BILDUNG UND SCHULE

Meine Eltern waren nicht sehr belesen. Mutter las wohl gern, doch auch sie kam nicht an die richtigen Bücher heran. Wir wohnten zu abgelegen, und die Verkehrsmittel waren dünn gesät. Im Alter von 13/14 war sie von ihrem hervorragenden 33-jährigen Deutschlehrer, Dr. Koeper, begeistert, der sie in die Literatur einführte. Trotz Doktortitel und Lehrbefähigung für höhere Schulen zog er es vor, an einer Volksschule (Grundschule sagte man damals nicht) zu unterrichten, weil er ein soziales Gewissen hatte. Danach riss die literarische Förderung meiner Mutter ab, weil sie mit 14 in eine Lehre als Weißnäherin kam. Ich denke, dass Mutti sehr fürs Schreiben begabt war, jedoch nichts daraus machte.

Manchmal sprach sie mit mir darüber, dass sie eigentlich gern Tagebuch über meine Kinderjahre geschrieben hätte. Dazu aufraffen konnte sie sich jedoch nicht. Schade. Als mein Bruder klein war, erzählte sie ihm jeden Abend eine spontan erfundene Geschichte. Ich erinnere mich, dass diese sehr fantasievoll und spannend waren. Einmal erzählte sie mir, dass ihr Onkel Jakob (Bruder ihrer Mutter) sie rügte, weil sie sich Geschichten ausdachte. „Das sind Lügen", sagte er. Später lieh sie sich Eheromane in einer Leihbücherei. Sie schien nach Lösungen für ihre eigenen Eheprobleme zu suchen. Irgendwann, so kam es mir jedenfalls vor, resignierte sie. Vater las gern Bücher über Geschichte, Geografie und Archäologie. Romane über menschliche Beziehungen ließen ihn kalt. Auch im Rechnen war er nicht schlecht. Doch seine Methoden unterschieden sich von denen der Schule. In den ersten Jahren auf der Mittelschule kapierte ich die Textaufgaben nicht immer gleich im Unterricht. Zuhause hatte ich mir die Lösungen mühsam zu erarbeiten. Vater half mir dabei.

Doch da er sehr langsam und umständlich war, saßen wir oft bis Mitternacht daran. Am Ende war ich meist in Tränen aufgelöst, sicher vor Erschöpfung. Morgens, spätestens um sechs, musste ich ja schon wieder aus den Federn. Am Vormittag in der Schule gähnte ich oft (nicht aus Langeweile) und meine Augenlider zuckten nervös. Eigentlich bekam ich selten genügend Schlaf. Heute wundere ich mich darüber, wie ich all das durchgehalten habe, ohne krank zu werden, wo ich doch ziemlich zart wirkte, bei dem wenigen Essen und dem weiten Schulweg. Entzündete Mandeln hatte ich allerdings öfter. Mit 24 ließ ich sie heraus nehmen. Trotzdem war ich im Turnunterricht in der Schule die Beste. Ich konnte am schnellsten laufen, am höchsten und weitesten springen und an verschiedenen Geräten turnen. Mannschaftsballspiele auf staubigen Plätzen haben mich weniger begeistert. Ich empfand meine Leistungen im Sport als selbstverständlich. Schließlich war mein Vater ja auch Sportler gewesen.

Eine andere Erschwernis während der sechs Jahre Mittelschule war, dass wir abwechselnd morgens und nachmittags Unterricht hatten. Die Mädchenschule war im Krieg zerstört worden, und wir kamen in der Jungenschule unter. Der Platz reichte morgens aber nicht für alle. Von Koedukation hielt man damals nichts. Jungen und Mädchen wurden in dieser Schule streng voneinander getrennt. Nur Briefchen schrieben wir uns manchmal heimlich und legten sie ins leere Tintenfass der Bank. Zum Treffen fehlte uns aber die Traute. Wenn ich morgens Schule hatte, verließ ich das Haus um halb sieben. Nachmittags gegen halb vier kam ich nachhause. Viel Zeit zum Aufgaben machen blieb nicht. Bis ich gegessen und mich ein bisschen ausgeruht hatte, war es fast Abend. Mit draußen Spielen war es vorbei. So entfremdete man sich von den andern Kindern des Dorfes. Fand der Unterricht nachmittags statt, musste ich schon um zwölf aus dem Haus. Vorher aß ich in aller Eile zu Mittag. Davor wurden die Aufgaben erledigt. Oft fing ich jedoch noch abends damit an, obwohl ich erst gegen halb acht zuhause war. Für Fernsehen und Computer hätten wir überhaupt keine Zeit gehabt. Als wir den ersten Fernseher anschafften, war ich ungefähr 26 Jahre alt. Im Rückblick denke ich: Für ein Kind war ein solches Pensum unter schwierigen, kargen Umständen ganz schön happig. Trotzdem haben wir nicht gejammert. Man war dankbar, die Chance zu haben, eine höhere Schule zu besuchen, damit es einem im Erwachsenenalter hoffentlich einmal gut gehen würde. Es hat mich abgehärtet und stark gemacht. In späteren Berufsjahren habe ich nicht gleich die Flinte ins Korn geworfen, wenn es unangenehm wurde. Die heutige Jugend scheint ja oft zu denken, sie hätte es viel schwerer als frühere Generationen. Zugegeben, in der jetzigen Zeit gibt es neue Probleme, die wir nicht kannten. Alles in allem, scheint mir aber die Gegenwart in vielen Dingen leichter zu bewältigen zu sein als die Nachkriegszeit. Was wir im und nach dem Krieg auch nicht kannten, war Konsumterror. Neid auf Markenklamotten gab es in den Schulen nicht. Man interessierte sich auch nicht für die Berufe der Väter; jedenfalls nicht in meiner Schule.

Im ersten Jahr auf der Mittelschule gab es eine Schulspeisung (vielleicht von Care Amerika). Aber nur die Schülerinnen mit den dünnsten Beinen erhielten sie. Ich war dabei. Meine Freundin Doris, die eine böse Stiefmutter hatte und bestimmt zuhause weniger zu essen bekam als ich, hatte etwas kräftigere Beine und ging leer aus. Als ich mit ihr teilen wollte, wurde mir das von der Aufsicht verboten.

Ein Problem während der ersten Schuljahre war auch das Schreibmaterial. Nach dem Krieg konnte mein Vater mir altes Papier vom Büro mitbringen. Er bastelte sogar Hefte für mich. Wenn man eine Klassenarbeit schrieb und das Papier vergessen hatte, geriet man in Panik. Es blieb einem dann nichts anderes übrig, als eine Mitschülerin um einen Bogen Papier anzubetteln. Das war mir sehr peinlich. Noch heute habe ich einen wiederkehrenden Albtraum, eine Arbeit schreiben zu müssen und kein Papier dabei zu haben. Als Schreibgerät hatte man in den ersten Jahren einen Federhalter, den man ins Tintenfass tunkte. Das musste natürlich regelmäßig nachgefüllt werden. Füllfederhalter waren zuerst nicht zu haben und dann zu teuer für unseren Geldbeutel. Tintenpatronen gab es zu jener Zeit noch nicht. Irgendwann kamen die ersten Kugelschreiber auf den Markt. Deren Qualität war jedoch miserabel. Sie kleksten und schmierten. Am schlimmsten war es beim Diktat. Wenn der Schreiber aussetzte, kam man nicht mehr mit, was die Nerven stark strapazierte. Man hatte dann eine Sauklaue. Gott sei Dank war unsere Lehrerin nachsichtig und benotete die schlechte Schrift nicht. In der Volksschule begann man das Schreiben natürlich auf einer Schiefertafel mit einem Griffel. Das kratzende Geräusch tat mir ein bisschen weh in den Ohren. Die Schule stellte einem kein Material zur Verfügung. Auch die Bücher musste man selbst kaufen. Das konnten sich ärmere Familien nicht leisten. Wir hatten Glück, dass Vaters Arbeitgeber Schulgeld für die Kinder seiner Angestellten zahlte. Ehrlich gesagt, weiß ich nicht, ob das Schulgeld auch für Arbeiterkinder bezahlt wurde. Ich bin geneigt, das zu bezweifeln. Ein intelligentes Mädchen aus unserm Dorf wurde nämlich von seinen Eltern nach einem Jahr wieder von der Mittelschule genommen, weil sie nicht genug Geld hatten. Der Vater war ungelernter Arbeiter bei der Grube. Im Jahr 1952 bekamen meine Eltern eine Erziehungsbeihilfe für mich wegen besonders guter Leistungen vom Kreisrat des Landkreises Saarbrücken.

Unser Schulgebäude war in den Nachkriegsjahren in einem sehr schlechten Zustand. Wenn es regnete, mussten wir die Bänke an die Wände schieben und in der Mitte Eimer aufstellen. Das Dach war undicht. Sicher hatte es auch ein paar Treffer abbekommen von den Bombeneinschlägen rings um uns her. Auf dem Weg vom Bahnhof zur Schule in Malstatt kamen wir in den ersten Jahren fast nur an Trümmern vorbei.

4

WANDERTAG

Um uns von den Strapazen des Alltags zu erholen und dem täglichen Einerlei zu entfliehen, legten wir im Sommer ab und zu sonntags einen Familienwandertag ein. Das war unsere einzige aufbauende Abwechslung. Wir brachen früh auf, liefen bis zum Bahnhof Merchweiler und nahmen den Zug bis Dirmingen. Dort schlugen wir uns in die Wälder. In Dirmingen hat die Sippe Guthörl ihre Wurzeln. Es gab immer noch die Mühle Guthörl. Ich war stolz, ein bisschen aus dieser beeindruckenden Mühle zu stammen. Die Zeile von der schönen Müllerin fiel mir ein. Wenn wir an der Mühle vorbei gingen, sangen Mutti und ich: „Es klappert die Mühle am rauschenden Bach, klippklapp, bei Tag und bei Nacht ist der Müller stets wach, klippklapp." Na ja, als Vermessungssteiger konnte mein Vater wenigstens nachts schlafen. Gewöhnlich begannen wir unsern Ausflug mit den Liedern „Heut noch sind wir hier zuhaus, morgen gehts zum Tor hinaus" oder „Im Frühtau zu Berge wir ziehn fallera". Der Natur nah, in frischer Luft, empfanden wir frohe Harmonie und bildeten eine glückliche Familie. Streit gab es dann nie, Vater wich gern vom Pfad ab und verschwand im Dickicht. Bereits am Tag vorher kochte Mutti ein gutes Essen: Salzkartoffeln, Gemüse und Braten mit Soße. Alles wurde miteinander vermengt und in einen großen Henkelmann gefüllt, den Papa im Rucksack trug. Etwas zu trinken nahmen wir auch mit, das war aber bestimmt keine Limonade, sondern Muckefuck (Malzkaffee). Mittags suchten wir uns eine Lichtung, sammelten Äste und Steine, so dass Papa ein Öfchen bauen konnte, und stellten unseren Aluminiumbehälter darauf. Wenn das Essen heiß war, verzehrten wir es mit großem Appetit, alle aus einem Topf. Löffel hatten wir natürlich auch dabei. Nie habe ich etwas Besseres gegessen. Nach dem Essen wurde der Ofen wieder abgebaut und das Feuer sorgfältig gelöscht. Einen Waldbrand hätten wir nicht riskiert. Vater war sehr gewissenhaft. Im Wald begegneten uns keine anderen Leute. Denen war es dort vielleicht zu langweilig. So fühlte ich mich wie in einer Märchenwelt, ähnlich wie Hänsel und Gretel, nur dass unsere Eltern uns begleiteten und vor der bösen Hexe beschützten. Wenn wir an einer Weide vorbei kamen, nutzte Papa die Gelegenheit, um uns eine Flöte zu schnitzen. Die gab auch wirklich feine Tönchen von sich, wenn man hinein blies. Solche Musik ließ auch Papa gelten.

Einmal äußerte Papas Chef, Herr Flick, den Wunsch, sich uns mit seiner Familie auf einer Wanderung anzuschließen. Wir dachten natürlich, dass sie sich auch Essen mitbringen würden, doch das stellte sich als Irrtum heraus. Als sie unseren leckeren Eintopf sahen und rochen, lief ihnen das Wasser im Mund zusammen, und ihre Augen wurden groß. Also blieb uns nichts anderes übrig, als mit ihnen zu teilen, was sie auch sofort gern annahmen. Die Portionen waren nun etwas kleiner. Revanchiert haben sie sich nicht, indem sie uns auch einmal eingeladen hätten. Nach dem Essen, beim munteren Ausschreiten, gaben Mutti und ich unser Gesangsrepertoire zum Besten. Flicks staunten, dass wir so viele Lieder kannten. Uns war es egal, ob sie nicht vielleicht lieber den Stimmen des Waldes gelauscht hätten. Mutti plauderte sehr natürlich mit Herrn und Frau Flick. Papa hingegen war ein wenig befangen. Man spürte ihm immer den Respekt vor seinem Chef an. Ich, als kleines Mädchen, registrierte das ganz genau.

In der Nähe von Holz (etwa 3 Kilometer von Göttelborn entfernt) gab es ein idyllisches Tal mit einem Bächlein. Dorthin spazierten wir gern an einem Sonntagnachmittag. Die Eltern lagerten sich auf der Wiese, und wir Kinder versuchten, den Bach zu stauen, damit er ein bisschen tiefer wurde und wir darin baden konnten. Das Wasser sah glasklar aus. Wir tranken sogar davon. Wahrscheinlich war es noch nicht lange der Quelle entsprungen. Viele Jahre später hielten wir noch mal in der Nähe mit dem Auto an, um unser Bächlein wieder zu sehen. Doch wir fanden es nicht mehr, weil jetzt überall Häuser standen. Wir waren etwas traurig.

Demnächst werde ich auch die Mühle Guthörl noch einmal aufsuchen. Ob sie wohl noch steht? Dabei werde ich die Silbermünze mit dem Kopf einer schönen Französin aus dem Jahr 1796 an einer langen silbernen Kette um den Hals tragen. Vor über 40 Jahren bekamen meine Eltern zwei dieser Münzen von dem alten Herrn Guthörl, der noch ganz allein in der inzwischen stillgelegten Mühle, dem letzten Müller, geschenkt. Meine Eltern besuchten ihn ab und zu, weil er einsam war und sie Mitgefühl für ihn hatten. Mutter brachte ihm immer selbstgebackenen Kuchen mit. Darüber freute sich der alte Müller so sehr, dass er meinen Eltern dieses kostbare Geschenk machte, obwohl er nur noch entfernt mit uns verwandt war. Vielleicht waren unsere Ur-Ur-Ur-Großeltern Geschwister. Ich weiß es nicht. Er erzählte ihnen, dass er diese Münzen zusammen mit anderen als Schatz hinter einer Wand gefunden hatte. Bei einem Umbau stieß er zufällig darauf. Wahrscheinlich war der Kasten mit den Ersparnissen während vergangener Kriegswirren vorsichtshalber eingemauert worden. Die Eigentümer müssen wohl darüber gestorben sein, so dass erst lange danach ein Nachfahre den Schatz wieder hob. Der alte Müller Guthörl schien es gerecht zu finden, auch andere Nachkommen daran teilhaben zu lassen, weil ja alle von dem Menschen, der die Münzen versteckt hatte, abstammten. Für jeden näheren oder entfernten Verwandten hätte die Anzahl wahrscheinlich nicht ausgereicht. So gab der Müller denen etwas, die ihm gegenüber Güte gezeigt haben. Ich finde, dass dies ein schönes Beispiel dafür ist, dass selbstloses, unberechnendes Gutsein manchmal schon auf der Erde belohnt wird. Für alle Fälle sollte man also mitfühlend sein, ohne mit einer Gegengabe zu rechnen. Egoistische Hintergedanken beim Geben verderben diese Gnade nämlich.

5

KARGE ZEITEN UND GEISTER

Körperliche Bewegung hatten wir in den Nachkriegsjahren genug. Wir waren alle Fußgänger und schlank. Es gab nur zwei dicke Frauen im Dorf: Frau Kalmes, die Bäckersfrau, und Frau Groß, eine Nachbarin. Bei der Bäckersfrau konnte man es ja verstehen. Immerhin saß sie an der Nahrungsquelle, während wir uns das Brot gut einteilen mussten. Es war rationiert. Morgens zum Frühstück durften wir drei Scheiben essen und abends nur zwei. Ein Brot reichte für mehrere Tage, auch wenn es langsam etwas trockener wurde. Nur schimmelig durfte es nicht werden. Mittags wurde gekocht. Wenn Mutti meinen Bruder fragte: „Hast du noch Hunger, Wernerchen? Möchtest du noch etwas?" antwortete er bescheiden: „Ich sage nichts!" Fordernd und unverschämt waren mein Bruder und ich nie. Wir wussten genau, was uns zur Verfügung stand, auch wieviel Geld unser Vater nach Hause brachte. Ein Bankkonto hatten wir nicht. Das Geld wurde Papa in bar auf der Grube ausgezahlt. Er legte es auf den Küchentisch, und Mutti deponierte für jede Woche eine bestimmte Anzahl von Scheinen zwischen die Seiten eines großen Heftes. Nie standen wir am Ende des Monats ohne Restgeld da. Es wurde nicht mehr ausgegeben, als man hatte. Vater überließ unserer Mutter die Verwaltung der Finanzen. „Sie ist ein guter Finanzminister", sagte er manchmal lobend. Er selbst behielt kaum etwas für sich selbst. Beide hatten ja schon als Kinder das Sparen gelernt. Auch Mutti, Werner und ich bekamen kein Taschengeld. Wenn wir etwas brauchten, wurde es aus der allgemeinen Haushaltskasse entnommen. Zu kaufen gab es ja sowieso wenig. Alles wurde zugeteilt. Vor allem neue Schuhe waren immer ein Problem. Ein Kind kann seine Treter nun mal nur ein paar Monate tragen, bis es heraus wächst. Besonders scheußlich fand ich als kleines Mädchen die hohen Schnürschuhe. Im Winter waren sie ja unerlässlich. Wenn man sie aus Mangel aber noch im Sommer tragen musste, war das ausgesprochen hässlich. Wenn immer möglich, lief ich im Sommer barfuß. Auch lange Hosen trug man als Mädchen nicht. Wenn es kalt war, musste ich lange, kratzige Wollstrümpfe anziehen, die mittels Strumpfbändern an einem Leibchen befestigt wurden. Das ziepte unangenehm, und die Strümpfe trollten oft, was ich überaus peinlich fand. Die Löcher in den Strümpfen wurden immer wieder gestopft, bis die Fußteile Patchwork waren. Auch Jungen trugen lange Strümpfe unter kurzen Hosen. Manchmal war ein Stück Haut zwischen Hosenrand und Strümpfen zu sehen. Strumpfhosen gab es damals noch nicht. Ich erinnere mich noch daran, dass eine Lehrerin einmal fragte, warum ich keine Strickjacke anhabe. Es war ziemlich kühl, und ich trug nur ein leichtes Sommerkleid. Trotzig antwortete ich: „Ich habe keine Strickjacke." Daraufhin sah sie mich nur ein bisschen erstaunt an. Mutti konnte zwar nähen, doch im Stricken war sie nicht so gut.

Mit Familieneinkommen, die heute unter der Armutsgrenze liegen, wäre man damals relativ wohlhabend gewesen. All die Dinge, welche heute unabdingbar sind, hatte zu jener Zeit niemand oder nur die ganz Reichen, falls sie schon erfunden waren. (Reiche gab es schon.) Wenn ich hörte, dass man in Amerika das Geschirr in der Maschine spült, dachte ich nicht im Traum daran, selbst auch einmal ein solches Wunderding zu besitzen (allerdings erst seit etwa sieben Jahren, obwohl ich Geschirrspülen immer hasste). Bis 10 Jahre nach dem Krieg mussten wir auf dem Kohlenherd kochen und im Kohlenofen backen. Mutti buk jeden Samstag vier tolle Hefekuchen mit Obst, Streuseln oder Bienenstich. Am Backofen konnte man keine Temperatur einstellen. Alles geschah mit Fingerspitzengefühl und Erfahrung. Es war allein eine Kunst, den Herd in Gang zu setzen. Zuerst wurde Zeitungspapier zerknüllt (Ohne Zeitungsabonnement ging es also nicht, worüber die Verlage froh sein konnten. Tageszeitungen starben nicht so leicht), feine Holzscheite kamen darauf und schließlich dickere, wenn das Feuer loderte. Zum Schluss wurde vorsichtig Kohle zugegeben und von Zeit zu Zeit mit einem Schürhaken aufgelockert. Die Kohle musste natürlich per Eimer aus dem Keller hochgeschleppt werden. Mit einer großen Schaufel füllte man die schwarzen unregelmäßigen Brocken in den Eimer. Das Holz musste zuerst mit einem Beil auf dem großen Hackklotz zerkleinert werden. Ich holte oft Holz und Kohlen und kannte mich mit der Technik der Arbeitsvorgänge schon in jungen Jahren aus. Was mir zu schaffen machte, war das Grauen vor Geistern im Keller. Mit Todesverachtung ging ich hinunter und rannte die Treppe mit dem schweren Eimer hinauf wie um mein Leben. Das Allerschlimmste aber war, wenn Mutti mich zur Strafe in den Keller einsperrte, für welche Unarten, daran erinnere ich mich jetzt nicht mehr. Aber sicher wusste es Mutti damals. Ohne Grund hat sie es bestimmt nicht getan. Wahrscheinlich war sie sich nicht bewusst, welche Angst ich hinter der Kellertür ausstand. Ich hatte ihr ja nie von den Geistern erzählt. Mit der Zeit lernte ich, die Angst auszuhalten. Richtig überwunden habe ich sie erst sehr spät im Erwachsenenalter. Noch mit 30 schaute ich vor dem Schlafengehen unters Bett, ob sich kein Geist darunter verbirgt. Dann deckte ich mich bis zur Nasenspitze zu, damit mich keiner finden konnte. Die rechte Hand durfte nicht über die Bettkante hängen, weil sie dann leicht ein dunkles Wesen zu fassen gekriegt hätte. Als ich ein Kind war, erzählte nämlich Tante Emma einmal in meinem Beisein von der Hand, die unterm Bett hervor kam und ihre Hand ergriff. Das hat mich nachhaltig geprägt, obwohl mich Tante Emma überhaupt nicht interessierte. Ich kannte sie auch nur vom Sehen (vielleicht dreimal).

Auch Toilettenpapier gab es nach dem Krieg nicht. Wir schnitten die unbedruckten Ränder der Zeitung ab und benutzen sie stattdessen. Viele Leute rissen Seiten aus alten Büchern. Wir scheuten es jedoch, Druckerschwärze an unseren Popo zu wischen.

In der Wohnung unter dem Dach zog unser Herd sehr schlecht. Ursprünglich war dieser Kamin nicht für einen Küchenherd gebaut worden. Jeden Morgen musste der Herd entrußt werden. Der schwarze Ruß hing in Fetzen von den Herdringen herab.

Die Ringe wurden mit einer Zange herausgehoben, und der Ruß abgekratzt. Auch das Ofenrohr musste oft vom Ruß befreit werden. Dafür zog man es aus der Wand und aus dem Ofen. Ich habe diese Arbeit auch manchmal gemacht. Mutti war natürlich diejenige, die sie im Allgemeinen erledigte, und das in aller Frühe vor sechs Uhr, ehe wir Kinder in die Schule gingen. Heißes Wasser zum Waschen, Zähneputzen und Kaffeekochen gab es nur, wenn das Feuer im Ofen brannte. Im Winter war es morgens eisig kalt, wenn man unter dem Federbett hervor kroch. Abends legten wir uns einen heißen Stein ins Bett. Die Wärmflaschen waren alle längst kaputt, und neue gab es nicht zu kaufen. Wenn es draußen fror, waren die Fenster mit Eisblumen bemalt. Das sah schön aus, doch im Zimmer bibberte man dann vor Kälte. Wenn Mutti mal den Ofen noch nicht angemacht hatte, wenn sie zum Beispiel krank war, gingen wir in die Schule ohne Waschen, Zähneputzen und etwas Warmes im Bauch. Manche Kinder, die morgendliches Waschen überflüssig finden, mögen heute denken, das war doch prima, und man kann sich ja unterwegs Schokoriegel kaufen. In den Nachkriegsjahren gab es die natürlich nicht, und später hatten wir dafür kein Geld. Sehr selten kaufte ich mir mal ein Eisbällchen für 10 Franken mit schlechtem Gewissen. Da das Saarland zu Frankreich gehörte, gab es Franken. Schon abends bestrichen wir zwei Schnitten Brot mit Margarine, legten im Allgemeinen Dauerwurst drauf und klappten sie zusammen. Das war unser Schulbrot, das wir in Pergamentpapier wickelten und in der großen Pause um zehn Uhr mit langen Zähnen herunter würgten. Mir schmeckte die Wurst nicht. Trinken mussten wir Wasser direkt aus dem Hahn in der Toilette. Bis halb vier nachmittags gab es sonst nichts mehr. Wenn wir nachhause kamen, wärmte Mutti das Essen auf, das sie am Morgen gekocht hatte. Papa kam um halb eins hungrig von der Grube. Nie haben wir übers Essen gemäkelt. Gegessen wurde, was auf den Tisch kam. Mutti sagte manchmal, dass die tägliche Entscheidung, was sie kochen könnte, ihr Kopfzerbrechen bereite. Allzu viel Auswahl an Lebensmitteln war in unserem kleinen Tante Emma Laden oder im Konsum nicht vorhanden. Sonntags gab es im Allgemeinen Rindfleischsuppe, einen Braten mit Soße, Salzkartoffeln (später Pfanni-Knödel aus der Tüte, mit Leberwurst gefüllt) und Gemüse oder Salat. Freitags kochte Mutti Erbsen-, Bohnen- oder Graupensuppe eventuell mit je einem Knackwürstchen für jeden. Der erste Elektroherd war natürlich eine große Errungenschaft und Erleichterung für uns, vor allem für Mutti. Da wohnten wir aber schon im neuen eigenen Haus. Einige Jahre lang stand der Kohlenherd noch daneben, doch benutzt wurde er nie mehr. Als dann gar ein Kühlschrank dazu kam, war die Freude groß. Vorher brachten wir die verderblichen Lebensmittel in die Waschküche, wo wir sie in den Kessel legten, natürlich nur wenn kein Feuer darunter brannte. Im Sommer war die Butter oder Margarine trotzdem fast flüssig. Als wir ins neue Haus zogen, konnten wir uns nicht gleich einen Heißwasserboiler im Bad leisten. Daher musste das heiße Wasser in Eimern aus dem Keller herauf getragen werden. Trotzdem waren wir schon hoch zufrieden mit der schönen langen Badewanne und, vor allem, dem eigenen Klo daneben. Zu jener Zeit besuchte uns Tante Erna. Sie mokierte sich doch tatsächlich darüber, dass sie das Badewasser aus dem Keller holen musste. Gerade sie, wo sie doch nun wirklich wenig im Leben erreicht hat, dachte ich verärgert. Vater schimpfte auch viel über sie, weil ihn einiges an ihrem Verhalten störte. Und Mutti und ich konnten ihm nur beistimmen. Auf eine vollautomatische Waschmaschine mussten wir noch ein paar Jahre warten. Das gewellte Waschbrett konnten wir nicht so bald ausrangieren. Heutzutage dient es ja nur noch als Musikinstrument. Beim Wäschewaschen auf dem Waschbrett klärte Mutti mich übrigens auf. In der von Wasserdampf gesättigten Luft gingen heikle Themen recht gut über die Lippen. Die Hände waren nach dem Waschtag immer voller Rillen. Ich bilde mir ein, dass man diese noch jetzt im Alter sieht.

Natürlich gab es auch im und nach dem Krieg keine Süßigkeiten für den kleinen Hunger zwischendurch. In Ermangelung süßer Gaumenfreuden kaufte ich mir manchmal frische Hefe für 10 Pfennig, später Franken, beim Bäcker Kalmes, wenn ich das Brot holte. Dann setzte ich mich auf die Treppe vor dem Eingang und verzehrte sie genüsslich. Sie war so schön glatt und kribbelte säuerlich auf der Zunge. Viele Kinder holten das Brot ab und trugen es unter dem Arm auf dem Weg von der Schule nachhause. Sie konnten nicht widerstehen, die Krusten an beiden Enden anzuknabbern. Besonders appetitlich sah das hinterher nicht aus. Zuweilen erstand ich extrem saure Vitamin-C-Tabletten in der Drogerie und lutschte sie mit Überwindung. Andere Alternativen zum Naschen gab es nicht. Einmal, als Mutti nicht zuhause war, versuchte ich, mit Milch und Zucker Bonbons selbst herzustellen. Das wurde leider eine Pleite. Die Brühe wollte einfach nicht fest werden und anstatt sie zu trinken – was doch auch nahrhaft und süß gewesen wäre – schüttete ich sie über die äußere Fensterbank der Küche nach draußen. Noch heute ist es mir ein Rätsel, warum ich das tat, anstatt sie in den Spülstein zu kippen. So entdeckte Mutti natürlich sofort die Spuren. Manchmal, wenn ich allein in der Küche war, und mich die Naschsucht packte, füllte ich ein Löffelchen mit Margarine und streute Zucker darauf. Das war ein kleiner Ersatz für Bonbons und Schokolade. Naschen war ja eine Sünde oder zumindest Untugend. Das stand auch im Lesebuch. Ich schämte mich ein bisschen dafür und tat es trotzdem wieder.

Butter gab es – wenn überhaupt – nur für Kranke oder kleine Kinder. Ich kannte sie nur in einer 1/4-Pfund-Abmessung. Mutti bezeichnete sie als „gute" Butter, sogar als sie schon längst kein knappes Gut mehr war. Bei ihr zuhause, nach dem ersten Weltkrieg, wurde sie schon so genannt. Nur ihr lungenkranker Vater durfte Butter essen. (Ihr Vater war krank aus dem Krieg zurückgekommen. Vorher war er ein kerngesunder Gutsverwalter gewesen.) Für Mutti war Butter etwas Kostbares. Ihre Mutter hatte sicher immer zuerst ihren Mann und die fünf Kinder versorgt. Sie selbst lebte wahrscheinlich von den Resten. Mutti verstand als Kind nicht, warum ihre Mutter immer wieder ohnmächtig wurde und auf dem Boden liegen blieb. Die Kinder durften dann keine Nachbarn zu Hilfe rufen. „Lasst mich einfach liegen, bis ich von allein wieder aufwache", sagte sie. Wie beängstigend muss das für ihre Kinder gewesen sein. Sie machte um sich selbst kein Aufhebens. Dabei war sie eine solch kluge, schöne, mutige und etwas stolze Frau. Ich liebe sie sehr und hoffe, sie dereinst im Himmel kennenzulernen. Als sie mit 39 gestorben war, wusste niemand genau, woran. Meine Mutter erinnerte sich später nur, dass zu jener Zeit eine gefährliche Grippe-Epidemie grassierte: die Spanische Grippe. Vielleicht war das, zusammen mit der Unterernährung, der Grund für ihren frühen Tod. Die älteste Tochter, Hedwig, schleuderte ihrem Vater einmal ins Gesicht: „Du bist schuld, weil du sie angesteckt hast!" Das weiß man aber nicht. Bei dem Tod ihrer Mutter war Hedwig 14 Jahre alt, und gerade in dem Alter vermisst man die Mutter vielleicht am meisten. Hedwig war zeitlebens ein wenig streng und hart. Ihre elf Jahre jüngere Schwester Erna hatte regelrecht Angst vor ihr und traute nicht zu widersprechen. Dabei wurden Erna, die kleinste, und Bruder Günther noch am besten von Hedwig behandelt, als sie für ein Jahr die Mutterrolle übernehmen musste. Wilhelmine und Gertrud waren am schlechtesten dran. Wenn es zum Beispiel ausnahmsweise einmal Bananen gab, ging Wilhelmine leer aus. Gertrud hatte man in ein kostenloses Kinderheim in Holland gesteckt, schon während der Krankheit der Mutter. Als sie wieder nachhause kam, war über ein Jahr vergangen, und die neue Stiefmutter öffnete ihr die Tür. Gertrud war durch den Schock am Boden zerstört und konnte der fremden neuen Frau ihres Vaters nicht einmal die Hand zur Begrüßung geben. Sie hatte nämlich sehr an ihrer Mutter gehangen. Hedwig und Günther durften die Handelsschule besuchen und Erna die Mittelschule. Auch während der großen Arbeitslosigkeit verloren sie ihre Jobs nicht. Hedwig heiratete schließlich einen Finanzmathematiker und schaute deshalb ein wenig auf die andern Schwestern herab. Als meine Mutter geheiratet hatte, besuchte sie uns knapp drei Jahre später im „Schlösschen" in Quierschied. Gleich daneben stand ein kleines primitives Häuschen. Dort klopfte Hedwig an, weil sie ihrer Schwester nicht mehr zutraute. Dabei sahen sich Wilhelmine und Hedwig am ähnlichsten. Mutti hatte jedoch eine viel herzlichere Ausstrahlung.

Tante Gertrud wurde nie heimisch in der neuen Familie. Sie lebte und arbeitete früh außer Haus als Dienstmädchen. Sie war die einzige der fünf Geschwister, der man keinerlei Ausbildung angedeihen ließ. Hauspersonal wurde zu jener Zeit fast wie Sklaven behandelt. Schwerste Arbeit musste für einen Hungerlohn geleistet werden. Wahrscheinlich hat sich Gertrud schon als junges Mädchen überarbeitet, war geschwächt und hatte im Jahr nach der Geburt ihres Sohnes Ingo keine Abwehr. Als sie Louis kennen lernte, war sie zum ersten Mal im Leben glücklich und überglücklich, als sie ein Kind bekam. Etwas über ein Jahr später befiel sie Nierentuberkulose, woran sie mit nur 29 Jahren starb.

Gertruds Sohn Ingo hatte es ebenfalls schwer im Leben. In der ersten Zeit kümmerte sich Mutti um ihn, dann Tante Erna, die ihren verwitweten Schwager geheiratet hatte, sich jedoch bald wieder aus dem Staub machte und scheiden ließ. Danach wurde er von Oma (genannt Mamme) versorgt und verzogen. Als Onkel Louis wieder heiratete, war Ingo eher eine lästige Zugabe. Der Kleine war sehr zart, schüchtern und verunsichert. Irgendwann verschaffte er sich einmal ein Erfolgserlebnis, indem er alle jungen Obstbäumchen des letzten Bauern des Dorfes mit einem akkuraten Ring durch Entfernen der Rinde per Taschenmesser versah, was Ingo wahrscheinlich sehr gelungen fand. Der Bauer war weniger von dem Kunstwerk begeistert. Wie die Schandtat bestraft wurde, weiß ich nicht mehr. Auf jeden Fall betrachtete man diesen einsamen Jungen mit Verachtung, fast wie einen Verbrecher. Ein Wunder, dass doch noch ein empfindsamer, liebesfähiger und künstlerisch begabter Mann aus ihm wurde. Allerdings legte er seinen Körper nach einem Herzinfarkt bereits mit 42 Jahren ab.

6

DAS KINDERKRIEGEN UND TRÄUME VOM KÜSSEN

Um zur Bäckersfrau zurückzukommen: Irgendwann wurde ihr Bauch immer dicker. Der Arzt diagnostizierte ein Gewächs in der Gebärmutter. Nach ein paar Monaten brachte sie dann überraschend ein gesundes Mädchen zur Welt. All die heutigen Tests und Apparate zur Feststellung einer Schwangerschaft gab es damals noch nicht. Pränatale Schwangerschaftsuntersuchungen waren unbekannt. Das Kinderkriegen war eine sehr schicksalhafte Angelegenheit. Die Großeltern fanden sich mit dem oft jährlichen Kindersegen ab. Meine Eltern gingen schon etwas vorsichtiger vor und verhüteten irgendwie, so dass nur zwei Kinder entstanden. Vater schien Rücksicht zu üben, weil er sich kein Beispiel an seinem eigenen Vater nehmen wollte. Auf der Wäscheleine in der Küche sah ich manchmal kleine Gummisäckchen hängen. Die wurden nach sorgfältigem Auswaschen immer wieder benutzt.

Trotz der knappen Kriegsjahre war Bruder Werner ein Wonneproppen. „Das kommt von der A(t)lete-Milch", meinte Mutti. Es gibt ein Foto von Werner und mir, auf dem ich im Garten auf der Wiese gegen einen Baum gelehnt sitze, und ihn im Schoß halte. Er ist so groß, dass er mich fast ganz verdeckt. Schon mit vierzehn hatte er eine Größe von 1,80 Metern erreicht und sah ziemlich erwachsen aus. Ich hingegen wurde nur 1,60 Meter groß. Ein Glück, dass es nicht umgekehrt ist. Allerdings fühlte ich mich mit 14 ebenfalls erwachsen und sah die Buben recht gern. Aus Schüchternheit passierte aber nichts. Doch abends im Bett spielte ich erotische innere Filme ab.

In unserer Straße wohnte ein Mädchen, Inge, deren Körper schön rund war. Einmal nahm ich klein Wernerchen mit zu ihr in den Hof. Als er Inges leckere, gepolsterte Arme erblickte, biss er herzhaft hinein. Inge schrie wie am Spieß, und ihr Papa tobte. Von da an hatte Werner Hofverbot bei Inge.

In unserem Hof trafen sich auch oft die Kinder aus der näheren und weiteren Nachbarschaft, das heißt, aus der Straße des 13. Januar, der Gruben- und Fichtenstraße. Am liebsten spielten wir „Mutterches". Das war nichts Unanständiges. Wir imitierten nur die Reden unserer Eltern und erzogen die Kinder. Ich besetzte natürlich wie selbstverständlich die Mutterrolle. Armin aus dem Haus neben uns war der Vater, Werner, Elmar, Gerhard (Armins Bruder), Marianne, Inge, Hannelore und alle andern waren die Kinder. Den Höhepunkt stellte die Hochzeit mit Armin, meinem Auserwählten, dar. Meine Liebe zu ihm glühte beständig. Wenn ein Kind fragte: „Mit wem gehst du?" antwortete ich ganz selbstverständlich: „Mit Armin." Ob er meine Gefühle erwiderte, war mir allerdings nicht recht klar. Ich war sieben und er neun. Er war der allerbeste Sandburgenbauer im Hof von Onkel Richard, wofür ich ihn sehr bewunderte. Die Burgen wurden im großen Sandkasten von Vetter Elmar realisiert. Armin sprach wenig. Er schien schüchtern zu sein, möglicherweise aber auch ein wenig stolz. Wenn mich die Lust auf Hochzeit überkam, folgte ich ihm bis an die Mauer hinter unserem Haus, so dass er nicht mehr ausweichen konnte, stellte mich hinter ihn und überzeugte ihn liebevoll, ja zu sagen. Wenn ich Erfolg hatte, lief ich schnell zu Mutti, damit sie mir eine alte Gardine auf den Kopf steckte und mich meinen dunkelblauen Sonntags-Faltenrock mit bunten Trägern und ein Puffärmelblüschen anziehen ließ. So fand ich mich mit einem Blumenstrauß im Arm unwiderstehlich. Alle Kinder der Nachbarschaft wurden zusammen getrommelt und zu einem Hochzeitszug formiert. Ich hakte mich bei Armin ein, dessen Arm etwas lasch herunter baumelte, und wir zogen durch die Höfe, Gärten und Straßen, damit alle Erwachsenen uns sehen und mich bewundern konnten. Was war ich doch für ein kleines eitles Urselchen. Schließlich reichte uns Mutti aus dem Küchenfenster ein paar Kuchenstücke, aber nur für das Brautpaar, Armin und mich. Die Gäste gingen leer aus, weil Mutti nicht genug für alle hatte.

Im Winter fuhren wir Schlitten in der leicht abschüssigen Fichtenstraße. Irgendwie schien im Sommer immer die Sonne, und
im Winter schneite es ausgiebig. Oft banden wir alle Schlitten
aneinander zu einer langen Schlange, weil sie dann mehr Schub-
kraft hatten, und sausten die glatt gefahrene Piste hinunter. Wenn
wir am Ende der Straße im Feld landeten, purzelten wir alle wild
übereinander. Angst vor Schrammen hatten wir nicht. Jedes Mal
malte ich mir dann aus, Armin und ich würden zufällig nebeneinander oder übereinander im Schnee liegen, und er würde mich
küssen. Er schien nicht den gleichen Traum zu haben. Jedenfalls ist es zwischen uns nie zu einem Kuss gekommen. Wahrscheinlich hätte ich mutig den ersten Schritt tun müssen. Meine Wünsche Armin betreffend waren noch viel gewagter. Eines
Tages – ich war etwa sieben – spielten meine Freundin Marianne
Schmitt und ich in meinem Zimmer mit dem Teddybär. Ich zog
ihm ein weitmaschiges Haarnetz über und sagte zu Marianne:
„Ich möchte, dass Armin mich in einem solchen Netz sieht" und
bedachte nicht die Konsequenzen meiner frivolen Ansage. Am
Tag darauf behauptete Marianne, sie hätte Armin von meinem
Wunsch erzählt. Ich bekam einen Riesenschreck. Das war mir
nun doch zu peinlich. Was konnte ich nur tun, um diese Worte
wieder aus der Welt zu schaffen? Nachmittags lockten wir Armin in Mariannes Elternhaus. Die Mutter war nicht da, und der
Vater im Krieg. Ich, in meiner Verwirrung, schnappte mir den
eisernen Schürhaken und hetzte Armin damit wie eine Furie drohend durch alle Zimmer. Scheinbar versuchte ich, damit meine
Scham zu kompensieren. Ich wollte ihn natürlich nicht wirklich
treffen, doch Armins Augen drückten eine gewisse Furcht vor
mir aus. Er hat sich jedoch nicht zur Wehr gesetzt. Wahrscheinlich war er viel zu sensibel für körperliche Auseinandersetzun-
gen. Immerhin war er größer und stärker als ich. (Im Schulhof
wurde er einmal von einem frechen Jungen verprügelt, so dass
ihm die Nase blutete. Wir andern standen um die beiden herum
und wussten nicht, was tun. Ich hatte furchtbare Angst um Armin. In meiner Kindheit gab es also auch schon Gewalt auf dem
Schulhof.) Schließlich erschöpfte sich meine Energie, und Ar-

min rettete sich aus dem Haus nach draußen. Ein paar Tage später gestand Marianne, dass sie ihm gar nichts erzählt hatte von meinem Wunsch. Ich hatte mich also ganz umsonst so unmöglich aufgeführt, und Armin konnte sich nicht erklären, warum ich so rabiat hinter ihm her war. Mich zu küssen, hätte er sich wahrscheinlich jetzt erst recht nicht mehr getraut.

7

KOHLENSTAUB

Die Glätte der Fichtenstraße durch das Schlittenfahren im Winter schien niemanden zu behindern. Autos gab es ja so gut wie keine und natürlich auch keine Motorräder. Gelegentlich kreuzten Pferdefuhrwerke auf, wenn zum Beispiel Kohle zum Heizen gebracht wurde. Die kippte man dann vors Kellerfenster, in dem die Kohle lagerte. Das Kohleschippen durch die Kellerluke war dann im allgemeinen Männersache. Dabei staubte es ganz schön. Doch an Kohlenstaub waren die meisten Väter ja gewöhnt, weil sie nach der Schicht unter Tage schwarz wieder ans Tageslicht kamen und sich als erstes in der Waschkaue abschrubben und durch viel Räuspern den schwarzen Staub aus dem Hals beförderten mussten. Papa räusperte sich viel. Ob nur der Kohlenstaub schuld daran war, bezweifle ich. Es wirkte eher wie ein nervöser Tic. So hörte man ihn immer schon im Haus, wenn er am Küchenfenster vorbei ging. Seine Augen waren nach der Schicht interessant wie mit schwarzem Kajal umrändert. (Allerdings kannte ich das Wort *Kajal* damals noch nicht.) Mutti tunkte dann ein Läppchen oder Watte, falls vorrätig, in die Familien-Niveadose und rieb ihm die Schwärze vorsichtig ab. Diese Cremedose war das einzige Kosmetikum in unserem nicht vorhandenen Bad. Mutti war eine Naturschönheit. Ihre Haut war unempfindlich. Nur kurz vor der Periode bekam sie manchmal ein paar Pickel auf der Stirn am Haaransatz.

Von einem Auto träumte man normalerweise noch nicht. Kleine Lasten innerhalb des Dorfes wurden mit vierrädrigen Handkarren mit Deichsel transportiert. Wenn man schnell irgendwo hin musste, ging man persönlich zum Taxibesitzer Geid. Telefone gab es ja auch nicht. Größere Entfernungen wurden natürlich mit dem Zug zurückgelegt; doch dafür musste man zuerst einmal zu Fuß nach Quierschied oder Merchweiler marschieren. Die Mobilität war eingeschränkt und das Leben etwas unbequem. Aber so schlecht war das gar nicht, weil man auf diese Weise gezwungen war, sich mehr zu bewegen. Dick wurde man nicht so leicht. Auch die Gelenke blieben geschmeidig.

8

EINE WILDE KNUTSCHEREI

Wenn Schnee lag, wäre ich am liebsten den ganzen Tag draußen herum getobt. Vor lauter Übermut warf ich mich immer wieder der Länge nach in das weiße Pulver und bekam Nierenbeckenentzündung kurz bevor ich mit sechs in die Schule kam. Beim Pipimachen brannte es scheußlich, und ich wurde noch dünner. Mein Brüderchen liebte den Schnee weniger. Er bekam öfter Keuchhusten, einmal gerade als ich vorhatte, zum Kasperletheater im Saal Ackermann zu gehen. Mutti fand es jedoch nicht angebracht, dass ich mich amüsierte, während mein Bruder so krank mit hohem Fieber im Bett lag. Ich war ganz schön enttäuscht. Als ich schon in der Schule war, musste ich ihn zum Schlittenfahren mitnehmen. Kaum waren wir draußen, jammerte er: „Ursel, ich hab kalt; komm, wir gehn heim!" Das wollte ich aber nicht. Wenn er mir gar keine Ruhe ließ, gab ich schließlich nach. Ich lieferte ihn bei Mutti ab und rannte schnell wieder los, um nur ja nichts zu verpassen. Ansonsten liebte ich meinen kleinen Bruder inniglich. Ich wäre für ihn durchs Feuer gegangen. Wenn große, freche Jungen ihn bedrohten, ging ich auf sie zu und schlug notfalls drauf. Ich erinnere mich an ein Beispiel, wie ein Bengel Werner die Indianerfedern vom Kopf riss. Ich nahm den Bösewicht am Arm und schlenkerte ihn, mich um mich selber drehend, heftig im Kreis herum. Danach verzog er sich. Ich war ziemlich zäh und nicht zimperlich.

Mit Vorliebe kletterten wir Kinder auch in die Heuschober der Kleintierställe in unseren Höfen. Am abenteuerlichsten war es abends in der Dämmerung. Doch dann hörte ich immer den langgezogenen Ruf meiner Mutter aus dem Fenster: „Uuurseell!" und musste sofort nachhause laufen. Das passte mir überhaupt nicht, aber trotzdem wagte ich nicht, ihr Rufen zu überhören, sonst hätte es womöglich Senge gegeben. An einem Spätnachmittag war die Stimmung im Heuschober besonders aufgeladen. Ich wäre so gern noch geblieben und stellte mir vor, dass es heute mit dem Kuss klappen könnte. Doch leider musste ich vorher weg. Am Tag darauf erzählte mir Marianne, dass es eine wilde Knutscherei gegeben hätte, als ich nicht mehr da war. Ich war sehr neidisch und ärgerte mich schwarz, dass die andern Kinder immer länger als ich abends draußen bleiben durften. Irgendwann müsste es doch wieder einmal passieren, wenn ich noch dabei wäre. Doch leider geschah es nie. Wie gehabt, gestand Marianne nach einer Weile wieder geflunkert zu haben. So war es mir lieber, weil Armin wenigstens keine andere als mich geküsst hatte.

Im Übrigen brauchten wir in Göttelborn keine Uhren, um die Zeit zu wissen. Mehrmals am Tag war bei Schichtwechsel die Sirene zu hören. Das war praktisch für uns Kinder. Niemand hatte eine Armbanduhr. Ich kaufte mir meine erste eigene Uhr erst mit ungefähr 25 Jahren. Vorher in der Schule und bei der Arbeit trug ich manchmal die alte Uhr meiner Mutter. Wenn die Sirene zu ungewohnter Stunde heulte, hielt man inne und bekam Angst, wenn Vater gerade unter Tage war. Vor Jahren war nämlich einmal etwas Schlimmes passiert. Auf dem Friedhof gingen wir manchmal zu den Gräbern einer Reihe verunglückter Bergleute. Kam Papa dann heil wieder nachhause, konnten wir aufatmen.

9

HAUE IN DER SCHULE

Vor der Einschulung zählte ich ungeduldig die Tage. Ich fühlte mich schon wie ein großes Mädchen und war sehr darauf gespannt, was man in der Schule lernt. Begeistert erzählte ich nach dem ersten Schultag, wie nett die junge Lehrerin, Fräulein Kreuzer, wäre. Ein paar Tage später hatte ich allerdings mein erstes Kreuz mit ihr und änderte meine Meinung. Sie hatte keine Rücksicht darauf genommen, neben wem wir in der Bank sitzen wollten. Anstatt meine Freundinnen um mich zu haben, musste ich zwischen den „dreckigen" Kindern sitzen. Bei meiner Banknachbarin hatte ich Läuse-Nissen auf dem Kopf gesehen. Läuse wollte ich auf keinen Fall erwischen. Also klagte ich Mutti mein Leid. Sie riet mir, mit der Lehrerin darüber zu sprechen, was ich auch tat. Aber nicht unter vier Augen, sondern laut vor der ganzen Klasse. Ich dachte, Tatsachen kann man doch frei und offen aussprechen. Darüber war Fräulein Kreuzer offenbar anderer Ansicht. Sie rief mich nach vorne und schalt mich heftig aus. Ich war ganz schön verdattert und kämpfte mit den Tränen. Damit hatte ich nicht gerechnet. Kurz darauf erschien die Mutter des Mädchens bei uns zuhause und beschwerte sich bei Mutti. Ihre Tochter hätte keine Läuse. Meine Mutter reagierte diplomatisch. Sie sagte nämlich: „Ich habe nicht gewusst, dass es sich um Ihre Tochter handelt" und entschuldigte sich. Die Frau nahm die Entschuldigung an, und der Frieden war wieder hergestellt. Fräulein Kreuzer blieb übrigens nicht meine Klassenlehrerin. Das wurde Herr Sohns, der uns als erstes das Lied „Es klappert die Mühle am rauschenden Bach" beibrachte. Ich begriff den Lehrstoff leicht und hatte fortan keine Schwierigkeiten mehr. Allerdings merkte ich, dass die Arbeiterkinder verhauen wurden, wenn sie nichts wussten oder Dummheiten machten, während die Kinder der sogenannten „Beamten" (richtige Beamten waren unsere Väter allerdings nicht) nicht zur Züchtigung Schlange stehen mussten. Meine Mutter hätte das nie zugelassen. Der Lehrer verteilte auch Kopfnüsse, das heißt, er klopfte mit dem Knöchel des rechten Zeigefingers kräftig auf die zarte Hirnschale. Ich war empört darüber, obwohl er mich selbst nie anrührte. Ganz besonders schrecklich fand ich aber, als er dem ärmsten, schmächtigsten kleinen Jungen (er hieß mit Nachnamen Ehrlich) mit der ganzen Hand heftig mitten ins Gesicht auf die Rotznase schlug. Der Kleine war Waise. Der Vater fiel im Krieg, und die Mutter kam durch Beschuss aus einem Tiefflieger auf der Straße um, als sie aus dem Bunker schnell nachhause laufen wollte, um für sich und die Kinder etwas zu essen zu holen. Die Nachbarin, Frau Busch, die selber nicht viel hatte, nahm sich der zwei Söhne an.

10

PAPA ZIEHT IN DEN KRIEG

Schon als kleines Kind bekam ich mit, dass meine Eltern sich nicht immer lieb hatten. Wenn es zuhause knirschte, nahm mich Mutti an die Hand und lief mit mir in den Wald. Dort sonderte sie sich ein wenig ab, lehnte an einem Baum und weinte. Sie wollte nicht, dass ich es sah. Doch aus ein paar Metern Entfernung beobachtete ich sie und litt mit ihr. Vielleicht waren Eheprobleme mit ein Grund dafür, dass sich Vater schon einige Monate vor Kriegsbeginn im Jahr 1939 freiwillig zum Kriegsdienst einziehen ließ. Es schien ihm nicht viel auszumachen, seine Frau und das kaum dreijährige Töchterchen allein zu lassen. Mutter sagte, als ich etwas älter war, zu mir: „Er hat sich nicht einmal mehr umgedreht", und ich bilde mir ein, dass ich mich an seinen Rücken im Weggehen erinnere. Eigentlich hätte er nicht Soldat werden müssen, weil sein Beruf auf der Kohlengrube kriegswichtig war. Er wollte wahrscheinlich ganz einfach einmal ein Abenteuer erleben, indem er sein Dorf verließ, wozu er im Frieden nie den Mut gehabt hätte. Später rechtfertigte er sich auf meine Frage damit, dass er sich die Waffengattung aussuchen wollte, was nach Kriegsbeginn angeblich nicht mehr möglich gewesen wäre. Seltsamerweise hatten meine Eltern gerade unsere Wohnung im Schlösschen aufgegeben, und wir hatten noch keine neue Dienstwohnung. Die Möbel wurden in einem leerstehenden Laden untergestellt, und Mutti reiste mit mir nach Benediktbeuren in Bayern. Wir wohnten in einer Pension, einem malerischen bayerischen Holzhaus mit großer umlaufender Veranda. Es gefiel uns dort, und wir vergnügten uns. Ich durfte mit den Vermietern aufs Feld zur Heuernte fahren, und Mutti freundete sich mit der Tochter an. Die jungen Frauen gingen zusammen aus, und bald fuhr uns ein Onkel mit dem Auto spazieren. Das machte mir Spaß. Mutti freute sich auch und weinte nicht mehr. Von Papa bekam ich Postkarten aus Munsterlager mit „schönen Soldaten drauf", wie er schrieb. An die Briefe, die Mutti doch sicher erhielt, erinnere ich mich nicht. Nach ein paar Wochen fuhren wir nach Göttelborn zurück, Papa kam auf Urlaub, und wir bezogen unser neues Haus in der Straße des 13 Januar Nr.12. Dort wohnten wir insgesamt rund sieben Jahre. Wenn ich zurück blicke, empfinde ich diese Wohnung als die Heimat meiner Kindheit. Ich fühlte mich sehr wohl in diesem Haus, dem Hof und großen Garten. Im Stall hatten wir Hühner und Kaninchen. An Eiern mangelte es also nicht, und das Kaninchenfleisch schmeckte gut. Wir nahmen keine persönliche Beziehung zu den Tieren auf; so tat es uns nicht sehr leid, wenn sie geschlachtet wurden. Die Nachbarn waren wie eine erweiterte Familie. Jeder kannte jeden. Oft trafen sich die Frauen auf der Straße zu einem Schwätzchen. Wir taten uns auch mit den Nachbarn zusammen, um gemeinsam Birnen und Quetschen (Zwetschgen) zu entkernen, die dann in einem großen Kupferkessel mit Zucker stundenlang gekocht und mit einem langen Holzlöffel ununterbrochen gerührt wurden. Dabei wechselten sich die Parteien ab. Schließlich bildete sich ein Mus. Wir nannten es Laxem (abgeleitet von Latwerge, denke ich). Laxem hielt sich den ganzen Winter über. So hatten wir immer etwas fürs Frühstücksbrot. Nach einer Weile kam er uns allerdings zu den Ohren heraus. Aber wenn er nichts anderes hat, frisst der Teufel Brummfliegen. Es herrschte natürlich nicht nur eitel Sonnenschein in unserem Viertel. Es wurde auch ganz schön gerätscht (getratscht). Vor allem einige ältere, weniger hübsche Frauen zerrissen sich die Mäuler über die jungen Frauen, deren Männer im Krieg waren. Meine Mutter blühte auf und schien nachzuholen, was sie in der frühen Jugend versäumt hatte.

11

BRÜDERCHEN KOMMT AUF DIE WELT

Vorher, im Jahr 1940, kam aber noch Sohn Werner auf die Welt. Vater bekam Fronturlaub zur Taufe, musste jedoch bald wieder einrücken und wurde nach Russland beordert.

Meine Patentante Erna (21 Jahre) kam für ein paar Wochen, um Mutti ein wenig zu helfen. Diesmal war die Geburt nicht ganz problemlos verlaufen. Mutti bekam plötzlich hohes Fieber und wurde auf einer Bahre samt Baby ins Krankenhaus. gebracht. Ich erinnere mich daran. Sie erzählte mir später, dass die Hebamme bei der Hausgeburt wahrscheinlich ein Stück der Nachgeburt in der Gebärmutter zurückgelassen hatte. Prompt flirtete Mutti mit dem jungen Assistenzarzt im Krankenhaus. Er dachte, sie sei ein ganz junges Mädchen und fragte: „Was hat denn die Kleine?" Und Mutti darauf stolz: „Ich habe das zweite Kind bekommen."

Zuhause mit Tante Erna war ich weniger zufrieden. Wenn ich in der Küche ungeduldig hinter dem Tisch saß, musste ich warten, bis sie davor mit Putzen fertig war. „Mutti lässt mich immer durch", beschwerte ich mich. „Bei mir darfst du das aber nicht", antwortete Tante Erna kategorisch, was ich sehr kleinlich fand. Ich musste doch raus zum Spielen. Trotzdem wünschte sich Tante Erna, dass ich sie mit meiner Mutter gleichsetzte. Manchmal fragte sie: „Hast du mich genau so lieb wie Mama?" was ich als braves Kind bejahte, aber nicht ganz ehrlich meinte. Als Mutter mit Brüderchen wieder nachhause kam, war ich jedenfalls froh.

Auch der Tag der Geburt meines Bruders ist noch in meinem Gedächtnis. Man hatte mich zu Onkel Richard und Tante Ilse gebracht, damit ich Mutters Schmerzensschreie nicht hörte und womöglich einen Schock bekommen hätte. Ich wusste schon, wo die Babys herkommen. Mutti ließ mich fühlen und sagte: „Man hat die Babys unter dem Herzen." Als ihr Bauch sehr dick war – es war ein Tag vor der Niederkunft – erfüllte Mutti noch meinen dringenden Wunsch nach Ohrringen und ging zu Fuß mit mir nach Merchweiler. Hin und zurück waren das rund sechs Kilometer. Das hätte leicht schief gehen können. Als der Juwelier meine Ohrläppchen durchstach, hätte ich ein wenig erschrocken geguckt, aber tapfer ohne zu weinen durchgehalten. Weinen war was für kleine Kinder, dachte ich, und ich bin doch schon groß und vernünftig.

Mein Bruder hingegen hatte in seinen frühen Jahren an Wasser gebaut, besonders aus Trotz. Mutti pflegte dann ein Gedicht aufzusagen, in dem der Satz vorkam: „Kleine Mädchen dürfen weinen, Jungenhänschen tun das nicht", und ich stimmte mit ein. Das brachte ihn jedes Mal dermaßen in Rage, dass er umso lauter schrie. Von Mutti war dieses Verhalten nicht gerade feinfühlend und obendrein pädagogisch falsch. Doch damals herrschten noch andere Sitten in der Kindererziehung. Jungen wurden möglichst zur Härte erzogen. War man nicht brav, wurde man verdroschen. Auch unsere heiß geliebte und uns liebende Mutti griff immer mal wieder zum Rohrstöckchen, das auf dem Küchenschrank lag, verfolgte uns bis in eine Zimmerecke und schlug ohne zu fackeln drauf. Werner rief dann immer: „Mutti, Mutti, nicht hauen!" Ich rief nichts, glaube ich. Doch danach war ich sehr wütend auf meine Mutter. Einmal zerrupfte ich zornig den Strohblumenstrauß in meinem Zimmer. Wenn Werner sich manchmal ganz steif vor Trotz machte, dachte Mutter sie könnte ihn nur noch mit einer Abreibung bändigen. Dann meinte sie: „Danach ist er der liebste Junge." Ohrfeigen mit der Hand teilte Mutter nicht aus. Vater hat uns nie gehauen. Diese Pflicht überließ er großzügig seiner Frau. Nur einmal drohte er mir Schläge an. Ich lief weg, die Treppe hinunter bis zum Erker hinter der Haustür, und er hinter mir her. Als er jedoch vor dem auf dem Boden kauernden ängstlichen kleinen Mädchen stand, ließ er die Hand sinken und verschonte mich. Im Erwachsenenalter fragte ich unsere Mutter, warum sie uns derart verhauen habe. Sie konnte es sich auch nicht mehr erklären. Es tat ihr sehr leid, und sie entschuldigte sich im Nachhinein dafür. Mir kommt es so vor, als wären bei ihr manchmal die Nerven durchgegangen oder die Sicherungen durchgebrannt, weil sie in ihrer Ehe und mit ihrem Leben im kleinen, engen Industrieort nicht wirklich glücklich war. Daher hatte ich später auch Verständnis dafür, dass sie meinem Vater nicht treu blieb. In meinen Teenagerjahren war ich allerdings noch kleinlicher und sagte zu ihr, dass man, wenn man verheiratet ist, seinem Mann treu sein sollte. „Du bist so streng", antwortete sie. Kinder können nicht wirklich beurteilen, was in den Ehen ihrer Eltern vorgeht, denke ich heute. Man hält sich besser zurück, ehe man verurteilt. Mutti beklagte sich oft bei mir über unsern Vater und sagte manchmal: „Ich würde mich gern scheiden lassen." Das wäre aber, hauptsächlich aus finanziellen Gründen, unmöglich gewesen. Wenn sie ihn verlassen hätte, wäre das böswilliges Verlassen gewesen, sie wäre schuldig geschieden worden und hätte keinen Unterhalt bekommen. Einigermaßen bezahlte Arbeit zu finden mit zwei Kindern, war kaum machbar. Außerdem hätte sie uns Kinder verlieren können. Und das hätten Mutti, mein Bruder und ich wohl alle drei nicht verkraftet. Ich dachte immer, wenn Mutti stirbt, will ich auch nicht mehr leben. Bei all meinem Freiheitsdrang verknüpfte uns doch ein unzerreißbares Band der Liebe, trotz gelegentlicher Dresche. Auch Werner hing sehr an seiner Mutter. Manchmal stellte sie sich mit ausgebreiteten Armen in ein paar Metern Abstand vor ihn und rief: „Wer kommt in meine Arme?" Dann sauste Werner so schnell er konnte auf sie zu und warf sich in ihre Arme, damit sie ihn umschlossen und herumwirbelten. Obwohl Mutti mir viel anvertraute, verbat sie sich eines Tages mein Einmischen in ihre Ehe. Ich weiß nicht mehr, worum es ging, hatte jedoch meine Meinung dazu geäußert. Von da an hörte ich nur noch zu und hielt wohlweißlich meinen Mund.

12

MUTTIS REINFALL

Während Vaters Abwesenheit im Krieg gönnte sich Mutti öfter mal einen kurzen Besuch in ihrer Heimat, um ihre Freundinnen wieder zu sehen. Im Saarland versuchte sie immer wieder vergeblich, eine echte Freundin zu finden. Sie war sehr herzlich und kontaktfreudig. Von einem Fall weiß ich, dass sie hereingelegt und ausgenutzt wurde. In Saarbrücken traf sie eine junge Frau in einem Café, die ihr ganz gut gefiel. Sie besuchte sie zusammen mit Werner und mir. Die Mutter der Bekannten passte auf uns Kinder auf, während die jungen Frauen ausgingen. Ein wenig unheimlich war mir das Ganze schon, und ich dachte: Hoffentlich kommt sie wieder. Kurz darauf hingen bei uns im Kleiderschrank mehrere Pelzmäntel. „Fräulein X hat mich gebeten, sie ein paar Tage aufzubewahren", erklärte mir Mutti. Nach einem Besuch bei dieser mysteriösen Dame kam Mutti ohne ihren Trauring nachhause zurück. Die neue Freundin hätte gefragt: „Darf ich ihn mal anprobieren?" und unsere vertrauensselige Mutter zog den Ring vom Finger und reichte ihn der Dame, die ihn fallen ließ. Die Suche war erfolglos; er war und blieb wie vom Erdboden verschluckt. Mutti machte sich nun Sorgen, wie sie das Artur erklären könnte, wenn er aus dem Krieg kommt. Wahrscheinlich ließ sie sich eine Ausrede einfallen. Von Zeit zu Zeit überlegte sie, ob sie sich nicht eine Kopie anfertigen lassen sollte, was sie dann doch nicht tat. Später trug sie Vaters Ehering, weil seine Finger dicker geworden waren und der Ring ihm nicht mehr passte. Immerhin hatte er ihn über den ganzen Krieg gerettet. Seit Mutters Tod bin ich im Besitz dieses Ringes. Vater, der sie 16 Jahre überlebte, schien er gleichgültig geworden zu sein. Nach dem Verlust ihres Ringes wurde Mutter misstrauisch und forderte die Bekannte auf, ihre Pelzmäntel sofort abzuholen. Das war das Ende dieser dubiosen Freundschaft. Wie es scheint, waren die Mäntel Diebesgut.

Mutti hatte noch eine andere Freundin, Maria, vor der sie aber eigentlich lieber ihre Ruhe gehabt hätte. Doch die „DT" (wegen des Namens Schmi**dt**), wie sie im Dorf genannt wurde, war eine treue Seele und beehrte Mutti regelmäßig bei uns zuhause. Dann redete sie stundenlang wie ein Wasserfall. Ihr Sitzfleisch war gut ausgebildet. Außerdem gab sie gern Ratschläge. Als ich einmal ein Ekzem am Kinn hatte, sagte sie: „Du musst Fensterschweiß drauf tun." Mit Fensterschweiß meinte sie den Morgentau auf den äußeren Fensterscheiben. Doch der war in jenen Tagen schon längst nicht mehr rein wegen des Kraftwerkes. Als ihre Tochter sich einen Studenten angelte und es schaffte, ihn nicht mehr loszulassen, strunzte sie (gab sie an) wie „a Tut vull Micke". Als ich den inzwischen mit ihr verheirateten jungen Mann nach meinem späteren England-Aufenthalt einmal im Zug traf, war er ganz traurig, weil er nie die Zeit gehabt hätte, auch einmal wegen der Sprache für längere Zeit nach England zu gehen. Hetti war schon mit 16 geschickter als ich im Festhalten eines potentiellen zukünftigen Ehemannes, der sie gut ernähren kann.

13

BRÜDERCHENS TALENTE

Eines Tages überraschte uns Werner mit einer besonderen Fähigkeit. Ich war im ersten oder zweiten Schuljahr und musste Gedichte auswendig lernen. Wenn ich sie übte, war Werner immer dabei. Ich sehe ihn noch heute auf Muttis Schoss sitzen, als er, ohne zu zögern plötzlich begann, alle Verse aufzusagen mit einem verschmitzten Gesicht. Wir waren baff und hingerissen. Diese Begabung hat sich bis heute bei ihm erhalten. Wenn er etwas lernen möchte, braucht er es nur ein paar Mal durchzulesen, und es sitzt im Gedächtnis. Später in der Schule hatte er zum Beispiel einmal die Hauptrolle im Weihnachtsmärchen. Wir erkundigten uns leicht besorgt, ob er seine Rolle denn schon gelernt habe. Er verneinte ganz gelassen, doch wenn die Aufführung käme, wüsste er sie auswendig nur vom Hören und Proben. So war es auch. Souverän gestaltete er seinen Part, und wir waren stolz. Wir hatten beide einen Hang zur Bühne, aber in unterschiedlicher Ausprägung. Auch das Singen lag uns. Ich liebte chansonartige Songs, während Werner sich mehr zu operettenhaften Melodien hingezogen fühlte. Ich hätte gern etwas mit ihm im Duett eingeübt und fragte ihn, ob er Lust dazu hätte. Der Vorschlag schien ihm allerdings nicht zu gefallen. Er weigerte sich nämlich beharrlich. Vielleicht hatte er den Verdacht, dass die ältere Schwester den Ton angeben möchte. Ich dachte tatsächlich, dass er die zweite Stimme singen könnte. Die erste Stimme hätte ihm wohl auch eher zugesagt.

14

SPIELE UND HÜHNERKACKE

Ständig machte ich Pläne für Theateraufführungen im Schuppen auf dem Hof. Die Zuschauer mussten natürlich Eintritt bezahlen. Manchmal verlegten wir unsere Aktivitäten auf den Hof von Onkel Richard. Vetter Elmar ist ein Jahr älter als ich. Was mich jedoch auf diesem Terrain störte, war die viele Hühnerkacke. Ständig klebte sie einem unter den Schuhsohlen. Hühner fand ich überhaupt ziemlich doof. Gut, zum Eierlegen brauchte man sie. Richtig unsympathisch war mir allerdings der Hahn. Er war doch der reinste Nichtsnutz und konnte nur ständig hinter den Hennen her rennen, auf sie springen und ins Genick picken. Das tut ihnen bestimmt weh, dachte ich, weil sie danach immer ein großes Geschrei und Gegacker machten. Jedes Mal, wenn der Hahn wieder zum Sprung ansetzte, verjagte ich ihn energisch. Doch ich konnte ja nicht den ganzen Tag aufpassen. Er wirkte danach ein wenig frustriert.

Sehr anziehend fand ich den großen eisernen Bottich mit Gießwasser im Garten. Ich wäre liebend gern hinein gestiegen, wenn er nicht so schleimig schmutzig gewesen wäre. Also machte ich mich daran, ihn mit einem Lappen zu reinigen. Dabei beugte ich mich so weit über den Rand, dass ich kopfüber hinein fiel samt meinem hübschen Perlentäschchen. Gut, dass Onkel Heinrich in der Nähe war und mich kurz vor dem Ertrinken an den Beinen herausziehen konnte. Er brachte mich zu Mutti, die sich natürlich sehr aufregte und mit mir schimpfte. Unter ständiger Aufsicht konnte sie mich natürlich nicht halten. Alle Kinder hatten damals die Freiheit, draußen nach Herzenslust herumzutollen. Ich schien einen Schutzengel zu haben. Natürlich hatte ich ständig aufgeschlagene Knie. Ich war nicht wehleidig und ging nicht nachhause, um mich verarzten zu lassen. Wenn es blutete, hielt ich das Bein unter den Wasserhahn im Hof und sprang wieder davon, als wenn nichts wäre. Wie durch ein Wunder haben sich meine Wunden nie entzündet. Desinfektionsmittel hatten wir sowieso nicht zuhause vorrätig.

In unserem eigenen Hof gab es ebenfalls einen Kleintierstall mit Heuschober. Eines Tages kletterte die ganze Kinderbande die Sprossenleiter hoch in den Schober. Eines der Mädchen war ziemlich kräftig. Prompt brach sie mit einem Bein durch den Boden und landete auf dem Kaninchenstall. Ein Glück, dass sie nicht daran vorbei fiel. Mein Vater war zufällig zu Hause und im Stall beschäftigt. Nachdem er sich vergewissert hatte, dass ihr nichts passiert war, fing er an, sich krumm zu lachen. Es hätte von unten zu komisch ausgesehen, als plötzlich ein Bein durch die Decke kam.

15

SCHRECKENSGESTALTEN

Die Tatsache, dass Papa während sechs Jahren die meiste Zeit im Krieg war, tat unserer täglichen kindlichen Spielfreude keinen Abbruch. Mutti war immer für uns da, und das genügte uns. Sie schien sich auch nicht vor Sehnsucht zu verzehren, sondern genoss ihre Freiheit so gut es ging. Einmal in der Woche besuchte sie das Kino in Merchweiler. Man lief ungefähr eine halbe Stunde bis dorthin. Dieses Vergnügen ließ sie sich nicht nehmen und dafür sogar ihre sechs- bzw. zweijährigen Kinder allein zu Hause. Die Nachbarin war allerdings informiert und hätte sich gekümmert, wenn es Probleme gegeben hätte. Ich fühlte mich schon groß genug, um auf mein Brüderchen aufzupassen. Kurz vor dem Einschlafen brach bei mir jedoch regelmäßig die Panik aus. Irgendwelche schrecklichen Gestalten umringten und bedrohten mich. Im Einzelnen kann ich das Geschehen jetzt nicht mehr beschreiben, nur an die Gefühle der Angst erinnere ich mich noch deutlich. Ich riss dann das Schlafzimmerfenster auf und schrie so laut ich konnte nach meiner Mutter. Natürlich erwachte auch Wernerchen durch diesen Tumult und begann zu weinen. Frau Dickhöner kam schnell angelaufen und beruhigte uns. Wenn Mutti nachhause kam, lagen wir friedlich schlummernd im Bett. Sie hat den Aufruhr wahrscheinlich nie mitbekommen, sonst wäre sie vielleicht in der Woche darauf nicht ins Kino gegangen. Ich gönnte ihr diese Abwechslung. Sie war doch erst 27 Jahre alt und bestimmt sehr einsam. Ein bisschen Vergnügen stand ihr wirklich zu.

16

PIKANTES AUS DER WELT DER KINDER
UND ERWACHSENEN

Von meinem ersten Schultag möchte ich noch etwas Pikantes berichten. Ich saß erwartungsvoll in meinem Bänkchen, als der wilde, freche Fredi an mir vorbei hüpfte. Spontan sprang ich auf und küsste ihn. Ihm schien es zu gefallen. Ein paar Tage danach konnte ich mir mein draufgängerisches Verhalten überhaupt nicht mehr erklären. Dabei war ich doch in Armin verliebt. Fredi war mir außerdem viel zu frech. Eigentlich verachtete ich ihn sogar ein wenig. Offensichtlich fand ich ihn trotzdem interessant und anziehend. Als ich ein paar Tage später an den Ringen des Rundlaufs auf dem Spielplatz hing, nutzte er seinerseits die Gelegenheit und ging zur Sache, indem er unter mein fliegendes Röckchen griff. Ich war ein bisschen erschrocken, aber nur ein kleines bisschen. Heute kann ich mich selber über meine Leichen im Keller amüsieren. Als alte Frau schämt man sich nicht mehr. Sehr gut gefiel mir ein anderer Junge mit Namen Günther Romp. Er schien sich jedoch nicht für mich zu interessieren. Auch später beim Tanzen in der Festhalle von Göttelborn sind wir uns nie begegnet.

In meiner Fantasie hatte ich eine Reihe von Jungen in meinem Bett, sogar den grausamen Harro Schmitt. Er hatte nämlich einem Schmetterling die Flügel ausgerissen, vielleicht aus Wut über seine Mutter, die ihn zwang, immer – auch im Winter – in kurzen Hosen herumzulaufen. Ich war empört über seine tierquälerische Tat, und das bei uns im Hof, direkt unter dem Küchenfenster. Trotzdem probierte ich ihn in der Fantasie einmal im Bett aus. Irgendwann spielte er im Stadttheater Saarbrücken im Weihnachtsmärchen die Hauptrolle, obwohl er das Gesicht voller Pickel hatte. Das wunderte mich und imponierte mir. Wahrscheinlich hatte seine Mutter daran gedreht. Sie war nicht wie die andern Frauen unserer Straße. Frau Schmitt wusch nämlich ihre große Wäsche im Keller im Evaskostüm. Einmal kam ich zufällig mit Mutti in ihre Waschküche, die man zu ebener Erde betreten konnte, und sah sie ganz ohne Kleider. Das fand ich etwas seltsam, aber auch nicht besonders schockierend. Mutti badete auch nackt mit uns in der Waschküche. Dort kam man jedoch nicht von außen herein. Nur Schwägerin Ilse hat sich sicher einmal hinunter geschlichen, denn sie zerriss sich den Mund über Muttis Freizügigkeit. Für uns Kinder war das ganz normal. Herr Schmitt war auch im Krieg. Wenn er auf Heimaturlaub kam, trug er eine schneidige Uniform und stolzierte herum wie ein Gockel mit einem langen Säbel an der Seite. Das sah dekorativ, aber ungewöhnlich aus und störte auch beim Gehen. Sobald er wieder weg war, setzte Frau Schmitt ihr Verhältnis mit Herrn Bohnes fort. Dessen Frau war viel älter als er und liebte am meisten ihren Schoßhund Foxl. Herr Bohnes war daher immer hinter den hübschen jungen Frauen her. Ich selbst fand Frau Schmitt mit ihrer Brille ja weder hübsch noch jung. Irgendwann fand er das wahrscheinlich auch nicht mehr und beendete die Liaison. Frau Schmitt war dermaßen enttäuscht und wütend, dass sie aus Rache all seine Liebesbriefe per Post an die ganze Nachbarschaft verteilte. Der arme Herr Bohnes musste überall klingeln und höflich um Rückgabe seiner Ergüsse bitten. Meine Eltern waren so anständig, vorher nicht noch schnell einen Blick hinein zu werfen, ehe sie ihm diese aushändigten. Sonderlich beeindruckt war man aber auch nicht von diesem Skandal. Wir kannten ja den Schürzenjäger Herrn Bohnes und Frau Schmitt, die man jederzeit nackisch in der Waschküche überraschen konnte.

Harro ging übrigens später zur französischen Fremdenlegion, kam aber nach einigen Jahren zurück und ließ sich in Frankreich nieder.

17

MEIN ERSTER LIEBESBRIEF

Schräg gegenüber von uns wohnte Familie Kuhlmann mit Söhnchen Fried. Wir wurden zusammen eingeschult und brachten jeden Tag gemeinsam die Milch aus Erika Mohrbachs Milchgeschäft nach der Schule mit nachhause. Klein Fried war ein sehr lieber, erfinderischer Knabe. Ich hatte ihn von Herzen gern und keine unanständigen Hintergedanken dabei. Mit sieben trennte ich Sex und Liebe scheinbar noch. Er hatte einen Trick herausgefunden, wie er seine Milchkanne an einen Haken am Ranzen befestigen konnte. Das fand ich sehr praktisch und toll; heute würde man cool sagen. Ich versuchte, meine Kanne auf die gleiche Weise an meinen Ranzen zu hängen. Das ging aber leider schief. Die Milch lag danach nämlich in einer großen Lache auf dem Bürgersteig. Verzweifelt rannte ich zurück, um Frau Mohrbach zu überzeugen, dass sie mir meine Kanne ein zweites Mal füllt. Das war jedoch nicht möglich, weil die Milch rationiert war, und nur Familien mit Kleinkindern zustand. Was Mutti zu mir sagte, weiß ich jetzt nicht mehr. Aber Haue habe ich, glaube ich, nicht bekommen. Manchmal schickte Mutti Wernerchen zum Milchholen, obwohl er kaum über drei war. Da es keine Autos auf den Straßen gab, war dies nicht gefährlich. Werner war immer sehr schnell wieder zurück mit der bis zum Rand gefüllten Milchkanne. Er sah es nämlich nicht ein, sich in die lange Warteschlange der Hausfrauen einzureihen und marschierte keck an ihnen vorbei bis zur Theke. Alle amüsierten sich und lachten gutmütig. Erika sagte: „Na, Wernerchen, dann will ich mal eine Ausnahme machen." Werner verzog keine Miene und zockelte mit der größten Selbstverständlichkeit ab. Die Milch wurde aus einer großen Kanne mit einer Schöpfkelle in die kleinen der Kunden gefüllt. Man hatte damals keine Müllprobleme mit Pappen und Plastiktüten. Jeder brachte seinen Behälter von zuhause mit, sonst gab's nichts. Vielleicht wird es in absehbarer Zeit wieder so kommen, wenn die Menschheit nicht mehr weiß, wohin mit dem ganzen Müll.

Leider zog Familie Kuhlmann schon weg von Göttelborn, als Fried und ich sieben waren. Danach schrieb ich ihm einen Brief und schickte ihm ein Foto, auf dem er zu sehen war. Von mir war nur ein Stückchen vom Rücken drauf. Er antwortete und bedauerte, dass ich nicht auch auf diesem Foto war. Seinen Brief habe ich bis heute gehütet. Hier ist mein erster Liebesbrief:

„Liebe Ursel!
Essen, 11.11.1943
Ich habe Deinen lieben Brief mit dem Bild dankend erhalten. Ich habe mich sehr gefreut. Das Bildchen ist sehr schön, nur schade, dass Du nicht darauf bist, dann hätte ich doch wenigstens ein Andenken von Dir. Wir bleiben jetzt vorläufig in Essen. Nach Göttelborn werden wir wohl nicht mehr kommen. Bei uns kommen oft die Flieger. Ich gehe immer mit meiner Mutter im Bunker. Liebe Ursel! Nochmals vielen Dank, und die besten Grüße sendet Dir Fried."

Ich frage mich nun, ob Fried die Bombenangriffe in Essen gut im Bunker überstanden hat und ob er noch lebt. Wenn ja, würde ich ihn gern mal wieder sehen.

18

DIE LIEBEN NACHBARN

Fast alle Namen der Bewohner unserer Straße fallen mir noch ein. Herr Sauer war ein Womanizer, ähnlich wie Herr Bohnes. Ich glaube aber kaum, dass er aktiv war wie Herr Bohnes. Dafür hat seine Frau gesorgt. Sie liebte allerdings am meisten ihre Katzen. Wir erlebten einmal mit, dass sie zu ihrem Mann sagte, als er sie um etwas bat: „Du siehst doch, dass ich nicht aufstehen kann, weil ich Katzen auf dem Schoß habe." Katzen gingen ihr scheinbar vor Menschen. Gegenüber von uns wohnten Naumanns. Sie waren viel älter als meine Eltern. Herr Naumann war immer sehr freundlich zu Mutti. Wenn er sie auf der Straße sah, nannte er sie „junges Fräulein". Darüber freute sich Mutti. Als sie eines Tages mit anhörte, wie er auch zu einer bedeutend älteren Frau „junges Fräulein" sagte, war sie ein bisschen enttäuscht. Wenn ich mich recht erinnere, wohnten die Leute unserer Straße in folgender Reihenfolge (unsere Seite): Mans, Sauer, Haupt, Groß, Dickhöner, Lehnhof, Bauer, Woll, Guthörl, Jochum, Zander, (gegenüber liegende Seite): Gottschalk, Schmitt, Schenkel, Schneider, Ziegler, Kinzer, Naumann, zeitweilig Kuhlmann, Quint, später Renno.

Schneiders waren auch schon älter. Frau Schneider klatschte gern über die jungen Frauen, die im letzten Kriegsjahr den deutschen bei uns stationierten Soldaten das Leben ein wenig versüßten, bevor ihnen vielleicht auch ihr letztes Stündlein an der Front schlagen würde. Die Feinde standen ante portas. Das Grollen der Geschütze war schon deutlich zu vernehmen. Frau Schneider war möglicherweise ein wenig neidisch, weil sie nicht mehr zu den Feten eingeladen wurde. Außerdem war, glaube ich, ihr Mann zuhause. Über Frau Woll, Armins Mutter, wurde auch getuschelt, ohne Genaueres zu wissen. Herr Jochum war

Papas Vetter. Doch Mutti und ich siezten ihn und seine Frau. Sie hatten uns nicht das Du angeboten. Frau Dickhöher war sehr nett, aber ziemlich schlampig. Ihr Haushalt war im Gegensatz zu dem der gegenüber wohnenden Familie Schenkel in etwas weniger ordentlichem, reinlichem Zustand. Frau Groß, die Gattin des Bergmannsdichters, war sehr korpulent, konnte aber gut singen. Einmal trat sie in der Festhalle auf mit einem Lied von Willi Schneider. Letzterer hat übrigens auch einmal in Göttelborn in der Festhalle gesungen. Danach stand er etwas schüchtern im Konzertwald und verteilte Autogrammkarten. Ich habe seine Karte noch heute. Lehnhofs wohnten in dem Haus, aus dem wir nach dem Krieg ausziehen mussten. Einmal war ich bei ihnen in der Wohnung und empfand Trauer, nicht mehr darin wohnen zu dürfen. Bis zum heutigen Tag ist in mir eine gewisse Sehnsucht nach diesem Haus. Anneliese Quint war zwei Jahre älter als ich und spielte mit mir und andern Kindern auf der Straße, zum Beispiel Völkerball, Beruferaten oder Bäumchen wechsle dich. Die Straße war mit Linden gesäumt. Anneliese hatte ein Baby-Schwesterchen, auf das sie manchmal aufpassen musste. An einem Tag wurde ihr das zu langweilig, und sie ließ den Säugling für eine Weile allein in der Wohnung, um auf der Straße zu spielen. Als ich mit ihr hinauf ging, um nach dem Baby zu sehen, hatte es sich mit Kacka von oben bis unten und das ganze Bettchen dazu eingeschmiert. Wir hatten viel Arbeit, um die Bescherung einigermaßen zu beseitigen, bevor die Mutter zurückkam. Als wir erwachsen waren und manchmal auf den gleichen Bus warteten, zeigte sie eines Tages auf eine junge Frau und sagte: „Die Männer nennen sie Arschlöchelchen." Das stieß mich ab, weil ich vulgäre Ausdrücke nicht leiden konnte. Bei uns zuhause wurden nie solch unfeine Wörter benutzt.

Die interessanteste Erscheinung unserer Straße aber war Fräulein Zander. Sie leitete die Kochschule, welche die Grube für die Töchter der Angestellten und Arbeiter eingerichtet hatte, die nur die Volksschule bis 14 absolvierten und keine Lehre machten. Fräulein Zander war eine imposante, elegante unverheiratete Dame und fremd im Ort. Wir wussten nichts über ihre

Herkunft. Die Kochschule befand sich in einem großen Gebäude neben unserem Haus. Wir Kinder nannten die selbstbewusste Hauswirtschaftslehrerin „Fräulein Zarah Leander". Sie wirkte ziemlich extravagant. Papa schien sie gut leiden zu können. Wenn er ihr auf der Straße begegnete, unterhielt er sich mit ihr. Fräulein Zander wollte nahtlos braun werden und sonnte sich deshalb nackt im Garten hinter einer Hecke. Werner und seine Kameraden schlichen sich hin und beguckten sie. Fräulein Zander schien es nicht zu bemerken, aber vielleicht gefiel es ihr ja sogar. Sie war ein schillernder Vogel in unserer Kleinbürgeridylle. Es hieß, sie würde den Schülerinnen unter die Röcke schauen, um die Sauberkeit der Unterwäsche zu kontrollieren. Ich hätte mir nicht vorstellen können, bei Fräulein Zander den Haushalt zu lernen.

Die Linden unserer Straße machten uns Freude mit ihrem Duft, wenn sie im Frühling blühten. Sie verursachten jedoch ebenfalls viel Arbeit im Spätsommer und Herbst, wenn sie ihre Blätter abwarfen. Dann mussten die Anwohner nämlich jeden Samstag den Bürgersteig, die Straße und Gosse kehren. Die Gemeinde war dafür nicht zuständig. Vor jedem Haus wurde das trockene Laub zu einem Haufen aufgetürmt und angezündet. Wenn die Feuerchen loderten, sprangen wir Kinder darüber, um unseren Mut zu beweisen. Oft brieten wir auch frisch geerntete Kartoffeln in der Glut. Die schmeckten himmlisch, ein klein wenig wie geräuchert. Im Frühling, wenn die Blätter noch ganz zart und frisch waren, hatten die Maikäfer Appetit darauf. Auch im Wald waren sie eine Plage. Ganze Bäume fraßen sie kahl. Deshalb mussten sie bekämpft werden. Wir Kinder gingen auf die Jagd nach ihnen. Es war relativ einfach, sie zu fangen, weil sie ziemlich schwerfällig flogen. Eimer voll lebender Käfer warfen wir den Hühnern vor, die sich gierig auf das krabbelnde Futter stürzten. Ich weiß nicht mehr, ob die Eier danach besser oder schlechter schmeckten. Übrigens, Kartoffelkäfer mussten wir auch sammeln, weil sie das ganze Kartoffelkraut abfraßen und sich keine Knollen bilden konnten. Schulklassen gingen geschlossen auf die Felder. Das war eine ekelhafte Arbeit. Die Käfer und Larven mussten hinterher verbrannt werden. Es hieß, die Amerikaner hätten sie aus Flugzeugen abgeworfen, um die Deutschen auszuhungern. Das fand ich ziemlich unfreundlich, doch ob es wirklich stimmte, wusste niemand.

19

MUTTIS AUFSÄTZE

Die Schule fiel mir leicht, und wenn ich keine Lust hatte, einen Aufsatz zu schreiben oder zu müde war, quälte Mutti mich nicht lange und schrieb ihn ruckzuck für mich. Ich brauchte ihn dann nur noch abzuschreiben. Sie hatte das Talent, den Stil eines Kindes genau zu treffen. Wahrscheinlich musste sie sich nicht einmal verstellen, weil sie selbst noch jung und ein bisschen naiv war. Kein Lehrer hat es je gemerkt. Auch Werner hatte in den ersten Schuljahren selten Lust, seine Aufsätze selbst zu verfassen. Mutti bereitete das Schreiben mehr Spaß. Allerdings machten wir uns ein wenig Sorgen, was passiert, falls er seinen Aufsatz einmal als Klassenarbeit schreiben müsste. Doch unsere Bedenken waren unbegründet. Als es dazu kam, schrieb er einen fast perfekten Aufsatz ohne Muttis Hilfe. Er schien auf diese Weise ohne ständigen Druck zuhause am besten zu lernen. Mutti hat uns wohl manchmal mit dem Stöckchen versohlt, weshalb auch immer, aber ansonsten war sie liebevoll unterstützend und verteidigte uns wie eine Löwin ihre Jungen. Sie war immer auf unserer Seite und hätte anderen, die uns schlecht gemacht hätten, nie geglaubt. Sie war direkt, mutig und nicht gehässig. Schon mit dreizehn Jahren konnte sie wunderbar schreiben. Das beweist dieser Aufsatz, den ich in einem ihrer Schulhefte von 1928 mit Überraschung und großer Freude wiederentdeckte:

„Mein schönstes Erlebnis.
Eines meiner schönsten Erlebnisse war wohl ein Ausflug im Siegerland über den hohen Altenseelbachskopf nach der …(?) Der Weg war trotz des steilen Aufstieges wunderschön. Der klarblaue Himmel stand hoch über dem dunkelgrünen Tannenwald, kaum bewegten sich die Wipfel der schlank gewachsenen Tannen. Die Vögel sangen und musizierten, sonst war es in der Natur totenstill. Zuweilen hörte man einen Specht häm-

mern oder einen Kuckuck rufen. Zum ersten Mal hatte ich solche Natur-schönheit bewundern können und staunte deshalb über des Schöpfers große Macht und Weisheit. Lächelnd sagte mein Onkel: „Komm, Kind, wir wollen weiter hinauf gehen, da wirst du dich noch viel mehr wundern." Ich glaubte ihm und wir eilten weiter meiner Tante, die mit den Kindern vorgegangen war, nach. Schöne Lieder verkürzten uns den Weg. So ge-langten wir nach einer Stunde auf der höchsten Spitze des Berges an und sogleich lichtete sich der Tannenwald, und wir traten auf eine wunderschö-ne Wiese. „Wie im Märchenbuch!" rief ich entzückt aus. Mein Onkel hatte mit seiner Prophezeiung recht gehabt. Der Sonne goldenes Licht lag wie eine schimmernde Decke auf dem Rasen. Die Tannen standen da, als ob sie dieses Plätzchen schützen müssten. Schöne Wiesenblumen schmückten den grünen Gipfel. Da gewahrte ich an der rechten Seite ein kleines Bretterhäuschen. Die großen goldenen Buchstaben konnte man von weitem entziffern: „Waldschlösschen", rief ich freudig aus. Wir hat-ten uns Kuchen und Kaffee mitgebracht. In dem Schlösschen befand sich außer dem Tisch und den Stühlen auch ein Ofen. Wir Kinder sammel-ten im Walde dürre Äste, damit die Tante schnell das Feuer anmachen konnte. Bald flackerte es lustig im Herd. In der Nähe des Schlösschens sprudelte ein silberheller Quell. Übermütig hüpfte das Wasser über die schneeweißen Kieselsteinchen und floss als ein Bach in leichten Win-dungen durch das Wiesental dahin. An diesem kühlen Fleckchen gefiel es mir am besten. Wir hatten unseren Wasserkessel gefüllt und während die Tante und Kusine den Kaffeetisch bereit machten, legte ich mich ne-ben den Quell ins weiche Gras nieder. Man kann es nicht in Worte klei-den, wie froh und leicht mir ums Herz war. Der Himmel sah mich sin-nend und sanft an, und die Tannen grüßten zu mir herüber. Wie lange ich so gelegen hatte, wusste ich nicht, doch plötzlich schreckte mich mein Onkel auf: „Du kleine Träumerin, steh auf, der Kaffee ist bereit!" Ge-stärkt sprang ich auf und lief dem Schlösschen zu. Es schmeckte herrlich in der reinen frischen Luft, und gar bald waren Schüsseln und Tassen ge-leert. Nun verließen alle das Waldschlösschen und es ging hinaus auf die Wiese. Wir tummelten uns nach Herzenslust aus. Nur zu bald nahte der Abend, und der Onkel mahnte zum Aufbruch. Ein wenig traurig verließen wir die märchenhafte Wiese. Wir schlugen einen anderen Weg ein, der durch Eichenwälder führte. Die Büsche, die sich am Wege befan-

den, streckten die grünen Arme in den Sommerabend hinaus und störten nicht durch leises Säuseln die Bienen und Käferchen, die hin und wieder zu ihnen schwebten. Die Blümchen unter ihnen hatten ihre milden Augensterne wie vor ihrem Schöpfer ehrfurchsvoll gesenkt. Gott, wie schön! dachte ich und blieb andächtig stehen, um den Sommerabend mit ungestörtem Entzücken zu genießen. Ein lauter Ruf meiner Kusine weckte mich aus meiner stillen Betrachtung, und ich eilte ihnen nach. Bald lag das Dörfchen Altenseelbach im Abendfrieden vor uns, und nach einer Viertelstunde traten wir in das Haus von Onkel und Tante. »Tante«, begann ich, „dieser Ausflug war mein schönstes Erlebnis!"

So stimmungsvoll und malerisch wie meine Mutter konnte ich mit dreizehn Jahren und auch jetzt nicht schreiben. Sie erzählte mir oft, dass ihr Deutschlehrer sie besonders ermutigt hätte, zu lesen und zu schreiben. Obwohl dieser Mann mit einem Doktortitel an einer höheren Schule hätte arbeiten können, zog er es vor, die Kinder der Familien zu unterrichten, die nicht genug Geld hatten, um ihren oft begabten Kindern eine bessere Schulbildung zu ermöglichen. Auf diese Weise erfuhr meine Mutter viel über große Dichter wie Goethe. Sie konnte aus dem Stegreif Geschichten erfinden. Als mein Bruder klein war, erzählte sie ihm jeden Abend eine spontan ausgedachte Geschichte vor dem Schlafengehen. Leider hat sie nicht gedacht, dass sie eine besondere Begabung hatte und nichts aufgeschrieben. Schon als Kind erzählte sie ihren Kusinen und Vettern eigene Märchen. Daraufhin ermahnte sie der dumme Onkel Jakob (nicht der aus dem Siegerland) und bezichtigte sie des Lügens. Das wäre Sünde.

Noch ein anderer Aufsatz meiner Mutter rührt mein Herz an:

„Die Schwierigkeiten beim Brombeersuchen.
Ich habe meine Ferien gut verlebt. Jeden Tag gab's etwas Neues. Einen Tag, es war Mittwoch, werde ich aber besonders gut im Gedächtnis behalten, denn solch ein Tag kommt nicht oft vor. Wir wollten auf die Brombeersuche gehen. Morgens in aller Frühe brachte uns der Zug nach einem benachbarten Dorf. Nach einer halben Stunde nahm uns der schöne grüne Wald auf. Jetzt verteilten wir uns nach allen Richtun-

gen. Zuerst behielt ich immer die eine Tante im Auge, doch plötzlich verschwand sie im Gebüsch. Auch ich kam immer mehr vom Wege ab. Da ich aber sehr eifrig am Suchen war, merkte ich es nicht. Da hatte ich gerade einen Strauch mit vielen dicken Brombeeren entdeckt. Freudig wollte ich meine Hand danach ausstrecken, da hörte ich laut meinen Namen rufen. Ich horchte auf. „Was nun, wenn wir Wilhelmine nun nicht wieder finden?" hörte ich fragen. Nun wusste ich ja, dass die andern nicht weit sein konnten und wollte sie mal in Angst jagen, deshalb blieb ich ruhig stehen und gab auch keinen Laut von mir. Als sie aber nicht aufhörten zu rufen, gab ich Antwort. „Hier bin ich ja" und brach aus meinem Versteck. Da wunderten sie sich, dass ich so nahe bei ihnen gewesen bin. Meine Tante aber war noch ganz aufgeregt und fing an zu schimpfen. Ich aber lachte mir eins ins Fäustchen. Da wir hier aber nicht viele Brombeeren fanden, gingen wir auf einen hohen Berg nur immer durch Wald. Meine Tante war froh, dass mein Onkel auch mitgegangen war, sonst hätte sie auch noch Angst bekommen. Es war ein beschwerlicher Weg. Eine dicke Bekannte dachte, sie könnte nicht mehr, aber es nützte ihr nichts, sie musste doch. Wir waren schon oben, aber jene Frau pustete und keuchte: „Ich kann nicht mehr." Mit Ach und Krach brachten wir sie endlich oben hin. Nun ging das Rufen von neuem an. Hier waren zu viele Sträucher, und rote Brombeeren. Dazwischen leuchteten die schwarzen durch. Die vielen Dornen machten uns zu schaffen. Um die Wette wurde „aua" geschrien. „Tante hilf mir, ich häng fest!" rief ich auf einmal. Meine Haare hatten die Dornen erfasst. Meine gerufene Tante eilte schnell herbei und befreite mich. Sogar unten auf der Erde zogen sich die Stachelsträucher hin. Klatsch stolperte ich über einen dicken Stein und fiel in einen Brombeerstrauch. „Au, au, meine Hände und Arme ganz verkratzt, helft mir doch!" Die andern standen dabei und lachten mich noch aus. „Ich brauch euch gar nicht", sagte ich und wollte selbst wieder aufstehen, wobei ich aber die bis jetzt noch festgehaltene Kanne mit Beeren fallen ließ, und der ganze Inhalt fiel auf die Erde, und ich selbst kam doch nicht aus dem Gestrüpp. Ich fing an zu zappeln und zu schreien: „Lasst sie mal ein bisschen zappeln" erklärte mein Onkel. Da befreite meine Tante mich aber. Ich sah schön aus, Strümpfe ganz zerrissen und die Hände voller Blut. Meinen Onkel machte ich voll Blut und musste laut lachen, was er für ein Gesicht schnitt. Als wir unsere Gefäße voll hatten, mussten wir den mühsamen Weg wieder zurück, aber jetzt ging es bergab."

Unter dem Aufsatz stehen folgende Anweisungen:
* „Einfache Sätze!
* Keine Wiederholungen!
* Kein Satz darf mit ‚als‘ oder ‚wenn‘ anfangen.
* Kein Satz darf mehr als zehn Wörter enthalten."

Der Lehrer muss wirklich große Klasse gewesen sein. Wilhelmine hat mit sehr viel Verehrung und Liebe von dem Herrn Doktor Koeper gesprochen. Wahrscheinlich hat sie für ihn so schöne Aufsätze geschrieben.

Mutti liebte ihre Tanten und Onkel aus dem Siegerland sehr. Tante Hedwig ersetzte ihr ein wenig die Mutter. Mit viel Liebe sprach sie immer von deren Sohn Otto. Vetter Otto hatte einen sehr guten Klang in unserer Familie. Später war er Imker und schickte Mutti jedes Jahr gesunden, naturreinen Honig.

20

DIE FRONT RÜCKT NÄHER

Eine ehrliche Freundin hatte Mutti immer noch nicht. Es gab Tante Klärchen, die Frau des Schusters und Schuhladenbesitzers. Doch die war ziemlich egoistisch. Ihr Mann blieb in Stalingrad vermisst. Wahrscheinlich hatte sie sich sowieso mit ihm gelangweilt. Nun war sie frei für neue Abenteuer. In der Garage hatte sie ein altes Auto stehen. Da die Westfront immer näher rückte, überlegten sich Klärchen und Mutti, ob sie im Notfall uns Kinder (Maxi, Werner und mich) ins Auto packen und mit uns flüchten könnten. Doch wohin? Der Plan schien nicht realisierbar zu sein. Außerdem gab es kein Benzin. Wir waren allerdings überzeugt, nach dem Krieg zu den Überlebenden zu gehören und machten uns keine allzu großen Sorgen. Tante Klärchen hatte das Schuhmonopol in unserem knapp Zweitausend-Einwohner-Dorf. Trotz Bezugschein sah man aber oft in die Röhre, weil die Schuhe unter der Theke verschwanden. Schließlich musste Klärchen auch an sich, ihren Sohn und ihre Mutter denken. Schuhe waren ein begehrtes Tauschobjekt gegen andere knappe Waren, vor allem Lebensmittel. Freundschaft hin, Freundschaft her; als Gegengabe war sie zu esoterisch. Mutti äußerte ihre Enttäuschung über die Freundin mir gegenüber. Als ich 14 wurde, beschloss ich, sie Frau Dupré zu nennen, anstatt Tante Klärchen. Ich hatte nicht vergessen, dass Mutti mir wegen ihr ein paar Jahre vorher eine Abreibung gegeben hatte. Klärchen erhielt Briefe von einem verheirateten Mann, der als Soldat in Göttelborn stationiert war. Ihre Mutter, die bei ihr im Haus wohnte, durfte nichts davon wissen. Also kamen die Briefe postlagernd in Merchweiler an. In Göttelborn ging es nicht, weil der Posthalter ein Bruder ihres vermissten Mannes war. Eines Tages wurde ich mit dem Fahrrad zur Post in Merchweiler geschickt, um einen Brief abzuholen. Den sollte ich meiner Mutter übergeben. Da ich den Auftrag jedoch besonders gut erledigen wollte, fuhr ich direkt zu Tante Klärchens Haus, wo deren Mutter mir öffnete und den Brief entgegennahm. Mir kam gar nicht der Gedanke, dass dies ein Problem nach sich ziehen könnte. Dazu war ich noch zu gutgläubig. Klärchen lief prompt zu Mutti, um ihr von ihren Schwierigkeiten durch meine Schuld zu berichten. Daraufhin griff Mutti zum Stöckchen und ließ es mich fühlen. Noch nie war ich so enttäuscht und gekränkt, zumal ich ja kein kleines Kind mehr war. Die Ungerechtigkeit war schwer zu ertragen, zumal ich es doch nur gut gemeint hatte. Es dauerte ein paar Tage, bis ich wieder mit Mutti sprach. Jahre später hielt ich es ihr einmal vor, und sie bereute ihre Tat sehr. Im Nachhinein entschuldigte sie sich dafür, mir das angetan zu haben wegen einer Freundin, die ihre Solidarität nun wirklich nicht verdient hatte. Übrigens hatte Mutti selbst etwas Ähnliches durch ihren Vater erlebt. Als sie etwa 16 war, stand sie einmal mit einem jungen Mann vor der Haustür. Zufällig kam ihr Vater dazu und ohrfeigte sie vor dem Jungen (vielleicht ohrfeigte sie deswegen selber nicht, sondern benutzte ein Stöckchen). Dabei hatten sie sich nur unterhalten. Mutti war sehr empört. Der Vater tat es natürlich nur aus Sorge, seine Tochter könnte eines Tages ein uneheliches Kind mit nachhause bringen. Da die Mutter fehlte, fühlte er sich umso mehr verantwortlich für die Moral seiner Töchter. Ich frage mich nun, ist es möglich, dass Kinder ungerechte Schläge später an ihre eigenen Kinder weitergeben? Für ein ähnliches Verhalten war ich auch Zeugin bei einer früheren Schulfreundin. Wenn man als Kind geschlagen wird, hat man wahrscheinlich weniger Hemmungen, Konflikte auch körperlich auszutragen. Ich selbst habe zum Beispiel einmal einem Jungen einen Aluminium-Henkelmann mit Schmackes auf den Kopf gehauen, um meiner Freundin beizustehen, die von ihm mit dreckigem Schnee eingeseift wurde. Er ließ von ihr ab und verfolgte mich bis zur Sperre am Saarbrücker Bahnhof, durch die er ohne Fahrkarte nicht nachkommen konnte. Ich dachte, wenn er mich kriegt, haut er mich tot und lief um mein Leben.

Ich hätte ihm echt schaden können, und das wegen etwas Schnee im Gesicht von Doris. Noch heute bereue ich meine Brutalität. Eine andere Begebenheit: Ein Mädchen namens Klara in meiner Klasse ärgerte mich mit frechen Worten. Anstatt mich nur verbal zu verteidigen, trieb ich sie bis an eine Wand und ohrfeigte sie. Ich hatte also wenige Hemmungen zuzuschlagen, vielleicht deshalb, weil auch Mutti uns gezüchtigt hat.

21

DIE FREIWILLIGE EVAKUIERUNG

Im Jahr 1943/44 wurde Vater überraschend vom Kriegsdienst befreit und kam von Russland zurück nachhause. Das war sein Glück. Die Wehrmacht zog ihn wohl nach einigen Monaten erneut ein, doch nicht mehr nach Russland. Er kämpfte jetzt an der Westfront gegen die Franzosen und zum Schluss in Deutschland gegen die Amerikaner.

In Göttelborn hatte sich die Nachhut der deutschen Armee einquartiert. Sie vertrieben sich die Zeit und Angst mit fröhlichen Gelagen. Auch in unserem Wohnzimmer wurde gefeiert. Wir Kinder, zusammen mit Klärchens Sohn Max, lagen nebenan in den Ehebetten und hörten das muntere Treiben. Mutti hatte ein Techtelmechtel mit dem Offizier der Einheit. Er war sehr sympathisch und hilfsbereit. Er kommandierte einen Lastwagen mit Fahrer ab, um Mutti, Werner und mich nach Eckweiler im Hunsrück zu Muttis Onkel Willi, in die vermeintliche Sicherheit, zu bringen. Ihre Mutter stammte von dort. Onkel Willi war unverheiratet und hatte Platz im Elternhaus, um uns aufzunehmen, bis der Krieg vorbei wäre. Andere Leute in Göttelborn waren neidisch, weil sie keinen Lastwagen zur Verfügung hatten. Mutti muss doch recht großen Eindruck auf die Männer gemacht haben, dass sie ihr so hilfreich entgegen kamen. Die Lage in Göttelborn wurde unsicherer, weil die grollenden Geschütze von der Front schon lauter zu hören waren. Angst hatte ich nicht. Irgendwie fand ich das ganze Geschehen eher abenteuerlich interessant mit meinen acht Jahren. Wir packten Wäsche, Kleidung, unsere Betten, Spielzeug und sonstiges abends in den Lastwagen. Auch ein Kaninchen kam mit. Lämmchen Liesel konnten wir leider nicht einpacken. Freundlicherweise nahm es Herr Maselter, dessen Garten von hinten an den unsrigen grenzte, in

Aufbewahrung. Er hatte Mutti seine Hilfe angeboten. Die Gitarre von Mutti musste allerdings geopfert werden. Der Fahrer des Wagens wünschte sie sich als Entschädigung für seinen nicht ungefährlichen Einsatz. Das tat mir leid, weil ich Muttis Spiel mit gesenktem Kopf immer so gern zugesehen und gelauscht hatte, obwohl sie nur wenige Griffe beherrschte. Bei Dunkelheit ohne Licht fuhren wir los, damit uns die Tiefflieger nicht ausmachen konnten. Am Abend vorher kochten wir noch alle Eier, die Mutti in großen Gläsern eingelegt hatte, und wir aßen sie, bis uns übel wurde von zu viel Eiweiß. Lange war mir danach die Lust auf Eier vergangen. Die ganze Nacht fuhren wir kriechend ohne Licht über schlechte Landstraßen, bis wir mit den ersten Sonnenstrahlen im winzigen Bauerndorf Eckweiler (10 km von Sobernheim an der Nahe entfernt) bei Onkel Willi eintrafen. Der hatte uns schon irgendwie erwartet, obwohl die Post nicht mehr zugestellt wurde. Er schien sich zu freuen. Als junger Mann hatte er ein Bein in der Dreschmaschine verloren und sich so sehr wegen seiner Körperbehinderung geniert, dass er unverheiratet blieb. Etwas eigenbrötlerisch war er ja geworden, konnte jedoch sehr kinderlieb und herzlich sein. Er war die erste intellektuelle Instanz im Dorf und fungierte neben einer kleinen Landwirtschaft als Barbier und Friseur. Samstags stellte er einen Stuhl in die Mitte der Stube, und die Bauern kamen zum Rasieren und Haare-Schneiden. Nebenbei wurde politisiert. Manchmal verlor Onkel Willi die Geduld und warf alle aus dem Haus. Doch man kannte ihn und verzieh ihm. Er hatte sein Bett in einer Ecke des Wohnraumes aufgestellt. Mutti und wir Kinder schliefen nebenan in der Kammer. Werner und ich teilten uns ein Bett mit Strohsack. Der hatte eine Kuhle in der Mitte, so dass wir immer zusammen rutschten. Das machte uns aber nichts aus. Wenn die Bomber übers Dorf nach Kreuznach flogen, legten wir uns zusammen in Muttis Bett. Sie sagte: „Wenn uns eine Bombe trifft, sind wir alle gleichzeitig weg." Das tröstete uns. Das Klo war neben der Scheune auf der anderen Straßenseite. Nachts gingen wir aufs Töpfchen, das Mutti kurzerhand aus dem Fenster in einen abgeschlossenen Hinterhof kippte. Dort stand ein großer Baum, der auf diese Weise gut gedüngt wurde. Obwohl es ein Kastanienbaum war, fanden wir manchmal Walnüsse unter ihm auf dem Boden liegen. Was ich mir nie erklären konnte. Vielleicht kann man ja auf einen Kastanienbaum Triebe eines Nussbaumes aufpfropfen. Es würde mich interessieren, was ein Botaniker dazu sagen könnte. Wenn ich auf dem Klo mit Herz in der Tür saß, strich manchmal Onkel Willi daran entlang und sagte: „Scheiß ein bisschen, scheiß ein bisschen!" Das störte mich nicht weiter. In Eckweiler ging es uns gut. Onkel Willi hatte eine Kuh, die Milch gab. Er melkte sie zärtlich und sagte dabei immer wieder: „Mein Elschen, mein Elschen." Als irgendwann keine Milch mehr aus ihrem Euter kam, brachte sie Onkel Willi zusammen mit mir schweren Herzens zu Fuß irgendwohin. Danach kaufte er eine neue Kuh mit funktionierendem Euter. Ich sehe ihn noch heute vor mir, wie er sich schwerfällig mit seinem Holzbein fortbewegte. Doch für uns gehörte das irgendwie zu ihm. Nachdem Mutti alle Milchgefäße gründlich gespült hatte, wurde Dickmilch und Quark darin angesetzt. Als Onkel Willi allein war, hatte er alles verdrecken lassen. Ein Schwein wurde geschlachtet, und in der Stube kochten wir Wellfleisch, das anschließend zu Blut- und Leberwürsten verarbeitet wurde. In der Räucherkammer eines anderen Bauern wurden sie zusammen mt den Schinken haltbar gemacht. Die Wohnstube war gleichzeitig auch unsere Küche. Kartoffeln, Rüben und Eier waren ebenfalls reichlich vorhanden. So litten wir keinen Hunger. Mutti bekam rote Wangen, und ihr Körper rundete sich. Es wurde Winter. Als Schnee fiel, verwandelte sich die abschüssige Straße in eine lange Schlittenbahn. Ich hatte wieder einen Verehrer. Wenn ich mit dem Bauch auf dem Schlitten lag, sprang er von hinten auf mich und flüsterte mir ins Ohr: „Ich liebe dich." Das gefiel mir. Ein anderer Junge im Dorf war allerdings gar nicht nett zu mir. Er war fremdenfeindlich und drohte sogar, mich zu verhauen. Als ich einmal bei meiner Freundin in der Scheune zu Besuch war, stand er vor dem Tor und wollte mich nicht raus lassen. Stundenlang wartete ich voller Angst, bis es ihm irgendwann wahrscheinlich zu langweilig wurde, und er verschwand. Später, als wir schon wieder in Göttelborn waren, kam mir zu Ohren, dass dieser böse Junge in der abgebrannten Kirche von Eckweiler durch ein Trümmerteil erschlagen wurde. Das fand ich sehr schlimm. Gleichzeitig dachte ich: Hat der liebe Gott ihn am Ende bestraft?

Werner half Onkel Willi im Stall beim Ausmisten und Verladen des Mistes auf einen Wagen. Er war ein mutiger vierjähriger Knirps. Einmal stand er an der Viehtränke an der Straße, wo ein Pferd scheute und mit den Vorderbeinen in die Höhe ging. Werner blieb seelenruhig direkt davor stehen und betrachtete sich das Schauspiel wie ein Dompteur. Wir sahen es aus einigen Metern Entfernung und hielten die Luft vor Schreck an. Wernerchen hatte jedoch keine Angst. An Weglaufen dachte er nicht.

Ich musste morgens in die Schule gehen. Der Lehrer war sehr lieb zu mir, dem Flüchtlingskind, und nahm mich sogar auf den Schoß, während die Bauernkinder seltsame Strafsanktionen über sich ergehen lassen mussten, nämlich stehend die Arme waagerecht in die Höhe halten, und das ziemlich lang. Ich fand das entwürdigend. Irgendwann traf es mich dann auch. Die Arme fühlten sich bald schwer und lahm an. Wahrscheinlich wollte der Schulmeister nicht den Eindruck erwecken, ein Flüchtlingskind zu bevorzugen.

Wenn Onkel Willi gut gelaunt war, öffnete er seinen großen Schrank und zeigte uns seine Schätze, vor allem Geldscheine aus der Inflation (Billionen Reichsmark). Die waren natürlich wertlos jetzt. „Davon hätte ich mir ein Schloss mit sieben Türmchen bauen können," sagte er. Stattdessen wohnte er im alten, etwas heruntergekommenen Häuschen seiner Eltern. Der Vater war neben der kleinen Landwirtschaft Posthalter und Briefträger gewesen. Die Söhne und Töchter, ich glaube, es waren fünf, waren alle klug und gut aussehend. Außer Onkel Willi verließen sie das arme Dorf, um in Städten im Ruhrgebiet ihren Lebensunterhalt zu verdienen. Meine Großmutter Wilhelmine war eine Schönheit, stolz und mutig. Mein Opa sagte später von ihr, als sie schon lange nicht mehr lebte, zu seinem zukünftigen Schwiegersohn Artur: „Sie wäre dem Teufel vor die Küchentür gegangen." Er selbst war scheinbar weniger mutig. Als ihn eines seiner fünf

Kinder später einmal neckte, dass die älteste Tochter schon vor Ablauf von neun Monaten nach der Hochzeit auf die Welt gekommen war, antwortete er: „Daran war eure Mutter schuld." So ein scheinheiliger Feigling, dachte ich. Er war nämlich fanatisch fromm evangelisch und las vor dem Essen seiner Familie täglich lange Epistel aus der Bibel vor und hätte es begrüßt, wenn Mutti Diakonisse (evangelische Nonne) geworden wäre. Seinen Kindern hat er auf diese Weise die Lust an der Religion ausgetrieben. Trotzdem ging Mutti mit uns auch in Göttelborn zur improvisierten evangelischen Kirche in einem Schulsaal. Doch das war keine reine Freude, weil der Pfarrer Gebhard aus Wahlschied beim Predigen spuckte, und die in der ersten Reihe bekamen es ab. Außerdem schimpfte er wie ein Rohrspatz über die nicht erschienenen Schäfchen, wofür wir Anwesenden doch nichts konnten. Einmal besuchte Mutti zusammen mit andern Frauen der evangelischen Frauenhilfe und mit Pfarrer Gebhard nebst Gattin ein Heim für geistig und körperlich behinderte Menschen. Im Heim hatte man extra ein Essen vorbereitet, und die Bewohner standen freudig wartend am Tor. Als die Frau des Pfarrers die armen behinderten Menschen sah, rief sie: „Das ist ja eine Zumutung. Hier kann ich keine Minute bleiben!" Der trottelige, feige Pfarrer folgte seiner Frau und forderte die anderen auf, wieder in den Bus zu steigen, um weiterzufahren. Auch Mutti gehorchte, weil sie sich irgendwie überrumpelt fühlte. Später zu Hause bereute sie es jedoch. Überhaupt habe ich an Kirchenmänner keine guten Erinnerungen und halte mich seit über 50 Jahren von ihnen fern. Das einzige, was mir im Gottesdienst gefiel, war das unperfekte Harmoniumspiel unseres Mitschülers Friedel Schmeer. Meine Liebe zu Jesus beeinträchtigte die Abkehr von der Kirche jedoch nicht. Obwohl Muttis und meine Erfahrungen mit Pfarrern schlecht waren, schienen sie in unserer allgemeinen Wertschätzung doch noch ziemlich hoch zu stehen. Als nämlich Tante Friedel, die Frau unseres Familien-Genies, Dr. h. c. Paul Guthörl, von dem Pfarrer-Sohn ihrer Freunde erzählte und meinte, das könnte doch ein Mann für Ursel sein, horchten wir auf. Sie versprach, uns zusammen mit der befreundeten

Familie einzuladen, was aber nie geschah. Mutti schien zu denken: Dafür brauch ich Friedel nicht und schrieb selbst ein *Angebot* an den Herrn Pfarrer Osenberg. Am Sonntag darauf besuchten wir seinen Gottesdienst in Saarbrücken, um ihn in Augenschein zu nehmen. Viele Protestanten schwärmten von seinen intelligenten Predigten. Ich dachte, na ja, er redet ganz gut, aber als Mann gefällt er mir überhaupt nicht. Er kam mir etwas dicklich-schwammig vor. Besonders mutig und höflich schien er auch nicht gewesen zu sein, denn sonst hätte er Muttis Brief wenigstens – wenn auch abschlägig – höflich beantwortet. Später hörte ich ihn manchmal am Radio predigen und fand ihn ziemlich penetrant von sich selbst überzeugt.

Die Tochter von Paul und Friedel war meine Patentante, obwohl sie eigentlich meine Kusine war. Wie hieß sie denn noch? Ach ja, Gretel. Im Rückblick kann ich mich jedoch nicht erinnern, sie nach der Taufe mehr als ein oder zwei Mal wieder gesehen zu haben. Zum ersten Geburtstag schenkte sie mir ein geblümtes Mini-Sammeltässchen mit ein paar Pralinen drin. Bescheiden, wie ich war, freute ich mich und hütete es wie meinen Augapfel bis zum heutigen Tag. Nun hat es zweiundsiebzig Jahre auf dem Buckel und noch immer keinen Sprung.

22

GROSSMUTTERS BRIEFE

Von Großmutter Wilhelmine besitze ich ein sehr schönes Foto, auf dem sie die Tracht der Jahrhundertwende mit Stehkragen, langem Rock und bauschigen Oberärmeln trug. Sie war die Schönste in unserer Familie. Nur leider starb sie schon mit 39 Jahren und hinterließ fünf Kinder. Hier möchte ich einige Briefe von ihr an Schwester Lieschen einfügen:

„Eckweiler, 13.1.15
Liebe Schwester!
Deine Karte heut Mittag erhalten, woher weißt Du denn schon von Karl? (Bruder)Wir wissen auch nichts Bestimmtes, der Kehreins Franz schrieb, dass er nicht zur Truppe(?) zurückgekehrt ist, seit dem 3. Januar. Spurlos verschwunden, weiter wissen wir auch gar nichts. Ist er jetzt verwundet oder gefangen? Gott weiß es alleine. Er schrieb, tot könnte er nicht sein, da die Deutschen das Schlachtfeld geräumt hätten und ihn nicht gefunden haben. Aber wer kann da sagen, wie es auf einem Schlachtfeld zugeht und so müssen wir in Geduld auf weitere Nachricht warten. Willi (Bruder) hat gleich an seinen Feldwebel geschrieben, aber wer weiß, ob der noch lebt. Wenn Karl nur in deutschen Händen wäre, es könnte ja doch noch möglich sein, es wäre doch noch 10000-mal besser als in der Gefangenschaft. Wir können nun nichts weiter tun, als für ihn beten, unser Gott und Herr kann ihn allein beschützen und ihm helfen. Diese Ungewissheit ist furchtbar, besonders für Mutter. Sie sitzt und guckt in ein Loch, man weiß gar nicht, was man anfangen soll und das Herz ist einem selber so schwer. Man meint man hätte eine Last auf dem Herzen, ich hoffe ja noch" (hier bricht der Brief ab)

„Dortmund, den 20.9.15
Liebe Schwester!
Eigentlich sollte ich ja nicht schreiben, denn Du bist mir noch Antwort schuldig auf das Paket vom Gut oder hast Du es nicht erhalten? Nun ich weiß ja, dass Du auch wenig Zeit hast, also will ich noch mal schreiben. Habe von August eine Karte erhalten, wo er ja ein ganz strammer Soldat geworden ist, freute mich sehr darüber, hatte ihm auch gleich geantwortet und ihm ein Paketchen mit Rauchmaterial zugeschickt. Hoffentlich hat er es erhalten, habe ja nichts über für Rauchen, aber da muss man schon eine Ausnahme machen. Ich schicke auch Heinrichs Brüdern, die draußen sind, öfters was, dass macht ihnen doch immer etwas Freude und Abwechslung. Wie geht es denn bei Euch? Habt Ihr noch die Kühe alle? Wie gerne würde ich mich mal einige Stunden mit Dir verplaudern, aber leider. Habe letzte Woche von Euern Kühen geträumt, ich sollte sie nämlich füttern, da verschaffte ich mich und wusste gar nicht, was ich da machen sollte. Ich war doch froh, als ich wach wurde und es war nicht wahr. Uns geht es noch gut, Du wirst schon gehört haben, dass wir am 1. Juni ein drittes Mädel bekamen, Wilhelmine (meine Mutter) mit Namen. Es war ja wohl eine schwere Zeit für mich, aber es ist gut, dass alles vorüber geht. Körperlich wollte es auch gar nicht so gut gehen mit mir dieses Mal. Ich war lange Zeit im Krankenhaus, da das Fieber gar nicht nachlassen wollte. Die Kinder waren ja gut versorgt. Richards Kusine war hier bei ihnen. Die Doktoren wussten auch nicht was es war, einen hörte ich sagen, das ist was ganz Geheimnisvolles. Als Richard kam und mich nach Hause mitnahm, da wurde es von selber besser. Nun fühle ich mich wieder ganz wohl, nur noch etwas müde. Wir gehen tüchtig spazieren und schlafen tue ich auch genug, denn die Arbeit ist ja zu bewältigen bei uns. (bei vier kleinen Kindern!) Die Hedwig und Gertrud sind sehr stolz mit der Kleinen, und Günther hat sich jetzt auch drein gefunden, dass er nicht mehr auf den Schoss kommt. Mangel brauchten wir auch noch nicht zu leiden, da Richard uns regelmäßig Geld schickt. Ihm geht es noch ganz gut, nur sehnt er sich auch nach Hause. Aber wer tut das nicht. Könnte man doch einmal ein Ende sehen in diesem Krieg. Aber ich glaube, es ist noch lange nicht Schluss. Auch das Ungewisse von Karl das zehrt an mir. Es vergeht kein Tag und Stunde, wo ich nicht an ihn denken muss. Einmal hoffe ich, und dann kann ich auf gar nichts mehr hoffen und glauben.

Wir müssen ja sagen, Herr dein Wille geschehe, aber es schmerzt immer wieder aufs Neue. Von Zuhause habe ich schon lange nichts mehr gehört. Hoffentlich sind sie dort noch gesund. Sie werden auch keine Zeit zum Schreiben haben. Unsere Gertrud die sehnt sich krank nach Onkel Willi. Sie weint oft die bittersten Tränen nach ihm. Nun will ich schließen und hoffe doch, dass ich bald etwas von Dir und den Kindern hören werde. Mit den herzlichsten Grüßen an Euch alle, Euer Minchen und Kinder."

„Dortmund, den 10.3.16
Liebe Schwester!
Nun ist auch Dein Geburtstag da und ich gratuliere Dir recht herzlich dazu, dass ich Dir das Beste wünsche für das neue Jahr und vor allen Dingen Gottes Beistand in allen Lagen, ist doch selbstverständlich. Ich denke soviel an Euch alle und an Eure Arbeit und Mühe. Hast Du denn das Vieh auch noch alle, ich würde es ganz anders machen und mehr für die Kinder und das Haus sein, das andere ist zuviel für Dich und Deinen Körper, auf die Dauer und hat ja doch keinen Zweck. Wie gern möchte ich alsmal bei Euch sein, auch ich fühle mich oft so einsam und verlassen, und die Gedanken kommen und gehen, man weiß nicht, was man zuerst denken soll. Wiewohl ich ja noch zufrieden sein kann, gegen so viele andere, und doch es kommen Stunden, wo ich verzweifeln könnte. Richard fehlt mir überall, er hat mir alles ersetzt früher, das kann ich so recht jetzt empfinden. August (Bruder) hat mir auch eine Karte geschrieben, werde ihm auch so bald als möglich ein Päckchen machen, bis jetzt war es mir unmöglich, bin schon vier Wochen nicht richtig in Ordnung, Influenza und so schreckliche Schmerzen im Kopf, wie ich es noch nie gehabt habe und wir wohnen soweit von der Stadt, da wagte ich mich noch nicht heraus, bei dem schlechten Wetter. Den Kindern gehts noch gut, die Wilhelmine (meine Mutter) macht gute Fortschritte, bald wird sie laufen können. Wie ist es denn mit den Lebensmitteln bei Euch? Hier wirds täglich teurer und rarer. Manches ist ja auch gar nicht mehr zu haben, aber das wäre alles noch nicht so schlimm, wenns mit dem Krieg doch bald zu Ende sein möchte, aber da ist alles dunkel vor unsern Augen. Wir wissen nicht, was Gott mit uns vorhat, aber eins wissen wir, er legt nicht schwerer auf als wir tragen können.

Von Eckweiler höre ich sehr wenig, nur paar Worte, wenn sie mal But-
ter schicken, denn hier ist nichts mehr zu haben, auch kein Fett und Öl.
Milch bekommen wir nun nur ein um den anderen Tag, aber man schickt
sich schon in die Zeit. Die Stadt tut ja vieles. Es gibt Reis-, Butter-,
Fett- und Kartoffelmarken.
Adam (Bruder) brauchst Du auch vorläufig gar nicht zu schreiben, so-
bald es wärmer wird, will ich mit den Kindern mal hin. Hedwig (älteste
Tochter) ist auch wieder soweit, Jakob (Bruder) hat uns vor drei Wochen
mal überrascht. Auf einer Dienstreise kam er hier durch und blieb eine
Nacht. Wie habe ich mich doch gefreut darüber. Nur sind die Stunden so
schnell vorüber. Heinrich (Bruder) war jetzt auf 14 Tage in Urlaub ge-
wesen. Jakob hat ihn zu Hause getroffen. Wie ist es denn bei Euch mit
der Unterstützung? Kannst Du denn zurechtkommen? Schreibe doch
mal Näheres darüber. Ich hatte ja vor, diesen Sommer nochmals paar
Wochen nach Hause zu kommen. Die Gertrud möchte noch einmal bei
Onkel Willi, die hat noch immer Heimweh nach dort. Nun muss ich
aber Schluss machen. Richard will ich auch noch schreiben Sei denn recht
herzlich gegrüßt und geküsst von Deiner Schwester Minchen.
Die Kinder lassen auch grüßen.
Grüße auch die Kinder von uns allen. Frieda wird schon tüchtig hel-
fen müssen.‟

„Dortmund, den 18.2.17
Liebe Schwester!
Aus Deinem Briefe sehe ich auch wieder, dass Du Last und Sorge hast,
aber wer hat die jetzt nicht, nur überall verschieden. Dass Du schon ge-
nug durchgemacht hast, weiß ich, man sollte doch bald meinen, August
(der Mann der Schwester) würde das Wandern bald aufgeben, er sollte
lieber an die Kinder denken, dass die zu ordentlichen Menschen werden,
aber manche Menschen sind wie vernagelt, er hatte ja ein Bauerngut, da
hätten sie arbeiten sollen, dass die Juden (die Juden waren damals die
Geldverleiher) nicht alles einstecken konnten. Wenn man sich so in Schul-
den stürzen würde, wie er jetzt vorhat, da muss sich doch ein denkender
Mensch sagen, da kommst du nie wieder heraus. Dass er auch auf alles
Verzicht leistet, das sieht auch nur ihm ähnlich, ich habe schon von so
vielen gehört, sie sollten verzichten, aber keiner hat es getan. Schließlich

gab die Behörde nach und nun bekommen sie monatlich ihr Geld. Wie
oft habe ich an Dich gedacht, bei der schrecklichen Kälte, auch werdet
Ihr knapp gewesen sein mit Kohlen, denn hier hörte man die Leute jam-
mern und klagen, wo wir doch an der Grube sitzen. Wir haben natür-
lich genug im Keller, und ich habe Tag und Nacht gestocht und bin doch
bald erfroren. Hat denn das Vieh dort an der Nahe keine Not gelitten,
und wird dir das nicht gestohlen? Bei uns sind wieder ganz andere Sor-
gen, mit meiner Gesundheit wills gar nicht recht gehen, essen kann ich
nicht so viel als unsere Gertrud, schlafen kann ich auch nicht des Nachts,
bin glücklich, wenn ich mal zwei Stunden aneinander schlafe. Den Hals
hätte ich schon längst schneiden lassen, aber Richard (ihr Mann) ist so
dagegen, aber so wirds doch auch nicht besser. Vor Weihnachten war ich
wieder bei einem Homöopath, der machte mich so krank, dass ich mein
bisschen Arbeit tun musste lassen, und ich lag im Bett. Dann ging ich
wieder zu einem Professor, der sagte auch, ohne Schneiden könnte er mir
nicht helfen, was nun tun? Wenn die kleinen Kinder nicht wären, hätte
ich es schon längst ohne den Willen Richards getan, aber so denkt man
immer an diese. Diese Woche hatten wir uns auch noch alle den Magen
so verdorben, dass muss vom Brot sein, das schmeckt nach lauter Steckrü-
ben. Die Not hat doch bald ihren Höhepunkt erreicht, aber alles Jammern
nach Frieden hilft ja doch nicht, wir müssen aushalten. Bis jetzt brauch-
ten wir ja noch keinen Mangel zu leiden, nur die Milch fehlt uns. Einen
Liter bekommen wir pro Tag (bei vier Kindern) und die müssen wir uns
eine halte Stunde weit holen. Richard schickt uns alsmal ein Paket mit
Speck, Fett, Reis und dergleichen und natürlich auch sehr teuer, Speck
5 Mark, Fett 8 Mark. Mutter schickt uns noch öfters bisschen Butter.
Kartoffeln haben wir auch im Keller, da ging es ganz gut, wenn ich bloß
gesund wäre. Von Weihnachten an habe ich schon wieder 8 Pfund ab-
genommen, nun lasse ich mich gar nicht mehr wiegen. Wir tragen uns ja
mit der Absicht, den Sommer nach Eckweiler (im Hunsrück) zu reisen,
aber nicht um Pfingsten. Viel Lust habe ich auch dazu nicht. Nun habe
ich Dir doch so ziemlich alles geschrieben, und nun fasse Du auch wie-
der frischen Mut und musst nicht so feige und leichtsinnig mit Deinem
Leben umgehen, Deine Kinder haben Dich ebenso nötig, als meine auch
mich, und vor allen Dingen musst du August gegenüber fester auftreten,
da hast du auch große Fehler gemacht, er müsste sehen, dass Du einen

großen Willen besitzt. Von Adam (ein Bruder) habe ich auch schon län-
ger nichts gehört, zu Hause ist er aber noch auf alle Fälle.
Suche Trost und Kraft bei unserem Herrn und Heiland. Meine Losung
ist: Alles in Gottes Hand zu geben und ihn sorgen zu lassen für uns.
Viele herzliche Grüße, Deine Schwester Minchen.
Auch die anderen lassen herzlich grüßen.
Kommt nicht Ostern Frieda aus der Schule?
Grüße sie alle von uns allen.
Richard geht's ja soweit noch gut, nur sehnt er sich auch nach Hause."

23

DIE AMERIKANER KOMMEN

Nachdem wir den Winter in Eckweiler relativ sorglos genossen hatten, rückte der Frühling näher und mit ihm die Amerikaner, die bekanntlich in Dünkirchen über den Ärmelkanal gesetzt und trotz vieler Verluste stark genug waren, um die deutschen Soldaten immer mehr in die Flucht zu schlagen, zu töten oder gefangen zu nehmen. In unserem winzigen Bauerndorf hatte sich eine deutsche Einheit verschanzt und beschlossen, das Dorf wehrhaft zu verteidigen. Die Dorfältesten flehten den Befehlshaber an, davon Abstand zu nehmen, doch leider vergeblich. Der Krieg musste um jeden Preis in die Länge gezogen werden, ohne Rücksicht auf Verluste unter der Zivilbevölkerung. Dass er nicht mehr zu gewinnen war, dämmerte inzwischen selbst uns, auch wenn man nicht darüber sprechen durfte. Hitler und seine Anhänger wollten sich wahrscheinlich noch rechtzeitig in Sicherheit bringen. Ein paar mehr oder weniger tote Bauern und Flüchtlinge (wir waren nicht die einzigen im Dorf), darauf kam es ihnen jetzt auch nicht mehr an.

Zwei Tage vor den Kampfhandlungen spazierten plötzlich eine Reihe von Bäuerinnen in Pelzmänteln über die Hauptstraße. Vielleicht dachten sie: Einmal im Leben einen Pelzmantel tragen, bevor wir alle ins Gas beißen. (Pelzmäntel waren der Inbegriff des luxuriösen Begehrenswerten und noch nicht verpönt.) In der Nacht waren die Bauern nämlich in die Scheune eingedrungen, in der die Soldaten die Geschenke für ihre Frauen deponiert hatten, unter andern die aus Frankreich stammenden Pelzmäntel. Vielleicht waren sie ja ehrlich erworben. Der deutsche verantwortliche Offizier stellte den Dörflern ein Ultimatum: Wenn sie nicht alle Sachen umgehend zurückbringen würden, hätten sie Konsequenzen zu erwarten. Die Landwirte bekamen Schiss und schlichen sich bei einbrechender Dunkelheit mit den Pelzmänteln und anderen entwendeten Sachen zur Scheune, um sie brav wieder abzuliefern. Ich frage mich, was daraus geworden ist. Wahrscheinlich ist alles verbrannt, oder die Amerikaner haben sie mitgenommen.

Ich hingegen hatte ein sehr schönes Erlebnis. Ein junger Soldat sprach mich auf der Straße an und überreichte mir mit einem traurigen Gesicht eine kleine Holzkiste mit einem grünen Kreuz darauf und einer Kindernähmaschine darin. Ich war selig. (Funktioniert hat sie allerdings nie.) Der Soldat hatte dieses Geschenk wahrscheinlich seiner kleinen Tochter mitbringen wollen, und nun vielleicht die Hoffnung verloren, lebendig aus dieser Schlacht hervorzugehen. Während ich das jetzt schreibe, stehen mir Tränen in den Augen. Hat er seine Tochter wieder gesehen, oder lag er ein paar Stunden später tot auf der Straße und dann auf dem Friedhof von Eckweiler? frage ich mich immer noch.

Die Amerikaner stellten auf den Hügeln jenseits des Dorfes ihre Geschütze auf, und die deutschen Soldaten lagen in den Schützengräben zur Verteidigung bereit. Wir Zivilisten versammelten uns vor den primitiven Kellern, wo wir Schutz suchen wollten. Plötzlich schrie Mutti: „Wo ist Werner? Werner ist weg!" Kopflos liefen wir im Kreis herum, um Werner zu suchen. Schließlich kam Herta, eine Bauerntochter, die wir kannten, mit Unschuldsmiene und Werner an der Hand von ihrem Elternhaus zurück, wo sie schnell noch etwas holen wollte, ehe das Inferno beginnen würde. Mutti brach fast hysterisch in Tränen aus und riss Werner in ihre Arme. Wir stiegen also die Kellerstiege hinunter unter der Scheune von Tante Erna, Mutters Freundin, und nahmen Platz zwischen alten Fässern und Gerümpel. Es war recht eng. Dann begann das Schießen, und einige alte Frauen begannen zu beten. Scheinbar hat es geholfen. Nach, ich weiß nicht mehr wie lange, kam die Entwarnung. Vorher hörte man aber noch das Knattern von Maschinengewehren direkt vor den Kellerfenstern. Ich hatte einmal gehört, dass Amerikaner manchmal Granaten die Kellertreppen hinunter werfen und war jeden Moment darauf gefasst. Gott sei Dank passierte es nicht, und wir wankten etwas benommen, ängstlich, aber heil die Stufen empor. In der Scheune stand der erste Amerikaner meines Lebens, jung und mit Bürstenhaarschnitt. Er blickte uns etwas beklommen, ängstlich entgegen und gab Zeichen, näher zu kommen. Im Keller hätten sich ja auch noch deutsche Soldaten verstecken können. Als wir nach draußen kamen, sahen wir vor uns das lichterloh brennende Haus von Tante Erna. Die kleine vierjährige Tochter Hannelore schrie wie am Spieß. Ihre Mutter versuchte sie vergebens zu beruhigen und zu trösten. Ich dachte: Jetzt verbrennt auch Werners Mützchen, das wir in diesem Haus zurückgelassen hatten, bevor wir in den Keller gingen. Es tat mir ziemlich Leid darum. Schnell liefen wir die Hauptstraße hinunter, um nachzusehen, ob unser Haus noch stünde. Als ich kurz zurück blickte, fiel mir die brennende Kirche ins Auge. Doch unser Haus war Gott sei Dank unbeschädigt, und ich dachte: Hätten wir Werners Mützchen doch dort gelassen. Sofort begannen die Löscharbeiten. Das Haus hinter uns stand ebenfalls in Flammen. Mutti half der darin wohnenden Freundin, noch schnell einige Sachen durchs Fenster herauszuholen. Im letzten Moment sprang sie von der Fensterbank, als die Decke hinter ihr herunter krachte. Wir bildeten eine Menschenkette und reichten Eimer mit Wasser weiter. Schläuche zum Löschen hatten wir keine. Die Nacht darauf verbrachten wir vorsichtshalber wieder in einem Keller unter einer Scheune, gleich neben unserem Haus. Aus der Ferne hörte man immer noch Geschütze grollen. Ein Bauer, dessen Anwesen genau in der Beschusslinie lag, hatte sein Haus gerettet, weil er mutig auf dem Dach wachte und jeden Funken sofort mit nassen Tüchern ausschlug, ehe sich ein größerer Brand entwickeln konnte. Er selbst überstand das Wagnis ebenfalls unverletzt.

Bald wimmelte es nun von Amerikanern, die alle Häuser durchsuchten, ob sich nicht noch deutsche Soldaten irgendwo versteckt hielten. Wir hatten oben in den unbenutzten Räumen das Hitler- und Hochzeitsbild unserer Eltern versteckt. Vater trug darauf nämlich seine lächerliche SA-Uniform mit Breecheshosen. Wir machten uns etwas Sorgen, wie die Amis reagieren würden, wenn sie die Bilder entdecken. Doch das war nicht der Fall. Vielleicht hätten sie sie als Andenken-Beute mitgenommen. Bald zeigten sie sich auf der Straße sehr freundlich und schenkten uns Kindern Schokolade und Kaugummi, das wir gar nicht kannten. Aber der Krieg war noch nicht vorbei, und sie zogen weiter zum nächsten Kampf. Vorher ließen sie uns noch wissen, dass sie, falls die Deutschen sich noch einige Minuten länger verteidigt hätten, das Dorf mit Bomben belegt hätten. Dann wäre von uns sicher nur noch Gulasch übrig geblieben. Einige Bauern hatten weiße Betttücher aus den Fenstern wehen lassen als Zeichen der Ergebung. Ob das die kämpfenden Truppen zum Einhalt ihrer gefährlichen Aktivitäten gebracht hat, bezweifle ich allerdings. Von den Einwohnern war niemand verletzt oder getötet worden. Im Nachbardorf Pferdsfeld allerdings starb ein Mann. Wir hatten großes Glück im Unglück, dass nur ungefähr die Hälfte der Häuser verbrannt war. Auch ein totes Pferd habe ich gesehen. In unserem kleinen Häuschen gewährten wir einer abgebrannten Familie Asyl. Eckweiler hatte den Angriff einigermaßen lädiert überstanden. Warum haben sich die amerikanischen und deutschen Truppen eigentlich nicht auf offenem Feld beschossen, ohne ein Dorf dazwischen? dachte ich. In den nachfolgenden Jahren verschwanden die Ruinen allmählich. Sogar die Kirche wurde wieder aufgebaut. Als ich vor längerer Zeit unser Bauerndörfchen einmal wieder aufsuchte, fand ich nur noch die Kirche und den Friedhof an ihrem Platz. Am Rande des Dorfes war ein deutscher Militärflughafen errichtet worden, wo jetzt auch ehemalige Bauern arbeiteten. Da den Einwohnern eine solche Lärmbelästigung nicht zugemutet werden konnte, wurden sie entschädigt, so dass sie sich woanders neue Häuser und eine Existenz aufbauen konnten. Inzwischen wurde der Flugplatz aufgegeben. In meinem Herzen und vor meinem inneren Auge sehe ich Eckweiler immer noch so vor mir, wie es vor 64 Jahren ausgesehen hat. Irgendwann werde ich nachsehen, was sich jetzt dort befindet. Ich fürchte, dass mir die Überraschung nicht wirklich gefällt.

Manchmal standen wir auf der Straße und sahen zum Himmel, wo die schweren Bomber mit ihrem typischen dumpfen

Grollen vorüber zogen, um kurz darauf ihre tödliche Last über Städten abzuwerfen. Kleine Dörfer konnten sie mit Geschützen einnehmen. Bei größeren Ansiedlungen war das wahrscheinlich nur mit Bomben möglich.

Von Zeit zu Zeit machte sich Mutti mit uns beiden Kindern zu Fuß auf den Weg nach Sobernheim, um Tante Lieschen und Kusine Hedi zu besuchen. Eigentlich war es verboten, abends nach der Sperrstunde noch auf der Straße unterwegs zu sein. Der Weg war weit: zehn Kilometer. Wir Kinder setzten tapfer einen Fuß vor den anderen und fragten ab und zu: „Mutti, ist es noch weit?" Am Nachmittag zurück fiel es uns schon schwerer, und wir fragten öfter, ob es noch weit wäre. Wenn wir kurz vor Eckweiler ankamen, merkte man am Geruch, dass es nun gar nicht mehr weit sein konnte. Vor jedem Haus gab es nämlich einen großen *duftenden* Misthaufen. Dieser Geruch war uns nicht unangenehm. Er hatte eher etwas heimelig Heimatliches. Unterwegs, wenn ein Auto von weitem zu hören war, sprangen wir schnell in den Straßengraben hinter Hecken, um uns zu verstecken, damit uns die Amis nicht erwischten. Am 8. Mai lud uns freundlicherweise ein Milchwagen auf die Ladefläche. Auf halber Strecke stoppte uns jedoch ein amerikanischer Jeep, und die Insassen teilten uns freudig mit: „Der Krieg ist aus!" Sie forderten uns auf, zu ihnen umzusteigen, was wir auch ohne uns zu zieren taten. Freudig erregt trafen wir in Onkel Willis Wohn-Schlafzimmer ein, um den Frieden mit zwei netten Amerikanern zu feiern. Einer zeigte auf mich, erklärte mit Gesten, dass er auch eine Tochter in meinem Alter habe und nahm mich auf die Knie. Sie holten Alkohol aus dem Auto und begannen mit Mutti fröhlich anzustoßen. Onkel Willi war stinkiger Laune und humpelte mit düsterer Miene wie ein Waldschrat rein und raus, so als würde er die Amerikaner am liebsten aus dem Haus jagen. Er schien seiner Nichte den kleinen Flirt mit jungen, hübschen Amerikanern übel zu nehmen. Vielleicht war er ja auch eifersüchtig. Einen Winter lang war er der Hahn im Korb gewesen, und jetzt schien er in seinem eigenen Haus nur noch geduldet zu sein. Ein Soldat zeigte nämlich auf ihn und sagte zu Mutti:

„Bumm bumm!" Worauf sie erschrocken: „Nein, nein!" rief. Nach einer Weile wurden wir Kinder zum Spielen nach draußen geschickt. Ich blickte von weitem immer wieder zum Haus hinüber, als könnte es jeden Augenblick in die Luft fliegen. Mir war etwas mulmig zumute. Am Abend, als die Amerikaner weg waren und wir Mutti wieder für uns hatten, war alles gut. Nur Onkel Willi veränderte sich von Stund an. Er wurde brummig und jähzornig. Nachts, wenn wir drei uns in der Kammer neben ihm zusammen in ein Bett kuschelten, polterte er vor unserer Tür herum und schimpfte laut. Uns war richtig unheimlich. Mutti meinte: „Wir können nicht länger hier bleiben und gehen besser nach Sobernheim zu Tante Lieschen." Ich konnte mir als Kind nicht erklären, warum der liebe Onkel Willi plötzlich so zornig war. Mutter fand einen Bauern mit Fuhrwerk (der Vater des gewalttätigen Jungen), der uns samt unseren Siebensachen nach Sobernheim fuhr, gegen Bezahlung natürlich.

Inzwischen war der Mai fortgeschritten und das Wetter sommerlich, so dass wir im nahen Fluss, der Nahe, baden konnten. Das Wasser war sauber und ging mir gerade bis zum Kinn. Unermüdlich sprang ich immer wieder von einem kleinen Felsen und machte meine ersten Schwimmversuche unter Wasser. An einem Tag überquerte ein Mexikaner schwimmend den Fluss mit einer ganzen Apfelsine zwischen den Zähnen. Am Ufer angekommen, nahm er sie in die Hand und kam auf uns zu. Herzlich lächelnd streckte er sie uns entgegen. Mutti schälte und verteilte sie gerecht. Jeder bekam nur ein oder zwei Spalten. Wir freuten uns sehr, die erste Apfelsine nach dem Krieg im Mund zu schmecken. Für mich war es die allererste überhaupt. An die Vorkriegsapfelsinen erinnerte ich mich nicht mehr.

Mutti sah sehr hübsch aus, und die in Sobernheim stationierten Amerikaner machten ihr den Hof. Bald hatte sie einen netten kleinen Freund, der mit uns allen am Fluss spazieren ging und Mutti einen Freundschaftsring aus Gold schenkte. Er hätte ebenfalls eine Tochter in meinem Alter, erzählte er. Später schenkte mir Mutti diesen Ring, und ich trage ihn noch heute, ohne in je abzuziehen. Es war praktisch, einen amerikanischen Freund zu haben. Er brachte uns viele leckere Sachen, auch Nescafé, mit. Mutti konnte sogar: „I love you" sagen. Wir verlebten in der Tat einige sehr vergnügliche Nachkriegswochen. Das Essen war knapp, doch hungern mussten wir nicht. Vom Bauern Emil bekam Mutti immer mal wieder ein Brot, wenn sie ihn in Eckweiler traf. Seine Frau sollte es jedoch besser nicht erfahren, meinte er.

Interessant fand ich auch die Art, wie man die große Wäsche wusch. Mit einem Korb trugen wir sie hinunter zum Fluss, stellten uns mit dem Waschbrett ins seichte Wasser und rubbelten sie mit wenig Seife so sauber wie es ging. Danach breiteten wir sie auf der Wiese aus, und die Sonne bleichte die letzten Flecken weg. Eines Tages waren wir mit der sauberen Wäsche im Korb unterwegs nachhause, als sich ein Gewitter zusammen braute. Plötzlich hörten wir einen lauten Knall wie von fallenden Bäumen. Nach dem Gewitter gingen wir zurück, um nachzusehen, was passiert war. Eine sehr hohe Pappel war vom Blitz getroffen und vollkommen zersplittert worden, genau an der Stelle, wo wir eine oder zwei Minuten vorher vorbei gegangen waren. Wir schauderten und dankten unserm Schutzengel.

Ich fühlte mich richtig zuhause in Sobernheim wie vorher in Eckweiler. An Göttelborn dachte wir selten, und wo Papa war, wussten wir nicht.

24

EIN WUNDER

An einem Tag hieß es, dass zum ersten Mal wieder ein Zug nach Kreuznach führe und dass man dort Lebensmittel kaufen könne. Mutti, Kusine Hedi und wir Kinder stiegen in den Zug, der vom Bahnhof direkt vor unserem Haus abfuhr. In Kreuznach angekommen, hieß es jedoch, es wäre besser, den Zug nicht zu verlassen, weil er demnächst wieder nach Sobernheim zurückführe. Also verzichteten wir darauf, in der Stadt etwas Essbares aufzutreiben und blieben in unserem Abteil. Wir hingen am Fenster und beobachteten die vielen heimkehrenden deutschen Soldaten. Hedi machte sich immer wieder einen Spaß daraus zu rufen: „Guck mal da, dein Mann!" Als sie wieder einmal „Guck mal da, dein Mann!" rief, kam ein Soldat mit Schirmmütze und Klepper-Mantel (Gummi-Mantel) gesenkten Blickes auf uns zu. Als er den Kopf hob, schrie Mutti: „Das ist Artur, das ist Papa!" Als er uns ebenfalls erblickte, stieg er zu uns ein, so als wären wir verabredet gewesen. In Wirklichkeit war dieses Zusammentreffen ein absolutes Wunder. Gleich packte Papa seine Wegzehrung, die er von den Amerikanern bekommen hatte, in Form von Keksen aus. Sogar etwas mitgebracht aus der Gefangenschaft hatte er uns also. Sein eigener Hunger war bereits gestillt. Auf den Straßen war er mehrmals von freundlichen Hausfrauen angesprochen worden: „Soldat hast du Hunger?" und er stopfte sich voll, bis er nicht mehr konnte. Wir Kinder waren ganz aufgeregt, den Papa wieder zu haben. Mutti und Papa fremdelten ein wenig, wie mir schien. Er berichtete uns, wie schlecht es ihm und seinen Kameraden in der amerikanischen Kriegsgefangenschaft ergangen war. Sie lagen auf einem großen Acker auf dem blanken Boden, ohne jeden Schutz. Baracken gab es nur für die Wachen. Es regnete inzwischen in Strömen. Papa und sein Kamerad gruben sich ein Loch in die Erde, legten sich zusammen nah beieinander hinein und deckten sich mit Papas Gummimantel zu. Ein Glück, dass er ihn noch hatte. Sonst hätten sie vielleicht nicht überlebt. Zu essen gab es nur ein wenig nahrhaftes absolutes Minimum, und fürs Wasser mussten sie lange Schlange stehen. Die Männer waren total entkräftet und starben weg wie die Fliegen. Nun hatten sie den Krieg heil überstanden und mussten letztendlich doch noch an diversen Infektionskrankheiten, Ruhr und Hunger verrecken, und das bei den angeblich so humanen Amerikanern. Von Russen hätte man damals ja nichts Besseres erwartet, aber von Amerikanern? Wahrscheinlich waren ihnen die vielen Gefangenen jetzt gleich nach Kriegsende total über den Kopf gewachsen. Oder war es Rache? Wer weiß? Kürzlich sprach ich mit meiner Schweizer Freundin Heidy Shalini darüber, und sie war ziemlich schockiert. So etwas hatte sie noch nie gehört. Aber ich wusste es aus authentischer Quelle: von meinem Vater. Offiziell war das Ganze wohlweißlich unter den Teppich gekehrt worden. Die Amerikaner sorgten doch gleich für ein gutes Image, indem sie, wie es heißt, hilfsbereit Carepakete an alle Deutschen verschickten. Komisch, bei uns kam nie eins an. Zu den deutschen Fräuleins und Kindern waren sie gleich nach dem Krieg viel lieber als zu den deutschen Herren. Letztere hätten ja vielleicht noch einen Dolch im Gewande oder ihren besten Freund umgebracht haben können.

Vater blieb nur für kurze Zeit bei uns in Sobernheim und schlug sich irgendwie ins Saarland nach Göttelborn durch. Züge verkehrten ja noch nicht wieder. Die ganze Infrastruktur lag chaotisch danieder. Er konnte aber nicht länger warten und musste gucken, ob seine Anstellung noch für ihn galt bei der Grube und unsere Dienstwohnung nicht besetzt war. Schließlich war er Mitglied der nationalsozialistischen Partei gewesen. Im Jahr 1933 fand er Hitler toll und gut für Deutschland, auch weil er das Saarland wieder „heim ins Reich" holte. Wenn Vater von den Leuten sprach, die lieber bei Frankreich geblieben wären, nannte er sie „Separatisten". Dieses Wort lernte ich sehr früh, wusste aber nicht genau, was es bedeutete. An sich hatte Papa nichts gegen die Franzosen.

Vor 1933 war er sogar eine Vertrauensperson für den französischen Grubendirektor gewesen. Die hübsche Schwester Kätchen war die Freundin des Direktors. Er heiratete sie aber nicht. Papa trat der SA bei, die für ihn ähnlich wie ein Sportverein war. Wenn er dorthin ging, zog er sich immer Breecheshosen, die an den Oberschenkeln in Beulen komisch weg standen, an und wickelte sich lange Bänder um die Waden. Ich fand das eher lächerlich. Einmal hatte er, als er nachhause kam, einen kleinen im Tee und redete etwas kindisch, während er die Bänder wieder abwickelte. Das stieß mich ab. Es war aber die Ausnahme. Vater trank normalerweise nicht und aß mäßig. Nur das Rauchen fing er im Krieg an. Damit hätte man den Hunger in Russland besser ausgehalten, sagte er. Er war eigentlich nie krank, auch im Krieg nicht. Verletzungen erlitt er ebenfalls keine, obwohl er immer an der Front war und manch ein Kamerad neben ihm umgesunken war. Nur ein paar Furunkel brachen nach seiner Rückkehr aus. Wahrscheinlich durch den ganzen Dreck, den er essen musste. Ansonsten schien er ohne Beeinträchtigungen den selbst gewählten Irrsinn überstanden zu haben. Von erlebten Grausamkeiten sprach er nicht, nur von seinen Heldentaten oder wie zufrieden seine Vorgesetzten mit ihm waren, weil er durch seinen Vermessungssteiger-Beruf auch die Richtung der Geschosse gut berechnen konnte. Amüsiert hat er sich zum Beispiel über eine Episode, als sie in einem Russenhaus den Backofen eingefeuert hätten und die Oma obendrauf lag und schlief. Mit einem Satz wäre sie unten gewesen. Sie blieb aber unverletzt. Mit den Dorfbewohnern in Russland hätte er im Allgemeinen ein gutes Einvernehmen gehabt. Nicht alle waren Kommunisten, manche sogar deutschfreundlich.

Mutti und wir Kinder hatten gar keine Lust, so schnell wie möglich nach Göttelborn zurückzukehren. Womit auch? Schließlich konnten wir nicht die Betten und das ganze andere Zeug zurück lassen. Tante Lieschen hatte genug Platz im Haus, und sie profitierte finanziell auch von unserer Anwesenheit. Wir genossen weiter das Baden in der Nahe und unsere Freiheit. Die Schulen waren noch nicht wieder eröffnet. Schließlich redete Tante Lieschen Mutti ins Gewissen und sagte: „Langsam solltest du dich mal wieder um deinen Mann kümmern, sonst lacht er sich noch eine andere an." Das wollte Mutti natürlich doch nicht. Also fuhr sie einmal vor, um die Lage zu sondieren. Als Mutti in unserer Dienstwohnung eintraf, hatte sich die Untermieterin – die wir während des Krieges in den oberen Räumen aufgenommen hatten, da sie in Saarbrücken ausgebombt wurde – mit ihrer Mutter in unserem Wohnzimmer breitgemacht. Sie sagte frech: „Die Leute, die in der Partei waren, müssen sowieso ihre Häuser verlassen." „Das wollen wir doch mal sehn", sagte Mutti energisch und riss mit einem Ruck die Tischdecke der Eindringlinge von unserm Wohnzimmertisch. Die Damen erschraken und verzogen sich kleinlaut nach oben. Mutti lief zu Obersteiger Rech, der scheinbar für die Häuser zuständig war, und fragte, ob es wahr wäre, dass wir aus dem Haus müssten. „Das ist nicht der Fall", beruhigte sie Herr Rech. Bald kamen dann unsere Eltern mit einem Lastwagen der Grube nach Sobernheim, luden uns sowie alles andere auf, und nachhause ging es. Wir packten unsere Sachen aus und machten es uns wieder gemütlich in Göttelborn. Ich war vor allem froh über meine neuen Sandalen. Vater oder ein Kollege hatte sie aus dem ausrangierten Gummi der Kohletransportbänder angefertigt. Ich fand sie bildschön und praktisch. Nie wieder war ich so glücklich mit neuen Schuhen. Endlich konnte ich die ungeliebten hohen Schnürschuhe ablegen. Auch später, als ich schon im Büro arbeitete, hatte ich Schuhprobleme. Ich hatte nicht genug Geld, um mir der Jahreszeit gemäß unterschiedliche Schuhe zu leisten. Ich trippelte immer auf hohen Pfennigabsätzen, auch im Winter bei Matsch und Schnee, weil ich flache Schuhe nicht schick fand. Stiefel kamen erst viel später auf. Als es einmal im Winter besonders kalt war, erfror ich mir Zehen und Fersen. Dazu trug man natürlich durchsichtige Nylonstrümpfe, die so gut wie nicht wärmten.

Vater hatte während unserer Abwesenheit bei seiner Mutter geschlafen und gegessen. Die nutzte die Gelegenheit, um ihn über die Schandtaten der Schwiegertochter aufzuklären. Es dauerte ein Weilchen, bis er alles verkraftet hatte und der Schleier des Vergessens oder Verdrängens sich darüber gebreitet hatte.

25

PAPAS NACHKRIEGSMANIEREN

Als wir nach dem Krieg aus der freiwilligen Evakuierung zurückkamen, teilte Herr Maselter uns bedauernd mit, dass Schaf Liesel leider gestorben sei, bestimmt nicht an Futtermangel oder Altersschwäche. Wir nahmen den Verlust gelassen hin. Inzwischen wäre es sowieso kein munteres Lämmchen mehr, sondern ein störrisches Schaf gewesen, vielleicht sogar ein Bock. Vor Böcken hatte ich Angst, weil meine Erfahrung mit ihnen nicht gut war. Wenn ich Liesel abends von der Weide hatte abholen müssen, scharwenzelte oft ein freilaufender Bock um sie herum. Sobald ich sie am Seil fortführte, setzte er uns drohend nach. Ich lief immer schneller und zog Liesel fast den Hals zu. Der Bock hinterher. Fast fürchtete ich um unser Leben. Doch er holte uns nicht ein. Nur Gras für die Kaninchen musste ich nach dem Krieg noch roppen (rupfen). Das fand ich ebenfalls sehr unangenehm und lästig. Man schnitt sich mit den Grashalmen auch leicht in die Finger. Sehr empfindlich war ich allerdings nicht. Übrigens, wir hätten Liesel nie gegessen trotz Fleischknappheit. Aber Hühner und Kaninchen wurden ohne Erbarmen abgemurkst. Wir Kinder durften aber nicht zusehen, wenn Papa es tat. Spaß hat es ihm wahrscheinlich auch nicht gemacht. Vaters gute Manieren hatten durch den Krieg ein wenig gelitten. Er schlürfte zum Beispiel die Suppe und andere Getränke. Das Geräusch konnte ich nicht ausstehen. Manchmal sagten Mutti und ich: „Schlürf nicht so!" Dann tat er es gerade extra, um uns zu ärgern. Nichts konnte ihn so wütend machen, als wenn er um seine Autorität fürchtete. Wir nahmen seine Befehle nicht recht ernst. Mutti hatte im Haus das Sagen. Es kam vor, wenn wir um den Tisch saßen, dass Mutti, Werner und ich uns über irgendetwas Albernes kaputt lachten. Vater ärgerte das, und er saß mit brummiger

Miene daneben. Dabei hatten wir doch nicht über ihn gelacht. Vielleicht fühlte er sich ausgeschlossen. Aber er hätte doch einfach mitlachen können. Möglicherweise hatte der Krieg ja doch seine Nachwirkungen in Papas Psyche. Wir nahmen immer mehr für Mutti Partei, wenn es Knies gab. Als ich etwas älter wurde, fand ich unser Verhalten eines Tages ungerecht und machte Mutti eine kritische Bemerkung deshalb. Prompt begann sie zu weinen und lief ins Schlafzimmer. Vater saß stoisch da und sagte nichts. „Geh sie doch trösten", forderte ich ihn auf. Doch das tat er nicht, und ich bereute bereits, meine Mutter verraten zu haben, um ihm zu helfen. Danach versuchte ich es nicht wieder. Er hatte sich meiner Solidarisierung nicht würdig erwiesen. Möglicherweise war ja gerade eine Ehekrise im Gange. Als Kind kann man das Geschehen zwischen den Eltern nicht einschätzen, doch man hat feine Antennen und spürt die angespannte Atmosphäre. In guten Zeiten legte sich Papa nach dem Essen ein bisschen zum Ruhen auf die Couch und rief Mutti, sich zu ihm zu legen. Wenn sie seiner Aufforderung folgte, kitzelte er sie, und sie schrie und lachte. Da ich wusste, wie leicht sie blaue Flecken bekam, rief ich, um ihr beizustehen: „Lass die Mutter in Ruhe!" Dann lachten beide.

26

HAMSTERFAHRTEN

Nach dem Krieg ging Mutti öfter hamstern. Sie nahm die Zigaretten als Tauschobjekt mit, die Papa auf der Grube bekam. Das war auch gesünder für seine Lunge. Die Bauern rückten dafür ein wenig Fett oder Speck heraus. Oft waren sie aber sehr unfreundlich und jagten Mutti vom Hof. Papa hätte sich nicht dafür hergegeben. Hamstern war offiziell verboten so wie Schwarzhandel. Mutti musste manchmal schnell weglaufen, wenn sie von weitem Polizei sah. Wenn man Pech hatte, zog die nämlich das Hamstergut ein. Wahrscheinlich haben sie es selbst gebrauchen können. Sogar unsere Freunde von Eckweiler wurden sehr knauserig. Freundin Erna konnte allerdings nichts dafür. Ihr Mann war noch in der Gefangenschaft, und die Schwiegermutter behandelte sie schlecht. Ernas eigenes Haus war ja verbrannt. Einmal kamen Mutti, Werner und ich vollkommen erschöpft und ausgehungert zu Fuß von Sobernheim, bis wohin wir mit dem Zug gefahren waren, an, in der Hoffnung im Austausch für meinen Puppenwagen – den Papa selbst aus Holz gezimmert hatte – etwas Essbares zu ergattern. Den ganzen Weg hatten wir das sperrige Ding auf winzigen Rädchen hinter uns hergezogen. Nun wollte ihn niemand haben, geschweige denn Lebensmittel dafür geben. Mit zurück nahmen wir ihn jedoch nicht. Den einzigen Puppenwagen meines Lebens hatte ich also auch schon wieder eingebüßt. Meine Puppen trug ich fortan im Arm. Gekränkt hat uns allerdings, dass Ernas Schwiegermutter sofort nach unserem Eintreffen alle leckeren Kuchen eiligst vom Tisch räumte. Nur einen unappetitlichen, mit Latwerge belegten, Kuchenboden ließ sie für uns stehen. Da wir Hunger hatten, konnten wir nicht stolz sein und aßen ihn mit Widerwillen.

Statt hamstern zu gehen, brachte Vater aber immer den Eintopf mit Würstchen von der Kaffeeküche der Grube mit nachhause und teilte redlich mit uns. Eigentlich war er für die Bergleute bestimmt, die Schwerstarbeit leisteten. Lilli, die in der Küche arbeitete und das Essen ausgab, spendierte Vater immer einen Schlag extra und oft ein zweites Würstchen. Sie konnte ihn nämlich gut leiden und Papa auch sie. Fast war Mutti ein bisschen eifersüchtig. Aber das Essen ging vor.

Ich hatte einen Zukunftstraum und sagte oft: „Wenn man wieder alles kaufen kann, schaffe ich mir als erstes ein Fahrrad an und fahre damit zur Metzgerei, um mir einen ganzen Ringel Lyoner-Wurst zu kaufen." Sie ist die Lieblingswurst der Saarländer. Mein Geschmack hat sich inzwischen verändert, weil ich seit fast dreißig Jahren Vegetarierin bin.

27

ENTNAZIFIZIERUNG

Eine neue Epoche begann. Doch zuerst musste noch via Entnazifizierung gesühnt werden. Vater wurde in der Karriere zurückgestuft, so dass er weniger verdiente. Es reichte aber für uns, noch konnte man ja kaum etwas kaufen, und die Lebensmittel waren weiter rationiert. Wir hatten aber einen Acker von der Grube gepachtet und im Jahr darauf eine gute Ernte mit dem Handkarren nachhause gefahren. Die Kartoffeln mussten wir verstecken, weil man uns sonst die Zuteilung gekürzt hätte. Sogar Mohn haben wir angebaut, den wir Kinder gern direkt aus den Kapseln in den Mund rieseln ließen. Papa ertrug die Schande der Rückversetzung mit Gelassenheit und Würde. Onkel Richard allerdings regte sich dermaßen auf, dass er einen hysterischen Anfall bekam. Tante Ilse kam zu uns gelaufen, um die Wurzelbürste auszuleihen, womit sie ihrem Mann kräftig die Fußsohlen schrubbte, bis er schließlich wieder zu sich kam. Onkel Richard war nach der Arbeit meist im Garten. Er liebte Pflanzen und Blumen sehr. Auch auf die Fensterbank des Treppenhauses hatte er Topfpflanzen gestellt. Tante Ilse schienen sie ein Dorn im Auge zu sein. Wir verstanden eigentlich nicht warum. Vielleicht war sie eifersüchtig, da Onkel Heinrich die Blumen anscheinend mehr liebte als seine Frau. Sie beschloss, die Gewächse umzubringen, indem sie täglich mit einer Nadel in deren Stängel stach. Das erzählte sie uns sogar. Damit war sie erfolgreich. Die Pflanzen ließen bald ihre Blätter und Blüten hängen und gingen ein. Papa verdächtigte seinen Bruder, dass er Tante Ilse hauptsächlich deswegen geheiratet hatte, weil ihre Familie ein großes Haus und eine Gastwirtschaft besaß. Hübsch und lieb war sie nämlich überhaupt nicht.

In der hintersten Ecke unseres Gartens befand sich ein alter Komposthaufen. Darin wohnten Weinbergschnecken. Die Franzosen hatten sie nach dem Ersten Weltkrieg dort angesiedelt. Eines Tages beschloss Papa sie zu essen. Er brachte einen ganzen Eimer voll mit in unsere Wohnung und stellte sie vorerst auf den Speicher, vergaß jedoch einen Deckel darauf zu legen. Als er sie abholen wollte, damit Mutti sie zubereitet, war der Eimer leer und die Schnecken auf dem ganzen Speicher verteilt. Er sammelte sie mühsam wieder ein und brachte sie in die Küche. Muttis Gesicht drückte Ekel aus. Sie weigerte sich, die Schnecken zu kochen. Daraufhin erhitzte Papa Wasser in einem Topf und warf sie ins kochende Wasser, so dass sie aus ihren Häuschen heraus krochen. Danach sahen sie ziemlich unappetitlich aus. Jedenfalls fanden wir sie ungenießbar. Nicht einmal Papa hatte Lust, sie herunterzuwürgen. Eigentlich schade, weil sie bestimmt eine proteinhaltige Mahlzeit abgegeben hätten in unserer fleischarmen Zeit. Für die Franzosen schienen sie ja eine Delikatesse zu sein. Wir Deutschen waren damals aber noch nicht so weit, sie auch für etwas besonders Wohlschmeckendes zu halten.

28

PAPAS DICHTUNG

Trotz des schwierigen Nachkriegsjahres 1946 war Vater ungewöhnlich gut aufgelegt und machte sich daran, ein Buch mit dem
Titel: „Zum Lachen, doch nicht zum Machen" für uns Kinder
zu dichten. Onkel Rudolf fertigte die Zeichnungen dazu an. Für
ihn hatte Papa nämlich die Kunstgewerbeschule in Saarbrücken
bezahlt. Es sollte unsere Weihnachtsüberraschung im Jahr 1946
werden. Abends, wenn wir im Bett lagen, hörten wir unsere Eltern murmeln. Vater liebte sehr Wilhelm Busch. An ihm hat er
sich scheinbar orientiert. Tatsächlich wurde das Hausmacherbuch
ein voller Erfolg bei uns. Bald konnten wir es auswendig und
freuten uns an den holprigen Versen. Dass es eigentlich ziemlich
grausam ist, machte uns nichts aus. Einmal verbrannte fast der
Sohn, so dass er schwarz weiter leben musste. Ein Vers lautet:
„Es hat Familie Prümmelmies jetzt einen schwarzen Alois." In
der letzten Episode wuchs dem Alois, der inzwischen auf wunderbare Weise wieder weiß geworden war, eine so lange Nase,
dass er sie fortan mit einem Holzgestell stützen musste. Das Buch
endet: „Der arme Bube muss nun sitzen und immer seine Nase
stützen. Die andern Kinder rufen höhnisch: „Sie da, da sitzt der
Nasenkönig!" (Übrigens, Vater hatte eine lange Knollennase.
Ob er von den Kindern deshalb auch gehänselt wurde? Wegen
seines langen, dünnen Halses hätten sie ihn manchmal *Spatzen-
hals* gerufen und dabei mit Daumen und Zeigefinger einen Kreis
gebildet. Das ärgerte ihn über alle Maßen.)

Die Geschichte beginnt so:

„In einem Haus bei Lütgesbümmel
da wohnt Familie Mieseprümmel.
Herr Mieseprümmel ist ein Mann,
der gütig ist und auch was kann.
Frau Mieseprümmel, lieb und gut,
im ganzen Dorf nur Gutes tut.
Die beiden Leute Prümmelmies
die haben einen Alois,
und zur Ergänzung der Familie
ist auch noch da eine Emilie.
Emilie war ein Mädchen fein
und wollte stets recht artig sein.
Der Alois, der war ein Böser.
Erst war er klein, dann groß und größer.
Wie diese Kinder waren, wie sie's trieben,
Das sei hier kurz erzählt und auch beschrieben.“

29

ALS ICH MUTTI WEH TAT

Papa fehlte es im täglichen Leben oft an Zivilcourage, und gelegentlich konnte er hinterhältig sein. Ein Beispiel dafür habe ich nie vergessen. Damals war ich allerdings schon ein bisschen größer, vielleicht elf oder zwölf. Vater war heil aus dem Krieg zurück und schien sich zu ärgern, dass er wenig Macht zuhause hatte. Zum Teil wahrscheinlich wegen seiner langen Abwesenheit, hatten wir Kinder uns innerlich vollkommen unserer Mutter angeschlossen. Wenn unsere Eltern Streit hatten, waren wir wie selbstverständlich auf Muttis Seite. Er war neidisch und schien sich etwas vereinzelt zu fühlen. Seine Meinungen konnten wir jedoch nicht teilen. Sie waren uns zu festgefahren. Eines Tages erzählte ich meinen Eltern, nachdem ich um halb vier aus der Mittelschule zuhause eingetroffen war, wie wir uns wieder einmal in den vollen Zug quetschen mussten, und meine Freundin Doris und ich nirgends im Abteil Halt finden konnten. Es blieb uns nichts anderes übrig, als uns gegenseitig festzuhalten, indem wir uns umarmten. Jedes Mal, wenn der Zug ruckte, drückten wir durch den plötzlichen Stoß ein wenig zu, so dass ein spontaner, unbeabsichtigter Laut aus unseren Mündern platzte. Das amüsierte uns köstlich, weil wir damit ein wenig die rechts und links gemütlich sitzenden Erwachsenen aufschreckten. Wir Kinder hatten nämlich kein Sitzrecht. Wenn wir einmal ausnahmsweise einen Platz ergattert hatten, stänkerten die Erwachsenen so lange herum über die unerzogenen Kinder, bis wir es psychisch nicht mehr aushielten und freiwillig gezwungen aufstanden. Zur Demonstration nahm ich Mutti in den Arm und drückte ohne Vorwarnung ein wenig zu. Mutter schrie auf und begann zu weinen. Ich hatte ihr scheinbar wehgetan und war sehr erschrocken. Es tat mir furchtbar leid, und ich war am Boden zerstört. Mutti beruhigte sich gar nicht mehr und weinte noch heftiger. Vater stand ohne Ausdruck des Mitgefühls daneben und sagte nur zu Mutti: „Schlag sie doch kaputt!" Ich war entsetzt über diesen aggressiven Satz. Anstatt Mutti zu trösten, versuchte er einen Keil zwischen uns zu treiben. Hätte er mich geschlagen, wäre es weniger schlimm für mich gewesen, als so herzlose Worte aus seinem Mund zu vernehmen. Im Nachhinein hegte ich den Verdacht, dass meine Eltern sich gerade in einer Krise befanden und deswegen so unverhältnismäßig reagierten. Beide schienen sich einsam zu fühlen. Vater bildete eine Einerpartei, Mutti hatte nur uns Kinder, und nun tat ihr auch noch eines davon weh.

Nach Mutters Tod fand ich diese Worte auf einem Zeitungsausschnitt in ihrem Nachlass:

„Bedenke, dass ‚Gott die Lacher lieb hat' und dass ein Liebe suchendes Mädchen den heiraten soll, der ihr am Morgen lachend begegnet. Und vor allem lerne, wenn du lieben willst und geliebt werden, diese schönen alten Worte auswendig und vergiss sie nie: ‚Sechsmal lachte Gott, und sein Lachen gebar die sechs Süßigkeiten der Welt. Beim siebenten Mal aber lachte er Freudentränen, und geboren wurde die Liebe."
(Aus Gerhart Mostar/Aberglaube für Verliebte)

Sie wusste also, worauf es in der Liebe ankommt. Leider war ihr Mann sehr oft schlechter Laune und ärgerte sich, wenn wir lachten. Er selbst gab dann der scharfen Sichel des zunehmenden Mondes die Schuld. War er also wieder einmal mies drauf, sahen wir abends zuerst zum Himmel. Stand da eine schmale Sichel, sagten wir: „Ach so, der Mond" und ließen Vater in Ruhe vor sich hin muffeln.

30

HARMONISCHES FAMILIENLEBEN

Die Wellen glätteten sich wieder, und das Familienleben nahm weiter seinen gewohnten Gang. Wahrscheinlich sind Vorkommnisse ähnlicher Art in den meisten Familien nicht unbekannt. Nach außen, vor andern Leuten, wirkt alles ganz harmonisch. Hinter den Mauern aber tobt die Wirklichkeit. Ich will nun aber beileibe nicht sagen, dass ich keine schöne Kindheit gehabt hätte. Auch zwischen meinen Eltern gab es Zeiten der freundlichen Zuneigung. Beide sorgten gut füreinander. Vater verdiente das Geld, und Mutter führte den Haushalt sehr zu seiner Zufriedenheit. Das Essen schmeckte ihm, die Wohnung war sauber, und die Wäsche wurde einmal wöchentlich in der Waschküche im Keller von Hand auf einem Waschbrett gerubbelt und anschließend bei gutem Wetter im Hof auf die Leine gehängt, bei schlechtem auf den Speicher. Bei den Nachbarn flatterte sie im Allgemeinen schon montags morgens draußen, weil die Wascherei bereits sonntags abends begann. Mutti war weniger ehrgeizig und erst dienstags mit Waschen fertig. Sie heiligte den Sonntag. Allerdings hätte es niemand gewagt, sonntags Wäsche raus auf die Leine zu hängen oder gar die Fenster zu putzen. Dagegen hatte die katholische Kirche etwas. Wir selbst gehörten ja zur evangelischen Minderheit, doch wir passten uns an. In unseren Adern floss ja auch etwas katholisches Blut. Großvater väterlicherseits war evangelisch, während Oma dem Papst hörig war. Trotzdem verzichtete sie nicht auf ihre Liebe zu einem evangelischen Mann. Opa heiratete sie nur unter der Bedingung, dass die Söhne evangelisch wurden. Die Töchter durften vom katholischen Pastor getauft werden. Dieser drückte jedoch kein Auge zu und exkommunizierte meine fromme pfälzische Großmutter. Bis an ihr Lebensende litt sie unter dieser Schmach. Jeden Sonntag ging sie brav zur Kirche und verdrückte sich klammheimlich, bevor die Kommunion in Form von kleinen Plättchen auf die Zunge gelegt wurde. Die evangelischen Enkelkinder waren für sie Nachkommen zweiter Klasse. Wirklich nah stand sie mir nicht. Nur am Abend vor ihrem Tod (sie war 80 und ich 17) sagte sie warnend zu mir: „Heirate nur nicht so früh", als sie mitbekam, dass ich schon einen Freund hatte. Ich nahm es mir so zu Herzen, dass ich mit 74 immer noch Single bin.

An ein zufälliges Zusammentreffen mit ihr in der Josefstraße erinnere ich mich auch. Sie war auf dem Weg zu ihrem Neffen, Herrn Jochum, dem Sohn ihrer Schwester, der mit seiner Familie neben uns wohnte. Ich sprach sie an und fragte: „Oma, warum kommst du denn nie zu uns?" Sie schaute verlegen drein, ohne eine Erklärung zu geben. Unsere Mutter war eine Zugereiste aus der Großstadt und wurde fast wie eine Ausländerin behandelt. Immerhin, ein Pluspunkt für Mutti war, dass sie nähen konnte. Papa erzählte jedem stolz, wenn man ein neues Hemd an ihm bewunderte: „Das hat meine Frau genäht." Nach der Hochzeit spendierte er ihr auch gleich eine Phoenix-Nähmaschine, worüber sie sich sehr freute. Mutti war bescheiden und stellte keine Ansprüche. Einige Jahre lang trug sie die Kleider, die sie mit in die Ehe gebracht hatte, bis es sogar Tante Olga, Vaters Schwester, auffiel und zu ihr sagte: „Du musst deinen Mann um Geld für neue Kleider bitten." Die Qualität der von ihrer Stiefmutter genähten Sachen war so gut, dass ich sie nach dem Krieg als Teenager auftragen konnte. Ich fand mich sehr schick und erwachsen darin. Übrigens wären sie auch jetzt, 2010, mit ihren Flügelärmelchen wieder in. In der Schule war kein Mädchen so extravagant wie ich angezogen. Es war nie ein Problem für mich, aus der Reihe zu tanzen. Uniformität hatte für mich keinen Stellenwert.

Vater hatte einen, wie mir schien, leicht autistischen Charakter, das heißt, er sprach wohl viel mit Mutti, ging aber nicht auf sie ein. Vor allem schimpfte er ständig lang und breit über seine Geschwister. Auch die Kollegen von der Markscheiderei waren ein dankbares Thema. Wenn Mutti hingegen etwas loswerden wollte, hatte sie nur mich. Mir schien, meine Eltern tauschten sich nicht wirklich aus über ihre Beziehung. Beide hatten wahrscheinlich Angst vor der Wahrheit und den Konsequenzen. Für Vater war sehr wichtig: Was denken die Leute? Er liebte es, sich hinter Sprüchen zu verstecken. So sagte er öfter: „Das war ein Glück, sprach der Heuschreck, da ließ er ein Bein zurück." Oder: „Besser den Spatz in der Hand, als die Taube auf dem Dach." Mutter konnte ihre sichere Versorgung nicht aufs Spiel setzen.

Als wir Kinder größer wurden, hätte Mutter gern eine eigene Berufstätigkeit ausgeübt, zum Beispiel Schuhe verkaufen im Laden von Klärchen, die inzwischen nicht mehr in Göttelborn wohnte. Das hätte ihr nach dem Krieg Freude gemacht. Vater war jedoch dagegen. „Ich kann meine Familie allein ernähren", war sein Standpunkt. Ihm hätte ja etwas von seiner Bequemlichkeit abgehen können, und außerdem war er viel zu besitzergreifend. Die Frau durfte ohne Zustimmung des Ehemannes nicht berufstätig sein. So lautete das Gesetz. Und unsere Mutter hielt sich daran, weil sie Konflikten lieber aus dem Weg gehen wollte. Dafür revanchierte sie sich allerdings mit subtilen Stichen.

31

EIN STOCKFISCH UND MEINE UNSICHERHEIT

Oft musste ich auch das Geschirr spülen nach dem Mittagessen, bevor ich nach Saarbrücken auf die Mittelschule kam. Das hasste ich. Heißes Wasser aus dem Hahn gab es nicht. Es wurde umständlich in einem Wasserkessel auf dem Kohleherd zum Kochen gebracht. Auch Spülmittel konnte man nicht kaufen. Heißes Wasser musste genügen. Es hieß also kräftig reiben. Manchmal verdrückte ich mich aufs Klo neben der Haustür und entschwand, indem ich aus dem kleinen Klofensterchen stieg. Im Hof waren bereits die andern Kinder versammelt, und mein Liebster kreierte schon wieder interessante Burgen im Sandkasten. Vielleicht ist er ja Architekt geworden. Kürzlich hörte ich von jemand, er habe eine reiche Frau geheiratet und wohne in München. Ich wäre für ihn mangels Kapital also doch nicht infrage gekommen. Im Übrigen hatten sich meine Gefühle für ihn schon längst abgekühlt. Jahrelang sahen wir uns nicht mehr, weil seine Eltern ins eigene Haus nach Merchweiler gezogen waren und er in ein strenges Klosterinternat kam, wo er, wie ich hörte, sich TBC holte. Davon genas er aber. Als ich 14 war, trafen wir uns auf dem Rummelplatz der Kerp (Kirmes) in Göttelborn wieder. Er war 16 und lud mich aufs Raupenkarussell ein, dessen Deckenplane ständig auf- und zuging. Ich war hoch erfreut. Wenn das Dach für ein paar Sekunden herunter klappte, hätte Gelegenheit bestanden, mich schnell heimlich zu küssen. Doch leider saß er wie ein Stockfisch neben mir und brachte kein Wort heraus, geschweige denn einen Kuss zustande. Es dauerte ungefähr sechs Jahre, bis wir uns wieder begegneten. Nachdem ich bei der Bank angefangen hatte, trafen wir uns manchmal im Zug nach Saarbrücken. Er fuhr zur Uni. Ich gab mir Mühe, ein Gespräch in Gang zu bringen. Doch Armin war immer noch sehr steif und förmlich. Näher kamen wir uns nicht. Ich denke, dass wir nicht zusammen gepasst hätten. Seitdem haben sich unsere Wege nicht mehr gekreuzt. Auch ich war mit 14 zu schüchtern und verlegen, um die Initiative zu ergreifen. Das kleine verwegene Luderchen von 6, 7 hatte sich verflüchtigt. Es war wohl gerade in der Pubertät. Dieses komplizierte Wort war damals noch nicht in meinem Wortschatz. Ich ärgerte mich schwarz über mich selbst, weil ich so blöd war. Wenn es darauf ankam, fand ich nicht die richtigen Worte, und konnte auch nicht zur Tat schreiten. Zu Mutti sagte ich manchmal: „Ich weiß gar nicht wie ich bin." Und sie riet mir: „Sei doch einfach natürlich." Aber wie machte man das? Mutti wusste immer, wie sie mit den Männern umgehen sollte. Sie meinte: „Sie wollen gut von uns Frauen unterhalten werden." Warum ist es nicht umgekehrt? dachte ich. Wenn ich mich – auch Jahre später noch – mit einem Mann traf, überlegte ich mir oft schon im Voraus, was ich zu ihm sagen könnte. Hätten unsere Interessen und Ziele übereingestimmt, wäre die Unterhaltung sicher spontaner verlaufen. Einmal sagte ein angehender Diplomat, auf dessen Heiratsanzeige in der Constanze ich geantwortet hatte, beim ersten Treffen: „Na, dann unterhalten Sie mich doch mal ein bisschen!" Jetzt denke ich: So ein Kamel, und der wollte Diplomat werden. Damals gab ich mir Mühe und war trotzdem nicht erfolgreich. Die Unsicherheit in mir machte sich auch daran bemerkbar, dass ich beim Gehen und Sitzen nicht mehr wusste, wie ich die Arme und Hände halten sollte. Im Zug sitzend fand ich es zu langwierig, die Hände einfach in den Schoß zu legen. Gewöhnlich platzierte ich eine Hand auf die Schultasche oder versteckte sie in der Manteltasche. Allerdings war ich in der Lage, frechen jungen Männern im Zug Paroli zu bieten. Einmal sagte ich: „Sie blöder Kerl!" Mutti fand den Spruch jedoch ein bisschen zu krass. Jahrelang manifestierte sich meine innere Unsicherheit noch auf eine andere Weise, nämlich dem Zittern der Hände. Wenn ich im Café Ludwig in Saarbrücken meine Tasse zum Mund führte, fürchtete ich, der Inhalt würde über den Rand schwappen und jemand könnte es sehen. Das hatte ich der Tatsache zu verdanken, dass ich mich selbst zu viel beobachtete und dann zittrig wurde. Trotzdem ging ich den Herausforderungen nicht aus dem Weg und setzte mich immer wieder der „Gefahr" aus. Irgendwann fand ich einen Dreh, Abstand zu meiner inneren Erregung zu gewinnen, indem ich kräftig ausatmete, einen Moment wartete bis zum nächsten Atemzug und dabei versuchte nicht zu denken. Meine übergroße Empfindlichkeit hatte aber auch ihre positive Seite. In ihrer Ausprägung als Empfindsamkeit half sie mir nämlich gleichzeitig bei der Entdeckung meines Lebensweges.

32

DER ZWANGSUMZUG

Zurück ins Jahr 1946. Dann passierte es doch: Wir mussten aus unserem geliebten Haus raus. Als wir die Aufforderung erhielten, brachen Mutti und ich in Tränen aus. Werner war noch zu klein, um es ganz zu begreifen. Vater blieb äußerlich ruhig, schwor sich aber, sobald die Zeiten besser würden und er die Möglichkeit hätte, selbst ein eigenes Haus zu bauen. Das Schlimmste war, dass wir oben in das Haus ziehen mussten, wo Bruder Richard mit Familie bereits seit langem wohnte. Er glaubte natürlich, ältere Rechte zu besitzen. Ilse, seine Frau, war eine Giftspritze, und Richard spielte sich seinem jüngeren Bruder Artur als der Überlegene auf. Noch viel höher in der Familienhierarchie stand allerdings der älteste Bruder Paul, der in Bildstock wohnte. Er war durch seine Forschungen über Versteinerungen in der Kohlengrube vom Steiger zum Dr. h. c. der Geologie an der Universität Frankfurt aufgestiegen und unterrichtete an der Bergschule in Saarbrücken. Seine Schüler nannten ihn den „Schlacken-Paul". Seiner Frau Friedel war der Aufstieg einigermaßen zu Kopf gestiegen. Onkel Paul fungierte sozusagen als das angebetete Familien-Genie, und keines der Geschwister wagte ihm zu widersprechen. Vor einigen Jahren fragte mich in Luxemburg ein Hals- Nasen- Ohrenarzt, ob ich mit dem Dr. Guthörl verwandt sei, was ich zögerlich mit ja beantwortete. Pauls Ruhm schien sich also auch lange nach seinem Tod noch nicht erschöpft zu haben. Er starb bereits mit 68 Jahren, obwohl er jedes Jahr mit seiner Frau eine Kneippkur in Bad Wörishofen gemacht hatte.

Der Umzug ins Haus von Onkel Heinrich ging traurig vonstatten. Wir hatten unter dem Dach nur eine Küche, ein kleines Wohnzimmer und ein Schlafzimmer. Ein Kinderzimmer gab es nicht. Wir schliefen alle im selben Raum, ich in einem Bett in der

Ecke und Werner mit im Elterndoppelbett. Die ganze Umstellung schien auch ihm zu schaffen zu machen. Er begann nämlich wieder Pipi ins Bett zu machen, was ihm äußerst peinlich war. Mutti sagte: „Das kommt nur daher, weil du vor dem Schlafengehen immer noch so viel trinkst und nachts sehr fest schläfst." Also wurde das Wasser abends rationiert, auch für mich, wo ich doch gar nicht undicht war. Ich behalf mich dann damit, dass ich Wasser aus dem Waschlappen saugte. Mutti hatte nämlich keine Lust, jede Nacht das Bett frisch zu beziehen, schon allein, weil wir gar nicht so viel Bettwäsche hatten. Natürlich wurde auch ich wach dadurch. Nach einer Weile war auch Werner wieder trocken, und wir lebten uns in der Enge ein. Werner konnte übrigens auch im Stehen schlafen. Eines Morgens fand ihn Mutti vor dem Bett stehend, den Kopf auf der Decke, tief schlafen. Sie weckte ihn und fragte: „Warum stehst du denn vor dem Bett, Wernerchen?" „Ich bin aufgestanden", antwortete er lakonisch. Scheinbar schlief er schon ein, ehe er sich wieder hinlegen konnte.

Wir blieben rund acht Jahre in diesem Haus wohnen. Bei der Renovierung unserer neuen Bleibe kamen nach dem Abkratzen der alten Tapeten knallbunte, großblumige Tapeten aus der Franzosenzeit von vor 1933 zum Vorschein. Die hätten mir auch gefallen. Bei uns gab es solch extravagante Muster jedoch nicht zu kaufen. Wahrscheinlich waren sie auch in Frankreich längst aus der Mode.

Kaum hatten wir den zwangsweisen Umzug verkraftet, da kam das nächste Ungemach auf uns zu. Die Franzosen übernahmen die Verwaltung der Grube und zogen in die leer geräumten Häuser ein. Möbel schienen sie nur wenige mitgebracht zu haben, denn bei den ehemaligen Nazis wurde alles, was nicht unbedingt zum Überleben gebraucht wurde, requiriert. Bei uns pickten sie sich die Sessel, den Schreibtisch und Bettwäsche heraus. Ein Glück, dass Mutti ihre Nähmaschine behalten durfte. Irgendwann sollten die Sachen dann abgeholt werden. Ich hegte die irrationale Hoffnung, dass dies nie geschehen würde. Leider vergeblich. Ausgerechnet, als mein Vetter Ingo und ich allein in unserer Küche saßen, kamen schwere Schritte zusammen mit Onkel Richard die Treppe herauf. Wir schlossen schnell die Tür zur Treppe ab und versteckten uns vor Angst schlotternd unter dem Küchentisch. Die Leute zogen nach heftigem Klopfen ab. Doch schon bald kamen sie mit Papa zurück. Nun mussten wir die Tür aufschließen. Traurig sahen wir zu, wie unsere schönsten Möbelstücke fortgetragen wurden. Das Wohnzimmer wirkte nun ziemlich kahl. Trotzdem ließen wir uns nicht lange verdrießen. Der Garten war groß und die Wiesen schöner als die tollsten Sessel. Wir hatten die rechte Hälfte und Onkel Heinrichs Familie die linke. Die Obstbäume wurden gerecht aufgeteilt. Bei schönem Wetter schleppten wir die Matratzen in den Garten und legten uns drauf.

Am schwersten hatte es Mutti, die den ganzen Tag zu Hause verbrachte und der neugierigen, gehässigen Schwägerin ausgeliefert war. Zu jeder Zeit öffnete diese uneingeladen unsere Küchentür und schob einen dicken Arm in schräger Haltung auf den danebenstehenden Küchenschrank. Dann hechelte sie alles durch. Mutti wurde ganz krank davon, bekam Fieber und sah immer schlechter aus. Der Ärger fraß an ihr. Papa war wieder mal zu feige, seine Frau gegen Richard und Ilse in Schutz zu nehmen. Er wollte es um des lieben Friedens willen lieber nicht mit ihnen verderben. Mit ihrer Langmut am Ende war Mutti allerdings, als sie eines Morgens an unserem Waschtag in die Waschküche kam und ungewarnt vor einem großen knurrenden Hund stand, der gerade sein großes Geschäft auf den Boden verrichtet hatte. Richard hatte ihn neu erworben und einfach in die Waschküche gesperrt, weil Ilse ihn nicht in der Wohnung haben wollte. Dabei hatte er an diesem Tag überhaupt nichts in der Waschküche zu suchen. Mutti war mit den Nerven am Ende. Trotzdem stellte Vater seinen Bruder nicht zur Rede. Der Hund verschwand jedoch bald danach wieder, sicher hat Tante Ilse dafür gesorgt. Da Papa Mutti nicht beistand, wollte ich ihr helfen und schrie eines Tages mit meinen 12-13 Jahren die Treppe hinunter in Ilses Richtung: „Du blödes Weib!" Trotz allem wollte sich Mutti ihre Jugend nicht versauen lassen und erholte sich wieder. Schließlich war sie erst Anfang bis Mitte dreißig.

33

TRENNUNG DER KONFESSIONEN

Kurze Zeit nach dem Krieg wurden die katholischen und evangelischen Kinder in der Schule getrennt. Wahrscheinlich wollte das die katholische Kirche so, nachdem die Nazis abgeschafft waren. Am ersten Tag der Separierung kam unsere neue evangelische Lehrerin, Fräulein Wagner, zu spät. Die katholische Direktorin, Fräulein Hoffmann, sperrte uns Evangelen kurzerhand alle zusammen in ein winziges Zimmerchen. Die großen, frechen Jungen stiegen über die Möbel, tobten und machten einen Riesenradau. Ich saß still da und fürchtete mich ein bisschen. Da riss Fräulein Hoffmann die Tür auf, griff sich das erstbeste Kind, das leider ich war, und ohrfeigte es. Ich war wegen dieser Ungerechtigkeit empört und lief nachhause, um es meiner Mutter weinend zu berichten. Sie ging umgehend mit mir zur Schule zurück, öffnete das Klassenzimmer der Direktorin und brüllte sie an: „Lassen Sie sich pensionieren, wenn Sie nicht mit Kindern umgehen können!" Alle andern Lehrer lauschten und feixten vor Vergnügen. Fräulein Hoffmann war nämlich nur Direktorin geworden, weil sie nicht in der Partei gewesen war und nicht, weil sie so tüchtig war. Auch ich hatte ihre Unfähigkeit als Lehrerin im Unterricht mitbekommen. Man lernte buchstäblich nichts, stattdessen mussten die Mädchen die Löcher in den Strümpfen von Fräulein Hoffmann stopfen. Deshalb war ich fest entschlossen, die Aufnahmeprüfung zur Mittelschule zu bestehen.

34

MEIN WISSEN ÜBER DIE NAZIS

Auch ich wurde nach dem Krieg im Schulhof entnazifiziert. Nichts Böses ahnend, lehnte ich in der Pause an der Wand des Schulgebäudes, als ein großer, kräftiger Junge von 14 auf mich zu kam und heftig ohrfeigte. Als Erklärung sagte er: „Das ist dafür, dass dein Vater in der Partei war." Er nahm mich also sozusagen in Sippenhaft. Mutti hatte sich im Krieg standhaft geweigert, der Partei beizutreten, obwohl der etwa 18-jährige Karlheinz Sauer sie unter Druck setzte. Von diesem Bengel ließ sie sich nicht beeindrucken. Jahre später, ich war etwa 20, zeigte er süßes Interesse an mir. Mutti sagte jedoch energisch zu ihm: „Ein Sauer kriegt meine Tochter nicht!" Als er mich einmal in Saarbrücken zum Bahnhof gehen sah, bot er mir an, mich im Auto mitzunehmen. Das lehnte ich jedoch dankend ab, und er guckte verdutzt aus der Wäsche.

Bewusst habe ich als Kind wenig von der Nazi-Ideologie mitbekommen. Wir lasen die gleichen Märchen und sangen die alten Volkslieder, wie schon unsere Eltern und Großeltern. Nur ein neues Weihnachtslied wurde komponiert. Es hieß „Hohe Nacht der klaren Sterne". Jesus kam nicht darin vor. Mutti und ich nahmen es in unser Repertoire auf, weil uns die Melodie gefiel. Auch die saarländische Schulfibel von 1942 (Titel: Fröhlicher Anfang – Fibel für Saarland und Lothringen) war mit nur zwei Texten: „Hans hilft dem Führer" und „Der 1. Mai" nicht allzu penetrant nationalsozialistisch. („Heute haben die Kinder keine Schule. Große und Kleine feiern den Tag der deutschen Arbeit. Vater hängt die Hakenkreuzfahne aus dem Giebelfenster heraus. Dann schmückt er den Gartenzaun mit Maigrün. Peter und Helmut dürfen kleine Papierfähnchen dahinter stecken. Alle haben Sonntagskleider an. Peters Vater trägt die braune Uniform.

Wenn der Junge neben ihm hergehen darf, ist er ganz stolz.") Auf dem Titel sind allerdings ein Junge und ein Mädchen mit zum Hitler-Gruß erhobenen Händen abgebildet. In der Volksschule von Göttelborn wurde vorwiegend neutraler Stoff unterrichtet, soweit ich mich erinnere. Die Katholen gingen weiterhin sonntags zur Kirche, und viele waren bestimmt gleichzeitig Nazis. Mein evangelischer Vater trug bei der kirchlichen Trauung seine SA-Uniform. Die Nazis benutzten auch den göttlichen „Herrn" um ihre Ideologie zu stützen. In diesem Gebet von Willi Köhler kommt es zum Ausdruck:

„Gebet.
Schütze, Herr, mit starker Hand
unser Volk und Vaterland!
Lass auf unsers Führers Pfade
leuchten deine Huld und Gnade!

Weck im Herzen uns aufs Neue
deutscher Ahnen Kraft und Treue,
und so lass uns, stark und rein,
deine deutschen Kinder sein!"

(aus Deutsches Lesebuch für Volksschulen von 1943)

Ich hielt das alles für normal und kannte nichts anderes als den Hitler-Gruß. Ein höflicher, freundlicher Mensch sagt: „Heil Hitler" beim Grüßen, dachte ich. Wahrscheinlich lag gerade in dieser Selbstverständlichkeit die Gefahr, dass wir das kranke Gedankengut, ohne uns dessen bewusst zu sein, nach und nach in unser Innerstes integrierten. Die totalitäre Gefahr besteht noch heute, 2010. Wir müssen wachsam bleiben. Dass ich diese Erinnerungen aufschreibe, hat auch mit meiner Sorge zu tun, die junge Generation könnte zum Teil vergessen haben, was vor 75 Jahren geschah. Wir kamen damals schlecht an Informationen heran. Fernsehen gab es noch nicht. Im Kino, in der Wochenschau, sah man gelegentlich die Bonzen und später Kriegshandlungen. Ich wusste zum Beispiel, dass mein Vater im Krieg bei den Flammenwerfern war. Als ich sie in der Wochenschau sah, war ich stolz auf ihn. Die langen, zischenden Flammen wirkten richtig majestätisch auf der Filmleinwand. Dass Menschen durch sie umkamen, daran dachte ich nicht. Das waren ja sowieso unsere Feinde. Nach dem Krieg mussten wir in der Mädchen-Mittelschule „Grüß Gott" sagen und einen Knicks machen. An den Lieben-Gott dachte ich dabei auch nicht.

35

KLASSENUNTERSCHIEDE

In die neue evangelische Schulklasse, in der alle Jahrgänge gemeinsam unterrichtet wurden, ging auch Marianne Forst. Ihr Vater war ein leitender Bergbauingenieur und bewohnte mit seiner Familie eine Villa mit Park. Nach dem Krieg war er allerdings für einige Zeit nicht zu Hause, weil er mit anderen leitenden Angestellten der Grube verhaftet worden war. Es wurde gemunkelt, dass Lebensmittel, die für die russischen Fremdarbeiter bestimmt waren, von den verantwortlichen Leuten unterschlagen worden wären. Genaues wusste man jedoch nicht. Die junge hübsche Wirtin ihres Stammlokals soll auch in den Skandal verwickelt gewesen sein. Sie schien sich so sehr zu schämen, dass sie Selbstmord beging. Danach bahrte man sie im Hinterzimmer der Wirtschaft auf, schminkte sie, und jeder, der Lust hatte, konnte sie besuchen und ansehen. Wir gingen auch hin. Zum ersten Mal im Leben sah ich einen toten Menschen. Sie sah aber schön aus mit ihren rot geschminkten Lippen, so als schlafe sie nur, ähnlich wie Schneewittchen. Ihre alte Mutter saß stumm, in sich versunken, ohne zu weinen neben ihr. Wahrscheinlich hatte der katholische Pfarrer ihr erzählt, dass die Tochter nun nicht in den Himmel kommt. Die Nichte erbte all ihre hübschen Kleider. Mir hätten sie auch gefallen.

Marianne Forst und ich wurden Freundinnen. Ihren Vater schien sie nicht zu vermissen. Jedenfalls sprach sie nie von ihm. Auch ich fand es gut, dass er nicht da war. So konnten wir ungestört in ihrem Haus spielen. Sie mussten es nicht verlassen, so wie wir. Ob ihr Vater in der Partei war oder nicht, wusste ich nicht. Ihre Mutter sah es gern, dass ich mit ihrer Tochter befreundet war. Sie bewunderte immer meine schönen von Mutti genähten Kleider. Sie konnte nicht nähen, weil sie sicher aus einem reicheren Elternhaus stammte und nicht wie meine Mutti mit 14 in eine strenge Weißnäherinnenlehre gesteckt und ausgebeutet wurde. Im Hause Forst war es für meine Begriffe recht luxuriös. Jedes Kind hatte sein eigenes Zimmer mit hübschen Möbeln, und ein Badezimmer mit Toilette gab es selbstverständlich auch. Sie mussten nicht wie wir in der Waschküche im Keller baden. Ich war aber überhaupt nicht neidisch und nutzte lediglich mit viel Freude und Selbstbewusstsein die tollen Spielmöglichkeiten in einem speziellen Spielzimmer. Es gab zum Beispiel einen Kasten mit nagelneuer Knetmasse, die ich ungeniert verarbeitete, als gehöre sie mir. Meine Kreativität konnte sich frei entfalten. Auf den Gartenwegen sauste ich mit dem Roller umher. Die hochfliegende Schaukel begeisterte mich. Nie wurde mir etwas von Mariannes Mutter verboten oder vorenthalten. Auch wenn wir Blödsinn machten, lächelte sie wohlwollend. Auch das Buch „Tausend und eine Nacht" besaß Marianne. Ich las ein wenig darin und fand es sehr aufregend. Ich half Marianne, jeden Tag ihre Schafe auf die Weide zu bringen und wieder abzuholen. Unsere Liesel lebte ja leider nicht mehr. Herrn Maselter hat sie sicher geschmeckt. Die Weide befand sich auf einem Gelände, wo im Krieg die russischen Kriegsgefangenen untergebracht waren. Die betonierten Aborte mit Loch im Boden unter freiem Himmel gab es noch. Wir benutzten sie, wenn wir draußen mal dringend mussten. Meistens dienten sie uns aber, um darüber zu laufen und zu springen.

Um auf die Russen zurückzukommen: Im Krieg errichtete die Grube im Wald ein großes Lager, in das russische Familien einzogen. Es schienen keine Gefangenen, sondern freiwillige Arbeiter zu sein, die nicht unter den Kommunisten leben und kämpfen wollten. Sonntags pilgerten wir einheimischen Dörfler dorthin, um zu gaffen, als wären die Russen Zootiere. Ich erinnere mich an die hohen, eleganten Kinderwagen. Unsere dagegen waren niedrig und plump. Wie müssen sich diese Menschen unter unseren aufdringlichen Blicken gefühlt haben. Obwohl genügend Lebensmittel für sie vorgesehen waren, mussten sie darben, bei schwerer Arbeit, weil einige schlechte Deutsche die Sachen für sich unterschlugen.

Irgendwann verschwanden nachts bei vielen Leuten unserer Straßen die Kaninchen aus den Ställen. Nach einer Weile entdeckte man in einem Heuschober einen verwahrlosten Russen. Er schien sich aus seiner Gruppe abgesetzt zu haben, um sich von rohem Kaninchenfleisch zu ernähren. Kochen wäre sicher zu gefährlich gewesen. Er vegetierte inmitten stinkender Kadaverresten. Das konnte ja nicht lange gut gehen. Was mit ihm geschah, haben wir nicht erfahren. Andere Russen besserten ihre Rationen etwas auf, indem sie Frauen, deren Männer im Krieg waren, bei verschiedenen schweren Arbeiten halfen. Auch Mutti ließ sich ein paarmal Russen von der Grube zuweisen. Einer schaufelte die Kohlen in den Keller und wurde dafür von Mutti zu einem sehr guten Essen eingeladen. Er war froh und dankbar dafür. Ich sehe noch jetzt diesen jungen, hübschen Mann an unserem Wohnzimmertisch sitzen und mit feinsten Manieren sein Mahl einnehmen. Er war sicher ein ganz besonderer Mensch, vielleicht ein Intellektueller oder ein Adeliger. Reden konnten wir kaum miteinander, weil er so gut wie kein Deutsch sprach und wir natürlich nicht Russisch. Zwei andere halfen uns bei der Kartoffelernte auf unserem von der Grube gepachteten Acker. Vater hatte sie noch gepflanzt. Als Lohn füllte ihnen Mutti Kartoffeln in einen Sack. Als sie gerade weggehen wollten, rief Mutti sie zurück. Sie sahen etwas ängstlich drein, sicher fürchteten sie, man wolle ihnen einen Teil davon wieder abnehmen. Doch Mutter fand, dass sie mehr verdient hätten und gab noch eine Menge Kartoffeln dazu. Das überraschte die Männer, und sie bedankten sich überschwänglich. Später haben wir uns gefragt, was wohl aus diesen russischen Menschen geworden ist. Nach dem Krieg waren sie plötzlich aus unserem Dorf verschwunden. In die UdSSR konnten sie aus politischen Gründen wahrscheinlich nicht mehr zurück. Dort wären sie womöglich nach Sibirien verschleppt oder hingerichtet worden. Hoffentlich mussten sie nicht allzu viel leiden.

Mit Marianne verlebte ich ein vergnügtes Jahr. Sehr gern saßen wir zusammen in der großen Kiste mit Sägespänen neben der Grubenschreinerei und lasen in einem Büchlein mit leicht frivolen Liebesgedichten. Es gehörte Mutti. Das Sägemehl duftete wunderbar, fast erotisch. Damals erlaubte man uns Kindern, auf dem Grubengelände herum zu tollen. Es war noch nicht hermetisch durch Zäune abgeschlossen und von Grubenwächtern bewacht. Im großen Kesselhaus durften die Angestellten sogar Obstschnitze auf dem Rost darren. Durch die heiße aufsteigende Luft waren sie schnell konserviert für den kommenden Winter. Wenn zu Hause bei großer Trockenheit kein Wasser aus dem Hahn lief, konnten wir aus dem Kesselhaus Wasser mit Eimern holen. Ich fand die Gebäude auf dem Grubenareal immer sehr interessant. Die Kühltürme gleich hinter der Josefstraße hatten es uns ebenfalls angetan. Wir kletterten manchmal auf die umlaufende Balustrade, wo es so schön durch das herunterrieselnde Wasser spritzte, ähnlich wie in einer Saline. Am liebsten wäre ich in das Becken unter dem Turm gesprungen. Wasser zog mich magisch an. Die Gefahr war mir noch nicht recht bewusst. Während der Evakuierung in Eckweiler tat ich einmal etwas sehr Gewagtes: Der Löschteich neben Onkel Willis Hof war teilweise zugefroren. Ich stellte mich auf eine Eisscholle nah am Rand und balancierte von Scholle zu Scholle weiter, und das mit 8, 9 Jahren. Ich glaube, Mutti hat mich dabei erwischt und mir Haue angedroht, wenn ich es noch einmal tue. Als es im Frühling wärmer wurde, entdeckte ich vor dem Dorf ein ziemlich großes, tiefes, mit Wasser gefülltes, Loch. Leere Benzinkanister schwammen darauf herum. Ich zog mich bis aufs Unterhöschen aus und einen Kanister an den Rand, auf den ich mich legte und mit Händen und Beinen strampelte. Schwimmen konnte ich noch nicht. Davon erfuhr Mutti Gott sei Dank nichts, sonst hätte sie mich bestimmt verdroschen. Möglicherweise war es ein Schützengraben aus dem Krieg, in dem deutsche Soldaten umgekommen waren. Daran dachte ich als Kind natürlich nicht.

Auf der Grube in Göttelborn beobachtete ich oft, wie die Pferdefuhrwerke mit Deputatkohle durch einen Trichter von oben befüllt wurden. Der Staub machte mir damals nichts aus. Auch in den umliegenden Wäldern trieb ich mich gern herum. Moos unter Tannen schien mir der Wohnort von Elfen und Gnomen zu sein. Besonders anheimelnd fand ich, wenn man Puppenmöbel ins Moos stellte. Vielleicht kommen dann die kleinen Wesen und ziehen ein, dachte ich. Außerdem planten Vetter Ingo und ich, ein Baumhaus hoch oben zu bauen. Daraus wurde jedoch leider nichts. Das Unsichtbare, Wunderbare und leider auch oft Gefährliche brachte eine Saite in mir zum Schwingen. Sobald ich die Buchstaben gelernt hatte, gab ich mich daran, mein allererstes Buch selbständig zu lesen. Es handelte von einem kleinen Mädchen mit Namen Kari, das wie ein Vogel überall hin fliegen konnte. Ich war begeistert. Wahrscheinlich bestätigte es mir eigene außerkörperliche Erfahrungen. Vor dem Einschlafen flog ich nämlich auch sehr weit über große Städte hinweg. Das Buch war ausgeliehen. Wenn es mir gehört hätte, würde ich es bestimmt noch jetzt besitzen. Noch heute empfinde ich eine gewisse Sehnsucht, diese Geschichte wieder zu lesen. Kein Buch in unserem kleinen Bücherschrank blieb von mir ungelesen. Leider waren es nur wenige. Mein Hunger nach Lesestoff wurde nicht genügend gestillt. Auch alle Bergmannskalender studierte ich sorgfältig. Im letzten Jahr der Mittelschule schrieb ich eine Jahresarbeit mit dem Titel „Die Kohle". Dabei taten mir die Kalender gute Dienste. Mutti hatte ihre Jungmädchenbücher aus Dortmund mit in die Ehe gebracht. Am besten gefiel mir „Steffys Backfischzeit" von Magda Trott. Darin bekam die Titelheldin ihren ersten Kuss. Genau so wollte ich es auch erleben. Ein Abschnitt, den ich hinreißend fand, lautet:

„Ich habe noch keine Braut, Fräulein Steffy, aber ich denke, recht bald eine zu haben."

„Wir wollen Veilchen suchen." (antwortete Steffy ausweichend) Jetzt würgten Tränen in ihrer Kehle. Da riss er sie in seine Arme.

„Steffy fühlst du nicht, wie gut ich dir bin? Weißt du denn nicht, dass dir mein ganzes Herz gehört?"

Nur einen einzigen Augenblick sah sie zu ihm auf, dann schmiegte sie sich in seine Arme…

Er schloss ihr mit einem Kusse den Mund. (Man beachte das „e" am Ende von Kusse.)

„Meine Steffy denkt jetzt nicht mehr an Schopenhauer und kümmert sich mehr um Haushalt (na also) und um ihre Stunden. Willst du das tun Liebling?" (Natürlich wollte sie.)"

Manchmal kamen in den Büchern auch Wörter vor, die ich noch nicht kannte. Einen blassen Jungen nannten die Mädchen „Beigejunge". Das Beige sprach ich aus, wie man es schreibt. Als Steffy von ihrem Verlobten hochgehoben wurde und ihren Schuh verlor, rief sie: „Mein Pumps, mein Pumps!" Ich verstand unter diesem Wort ein unfeines Geräusch aus dem Popo. Auch die Pflanze Rhododendron in Ludwig Thomas „Lausbubengeschichten" war mir unbekannt. Ich betonte beim lauten Lesen die zweite Silbe. Als ich sämtliche Bücher durch hatte, überwand ich mich und ging jede Woche zur Leihbücherei der katholischen Kirche. Sonst gab es nichts in unserem Dorf. Von dort las ich vor allem die sentimental frommen Geschichten eines gewissen Herrn Herchenbach. Hätte man meinen kindlichen Wissensdurst besser gefördert, wäre ich mir meiner Intelligenz wahrscheinlich sicherer geworden. Mit keinem Gedanken dachte ich nämlich daran, später einmal zu studieren. Mittlere Reife und Höhere Handelsschule waren schon das höchste der Gefühle für mich. Als ich mit elf zur Mittelschule kam, ging Marianne Forst natürlich aufs Gymnasium. Dabei hatte ich in der Volksschule bessere Noten als sie. Wir sagten zu Hause: „In der Mittelschule wird Handarbeit und Kochen unterrichtet. Das ist wichtig für ein Mädchen." Wäre ich weiter in Mariannes Elternhaus verkehrt, hätte mich dessen Einfluss vielleicht angeregt, auch aufs Gymnasium zu gehen und das Abitur zu machen. Später habe ich es oft bereut, es nicht getan zu haben. Eines Tages überzeugten mich meine Eltern, Marianne nicht mehr zu besuchen. „Sie kommt ja auch nicht zu uns", meinten sie. Bei uns gab es ja auch kein extra Spielzimmer. Marianne war mehr gewöhnt als eine Ecke in der Küche, wo meine Puppenstube, der Kaufladen und die Schule (von meinen Eltern selbst recht hübsch gebastelt) standen. Als ich an einem Sonntag mit Marianne, ihrem Bruder und ihren Eltern im Merchtal spazieren ging, trafen wir meine Eltern. Das war endgültig zu viel. Von nun an machte ich meine Spaziergänge wieder mit Mutti, Papa und Werner. Herr Forst war inzwischen wieder zu Hause und auch zurück in Amt und Würden bei der Grube. Scheinbar hatte er mit den Unterschlagungen nichts zu tun gehabt, oder man verzieh vielleicht einem Direktor großzügig. Obwohl ich nur noch wenig Kontakt mit Marianne hatte, schenkte mir ihre Familie Visitenkarten mit meinem Namen zur Konfirmation. Darüber freute ich mich sehr. In unserer Gesellschaftsschicht hatte niemand Visitenkarten.

Besonders herzerfrischend war das Merchtal im Vorfrühling, wenn die Lerchen aus wärmeren Gegenden zurück waren und sich tirilierend in den Himmel schraubten. Das war für mich die Ouverture der wiedererwachenden Natur. Es wimmelte auch von Feldhasen. Nie werde ich einen legendären Osterspaziergang mit Mutti, Papa und Werner vergessen. Der Anblick der vielen Hasen brachte uns auf die Idee, das mitgeführte Osterei für Werner im Gras am Wegesrand zu verstecken. Er war noch klein genug, um an den Osterhasen zu glauben. Ich lief vor, so als wäre ich auf der Suche nach einem Ei und versteckte es geschickt. Werner folgte mir, entdeckte es und brachte es stolz zu Mutti und Papa, damit sie es in ihrer Tasche verstauten. Da er so froh darüber gewesen war, wollten wir ihm diesen Spaß immer wieder verschaffen. Abends daheim freute sich Werner auf die vielen Eier, doch welche Enttäuschung, als nur eines zum Vorschein kam. Nun waren auch unsere Eltern ein wenig ratlos. Mutti erfand schnell eine Notlüge und sagte: „Wir haben Tante Regina die andern Eier geschenkt." Tante Regina war eine entfernte Bekannte, die wir jenseits des Tales besucht hatten. Werner war sehr enttäuscht und verstand überhaupt nicht, warum wir Tante Regina so viele Eier schenken mussten. Als ich vor ein paar Jahren mit ihm über diesen „Betrug" sprach, konnte er sich noch gut an die Frustration von damals erinnern. Da unsere Eltern seit Langem nicht mehr lebten, drückte ich ihm mein Bedauern auch in ihrem Namen über unser unüberlegtes Handeln aus. Ein Glück, dass Kinder, die sich von ihren Eltern geliebt fühlen, die gröbsten Erziehungsfehler anstandslos hinnehmen und verzeihen. Eltern sind nun mal selten perfekt.

Die gesellschaftlichen Unterschiede waren zu meiner Jugendzeit noch ziemlich ausgeprägt (wie heutzutage möglicherweise ebenfalls wieder zunehmend). Auf die Gymnasien gingen in erster

Linie die Kinder der Väter, die auch Schüler dort gewesen waren. Die Sprosse der kleineren Leute ließ man gern bei den Aufnahmeprüfungen durchfallen oder nach dem ersten Jahr sitzen. Dann mussten sie nämlich zurück in die Volksschule, was peinlich war. Im Jahr danach fehlte ihnen dann meist der Mut, es noch einmal zu versuchen. Nur ein Bruchteil meines Jahrgangs 1936 unseres Dorfes besuchte eine weiterführende Schule. Ich bedauerte immer die Kinder, die bei Fräulein Hoffmann und Co. nichts lernten. Die Kinder aus der sogenannten „Arbeiterklasse" waren noch ärmer dran bezüglich ihrer Bildung als meine Mittelschicht. Ihnen blieb nichts anderes übrig, als mit vierzehn auf der Grub' anzufangen und sich unter Tage abzuschinden und die Gesundheit ruinieren zu lassen. Damals waren die Arbeitsbedingungen noch viel schlechter als in späteren Jahren. So züchtete sich die Oberschicht ihre unentbehrlichen Arbeiter heran. Meine Eltern wollten nicht, dass mein Bruder zur Grube ging. Ich werde in diesem Text aus Diskretion jedoch nicht weiter über meinen Bruder schreiben. Die Menschen, die ich erwähne, sind alle längst gestorben und deren Kinder, falls sie welche hatten, auch zum größten Teil. Ich gehöre jetzt zur älteren Generation. Wenn meine Eltern noch lebten, wären sie 104, bzw. 95 Jahre alt. So alt wurde man früher selten. Der erste und zweite Weltkrieg hatte den Menschen übel mitgespielt und ihre Gesundheit nicht selten untergraben. Allerdings waren sie weniger überernährt.

In die Straße, wo die Arbeiter wohnten, trauten wir Kinder aus der Beamtenkolonie uns nur mit gemischten Gefühlen. Die „Dreckigen" drohten uns nämlich oft Haue an. Wenn ich unbedingt durchgehen musste, packte mich die Angst, so dass ich sehr schnell rannte.

36

MISSHANDLUNG IM NAZI-ERHOLUNGSHEIM

Als ich sieben war, dachte Mutti, dass mir eine vierwöchige Erholung in einem Nazi-Ferienheim in Speyerbrunn in der Pfalz gut tun könnte. Auch ich stellte mir die Abwechslung schön vor. Doch anstatt an Gewicht zuzunehmen, kam ich noch magerer und verwahrlost wieder nachhause. Die jungen BDM-Erzieherinnen (Bund Deutscher Mädchen) behandelten uns schlecht und scheuchten uns den ganzen Tag durch die Wälder. Ich schleppte mich nur noch erschöpft zwischen den Bäumen dahin und weinte mich abends oft in den Schlaf. Als ich überdies ein sehr schmerzhaftes Zahngeschwür bekam, bin ich fast vor Kummer und Heimweh verzweifelt. Außerdem war das Essen ungenießbar. Die Kartoffeln waren blau angefault. Wir ekelten uns und ließen sie verstohlen unter den Tisch fallen. Die Fräuleins merkten es natürlich und befahlen uns, unter den Tisch zu kriechen und sie vom Boden aufzuessen. Einem Mädchen wurde es beim Essen schlecht, so dass sie in den Teller kotzte. Die Aufsicht setzte sich daneben und stopfte dem Kind gewaltsam das Essen samt Erbrochenem in den Mund. Natürlich wurden unsere Briefe zensiert. Ich hätte also allen Grund gehabt, die Nazis zu hassen. Trotzdem war auch ich ganz entsetzt, als Hitler ermordet werden sollte. Noch heute sehe ich uns auf der Straße des 13. Januar stehen und glücklich sagen: „Gott sei Dank, Hitler lebt." Wir waren vollkommen durch die Propaganda vernagelt. Polen waren für uns Untermenschen. Es gab ja keine freien Informationsquellen. Juden wohnten in unserem Ort, so viel ich weiß, keine. So hatten wir auch keine Kenntnis davon, dass sie aus ihren Häusern geholt, in Lager gesperrt und vergast wurden. Meine Erinnerungen an jene Zeit sind recht klar. Wenn Mutti etwas gewusst hätte, wäre mir das bestimmt auch zu Ohren gekommen. Nichts ist in meinem Gedächtnis gespeichert. Ich will uns aber nicht etwa heraus reden oder womöglich entschuldigen. Als ich Jahre nach dem Krieg von den schrecklichen Taten der Deutschen im Einzelnen erfuhr, war ich entsetzt und fühlte mich ebenfalls schuldig. In der Schule hörten wir kaum etwas darüber. Der Lehrkörper schien nicht so recht zu wissen, wie damit umgehen. Das Thema war ihnen wahrscheinlich zu heikel und zu nah. In der Geschichtsstunde behandelte man die Reformation oder blieb in der französischen Revolution stecken. Allerdings erinnere ich mich an ein geistig behindertes Mädchen in Göttelborn, das den Eltern weggenommen wurde und in ein Heim kam. Nicht lange danach erhielten die Eltern den Bescheid, dass das Kind an Lungenentzündung gestorben sei.

37

DAS AKKORDEON

Mit zehn Jahren hatte ich die Möglichkeit, für ein Jahr lang Akkordeon spielen zu lernen. Das machte mir große Freude. Nachbarin Roswitha Sauer hatte mir das Instrument mit 24 Bässen freundlicherweise ausgeliehen. Sie selbst schien es nicht mehr zu benutzen. Herr Schuck gab mir Unterricht. Im Hauptberuf war er Bergmann, und abends spielte er Tanzmusik. Er hatte vor, mich so weit zu bringen, dass ich auch „vom Blaat spille" und in der Kapelle mitmachen kann. Nach einem Jahr war ich allerdings noch nicht so weit. Dann musste ich nämlich das Akkordeon zurückgeben. Ich war selbst schuld, dass Roswitha mir ihr Instrument nicht länger anvertrauen wollte. Eines Abends nach der Stunde kam ich im Winter an einer Schlitterrutschbahn vorbei, wo alle Kinder sich vergnügten. Das konnte ich mir nicht entgehen lassen und legte das Akkordeon behutsam auf den festgetretenen Schnee ab, um auch ein bisschen zu schlittern. Ich nahm an, dass es keinen Schaden nehmen würde. Doch da erschien just auch Roswitha. Sofort überblickte sie die Lage, griff sich das Instrument und nahm es mit. Das war das Ende meiner musikalischen Ausbildung. Es hatte jedoch auch sein Gutes. Nun musste ich nicht mehr mit meinem kurzen Röckchen auf Herrn Schucks kratzigem Sofa sitzen. Das Lernen war mir leicht gefallen, und es tat mir natürlich leid, dass ich meine Lieder, wie zum Beispiel „Muss i denn zum Städtele hinaus" nun nicht mehr auf dem Akkordeon begleiten konnte. Als es viele Jahre danach wieder Akkordeons zu kaufen gab und ich bereits Geld verdiente, war ich immer zu sparsam, um so viel Geld für ein Musikinstrument auszugeben. Stattdessen sparte ich Geld und kaufte mir Silberbestecke für die Aussteuer davon.

38

AUSLÄNDER IM DORF

Neben uns zog Familie Männlein aus Lothringen ein, wo früher Armins Familie gewohnt hatte. Ohne viel Kontakt miteinander zu haben, lebten wir freundlich nebeneinander her. Nach Männleins zog eine andere französische Familie ein, die versuchte, uns ein wenig näher zu kommen. Die Frau schenkte uns selbst gemachte Marmelade, die praktisch flüssig war und vom Brot herunterfloss. Unsere eigene Marmelade schmeckte uns besser. Was wir ihr schenkten, daran erinnere ich mich nicht mehr. Der französische Direktor der Grube residierte wie ein kleiner Fürst in seiner prächtigen Villa im Park. Wenn er durch unsere Straße schritt, spritzten alle plaudernden Hausfrauen respektvoll auseinander, um in ihren Wohnungen zu verschwinden. Nur klein Wernerchen, der jetzt schon über acht war, blieb vor dem hohen Herrn stehen und sah ihm selbstbewusst in die Augen. Das beobachteten Mutti und ich bewundernd aus dem Küchenfenster. Auch die abgehärmten, krummen Bergarbeiter aus den Nachbardörfern mussten zu Fuß durch unsere Straße laufen. Viele hatten Silikose (Steinstaublunge) oder Rückenprobleme und schleppten sich mühsam dahin. Sie taten uns leid. In früheren Zeiten nannte man sie die Hartfüßler. Oft kamen sie nämlich zu Fuß von sehr weit her, aus dem Hochwald zum Beispiel. Damals waren die Arbeitsbedingungen unter Tage noch arbeitsintensiv und nicht so mechanisiert wie heutzutage. Als die Deutschen irgendwann weniger Lust auf harte Arbeit hatten, erschienen die ersten Türken auf unserer Straße. Sie wirkten sehr einsam. An Sonntagen hatten sie keine andere Abwechslung, als die lange Dorfstraße hinauf und hinunter zu spazieren. Immerhin konnten sie sich miteinander unterhalten. Mutti zog in Erwägung, sie zum Essen bei uns zu Hause einzuladen. Sie hatte ein mitfühlendes

Herz. Papa hingegen war nicht dafür. Er ließ nicht gern fremde Leute in sein Haus. Auch nach dem ersten Weltkrieg waren bereits Ausländer nach Göttelborn gekommen, um in der Grube zu arbeiten, zum Beispiel zwei italienische Familien: Familie Casiani und Familie Corbani. Auch französische Familiennamen gab es mehrere in unserem Dorf wie Detemple, Dupré, andere fallen mir jetzt nicht mehr ein.

39

VATERS ARBEIT IN DER GRUBE

Unser Vater empfand keinen Widerwillen, unter Tage zu fahren. Doch als Vermessungssteiger hatte er eine weniger schwere Arbeit zu verrichten, und für die körperlich anstrengenden Arbeiten gab es Kettenzieher (Assistenten). Allerdings musste er oft in sehr niedrige, enge neu angehauene Flöze auf allen Vieren kriechen. Er liebte seine Grub'. Als er einmal gegen Morgen mit Mutti von einem Karnevalsball in der Festhalle – nicht mehr ganz nüchtern – nachhause ging, sagte er beim Heulen der Sirene mehrmals: „Horch, das Kapital ruft!" Und Mutti antwortete leicht genervt: „Du mit deinem Kapital!" Darauf rutschte ihm aus dem Mund: „Gell, aber's Geld nimmste!" Ich finde, dieser Satz hatte doch wieder einen gehässigen Beigeschmack. Dabei meinten die Leute, Vater sei ein solch sanfter, lieber Typ gewesen.

Heute bin ich nicht traurig, dass der Kohlebergbau im Saarland bereits zum größten Teil eingestellt wurde. Gerade vor ein paar Tagen, als ich aus Indien zurückkehrte, erzählten mir mein Bruder und seine Frau am Telefon, dass nun auch die letzten Kohlenflöze vorläufig dichtgemacht wurden, weil es in mehreren Orten Beben gegeben hatte. In Wallerfangen wäre ein Teil des Kirchturms herunter gekracht. Auch Schäden an Wohnhäusern gäbe es. Die Menschen hätten große Angst, dass ihnen nachts im Schlaf die Decke auf den Kopf fallen oder die Böden in die Tiefe sacken könnten.

40

DIE ÄRMLICHE NACHKRIEGSZEIT

Im Alter von elf Jahren, im Jahr 1947, bestand ich also die Aufnahmeprüfung bei der Mädchen-Mittelschule und fuhr fortan jeden Tag mit dem Zug nach Saarbrücken. Noch immer lebten wir im Mangel. Da das Saarland wirtschaftlich an Frankreich angeschlossen war, ging es uns mit dem Franken schon etwas besser als im übrigen Deutschland. Meinen ersten Wintermantel nach dem Krieg kauften wir in Sulzbach. Ich freute mich sehr darüber, weil er schön lang war. Doch ich wuchs schnell. Auf Fotos sieht man, wie mein Kleid jedes Jahr ein wenig länger daraus hervor zipfelte. Dreiviertel-Jacken waren damals nicht in Mode, und ich schämte mich, so herausgewachsen herumzulaufen. Den vorhergehenden Mantel hatte Papa aus Holland mitgebracht. Erst gegen Ende des Krieges passte er endlich. Doch ich hatte nicht lang Freude daran, weil ich beim Schlittenfahren im Feld hinter der Straße zum Merchtal rückwärts in einen Stacheldraht geriet. Vetter Ingo saß mit mir auf dem Schlitten. Der ganze Rücken des Mantels hing in Fetzen herunter. Ich hatte große Angst nachhause zu gehen, deshalb fragte ich eine Frau, die gerade vor ihrem Haus stand, ob sie mir den Mantel vielleicht provisorisch zusammennähen könnte. Sie war freundlich und tat es. Mutti hat es trotzdem gemerkt. Der Mantel war im Eimer. Kurz bevor ich in die höhere Schule kam, hatte ich das Glück, getragene Kleidungsstücke aus Amerika zu bekommen. Eine alte Freundin von Vater schickte sie gegen saarländische Briefmarken. Ich fand mich sehr schick in Sachen wie keine meiner Mitschülerinnen sie besaß. Die Familie dieser Amerikanerin stammte aus Göttelborn und war in die USA ausgewandert. Mein Vater lernte die junge Frau vor seiner Ehe kennen, als sie ihre entfernten Verwandten in unserem Dorf besuchte. Deutsch sprach sie nicht mehr. Daher kaufte sich Vater ein englisches Lehrbuch und lernte ein wenig Englisch, um sich mit Francis zu verständigen. Sie schrieben sich eine zeitlang Briefe. Die junge Frau schlug vor, dass Vater zu ihr nach Chicago kommt und zusammen mit ihr studiert. Ihre Familie würde ihm das Studium finanzieren. Dazu hatte Vater nicht den Mut. Er selbst sagte, dass er nicht abhängig werden wollte. Er zog es vor, in seiner kleinen, überschaubaren Welt zu bleiben, anstatt in die große weite Welt zu ziehen. Außerdem hatte er ziemlich viel Nationalstolz und wäre sicher ein schlechter Amerikaner geworden. Die Briefmarken, sofern es sie noch gibt, sind inzwischen bestimmt ziemlich wertvoll geworden, weil das Saarland nach dem Krieg wirtschaftlich zu Frankreich gehörte, aber eigene Briefmarken hatte. Nach vierzehn Jahren wurde es wieder Deutschland angeschlossen, und die spezielle Briefmarkenära war vorbei. So schlau, Briefmarken für sich selbst zu kaufen und aufzubewahren, waren meine Eltern nicht. Damit hätten sie wahrscheinlich Geld gewinnen können. Sie zogen es vor, brav eisern zu sparen.

Bei uns im Saarland gab es auch schon bald Nylonstrümpfe zu kaufen. Ich erinnere mich daran, als Mutti und ich stolz die ersten dieser neuartigen Strümpfe bekamen. Die Naht hinten verrutschte ständig, und man musste sie immer wieder unauffällig gerade ziehen, indem man Kopf und Arm nach hinten verrenkte. Auch die Maschen liefen oft, was sehr ungepflegt aussah. Ich schämte mich dafür. Ständig musste man sie in den Kaufhäusern von Saarbrücken wieder aufnehmen lassen.

Die Züge verkehrten spärlich, und Busse bis Quierschied oder Merchweiler zum Bahnhof fuhren 1947, im ersten Jahr meines Schulwechsels, noch nicht. Morgens, kurz nach sechs Uhr, marschierten Maria Haupt aus der Nachbarschaft und ich in der Dunkelheit los. Oft war die Zeit zum Frühstücken zu knapp. Ein doppeltes mit ekliger Dauerwurst belegtes Brot hatte bis nachmittags um halb vier zu genügen. Getrunken wurde in der Schule Wasser direkt aus dem Hahn auf dem Schulklo. Die Züge waren brechend voll. Sitzplätze gab es selten für uns Kinder. Ich hatte immer den Traum von einem Schülerabteil. Der erfüllte sich leider nie. Für Nichtraucher richtete die Bahn nur einen Wagen ein. Oft stand ich also im Rauch oder sogar draußen auf einem offenen Perron. Dort zog es wie Hechtsuppe, und die Asche von der mit Kohle betriebenen Lokomotive flog einem in die Augen. Wenn ich wartend an der Bahnsteigkante stand und die mächtige, fauchende Lokomotive an mir vorbei rauschte und schließlich quietschend bremste, wurde mir immer ganz anders zumute. Sie wirkte wie ein Ungeheuer auf mich. Die einzelnen Wagen waren manchmal durch Zieharmonika-Puffer miteinander verbunden. Es war streng verboten, während der Fahrt diese nach unten halb offenen Schleusen zu überqueren. Wir Kinder taten es trotzdem manchmal auf der Suche nach einem Platz. Sitzend konnten dann noch Aufgaben gemacht werden, die man zu Hause vergessen hatte. Auch Gedichte lernte ich grundsätzlich auf den letzten Drücker im Zug. Einmal erwischte uns der Schaffner, als wir durch einen Puffer liefen. Er schimpfte und kassierte unsere Monatsfahrkarten. Ich hatte furchtbare Angst, er könnte sie uns nicht zurückgeben. Ich wusste, dass meine Eltern nicht genug Geld für eine zweite Karte gehabt hätten. Sie war nicht billig. Erst kurz vor dem Aussteigen gab uns der sadistische Schaffner die Karten zurück, und wir atmeten erleichtert auf. Morgens früh, wenn ich im Zug stand, wurde mir manchmal schwarz vor Augen und so schlecht, dass ich mich übergeben musste. Dann kämpfte ich mich verzweifelt durch die Menge bis ans Fenster, zog es schnell herunter und kotzte hinaus. Vielleicht flog mein Mageninhalt beim nächsten offen stehenden Fenster wieder hinein. Durch das Gedränge in den Zügen standen die Menschen wie angeklebt dicht beieinander. Den Körperkontakt mit wildfremden Menschen musste man aushalten. Einmal fühlte ich eine Hand an meinem Höschen. Ich versuchte Abstand zu gewinnen von dem jungen Mann, was nicht möglich war. Aber seine Hand konnte ich schließlich doch wegschieben, und er gab auf. Warum habe ich nicht laut um Hilfe geschrien? Auf die Idee kam ich gar nicht, weil ich mich zu sehr schämte und auch nicht wusste, wie ich seine Tat benennen sollte. Auch Exhibitionisten lauerten uns zarten, kleinen Mädchen oft auf. Einmal kam ich in ein Zugabteil, in dem ein Mann allein saß. Als ich mich gegenüber setzte, öffnete er seine Hose. Fluchtartig verließ ich das Abteil. Auch in den Trümmern auf dem Weg zur Schule standen oft Männer hinter Kellerfenstern und präsentierten ihr Gemächt. Wir Kinder nahmen gern den Pfad an der Saar entlang in Richtung unserer Schule. Dort waren wir auch nicht sicher vor den abartigen Männern und mussten oft sehr schnell wegrennen. Ich erinnere mich nicht, ob man Polizisten begegnete, die einem hätten helfen können. Die Stadt war halt noch zerbombt und chaotisch. Ganze Stadtviertel, zum Bespiel Malstatt, zwischen Schule und Bahnhof, bestanden fast nur noch aus nackten Ruinen. Seltsamerweise erzählte ich auch nie meiner Mutter von solchen unheimlichen Begegnungen. Man kannte keine Worte, um die Angelegenheit zu benennen. Das Wort Penis war mir mit 11,12 noch unbekannt. Mutti nannte es bei meinem Bruder „Spätzchen". Ich verstand auch nicht, was die Männer davon hatten, so was Unanständiges zu tun. Wie durch ein Wunder ist mir jedoch nie etwas richtig Schlimmes zugestoßen. Der Schutzengel muss gut aufgepasst haben. Durch die weiten Schulwege zu Fuß, per Bus und Bahn wurde ich schon früh sehr selbständig. Ich frage mich, ob sich meine Eltern nicht manchmal gesorgt haben. Wahrscheinlich schon, aber nicht übermäßig. Einmal kam ich abends mit dem Zug bis Quierschied, und kein Bus ging mehr. Öffentliche Busverbindungen gab es noch nicht. Jahrelang hatte ein Herr Philippi die Lizenz für die Strecke zwischen Quierschied und Göttelborn. 1948 muss er wohl günstig ein paar alte Vehikel aufgetrieben haben. Er quetschte die Passagiere hinein wie Ölsardinen und hat scheinbar nicht schlecht dabei verdient. Wahrscheinlich hatte er gute Beziehungen zur Gemeindeverwaltung. Da an jenem Abend kein Bus mehr fuhr, machte ich mich zu Fuß auf den Weg. Es war dunkle Nacht und so nebelig, dass man die Hand nicht vor Augen sah. Auf der Glashüttenstraße sah ich eine Gestalt vor mir. Auf gleicher Höhe mit ihr angekommen, bemerkte der Mann auch mich und stellte sich mit Namen vor. Ich kannte den Namen, aber den Mann nicht persönlich. Er bot mir an, dass wir den Weg zusammen zurücklegen.

Ich hatte sofort Vertrauen und freute mich über die Begleitung, sonst hätte ich im Wald allein ziemlich große Angst ausgestanden. Unterwegs gab es eine seltsame Bewegung am Straßenrand. Mein Begleiter ging ein paar Schritte darauf zu, sah aber nichts. Vielleicht war es ein Reh oder ein anderes Tier. So langten wir wohlbehalten in Göttelborn an. Als ich meinen Eltern von meinem Begleiter erzählte, waren sie erleichtert.

Ein anderes Problem für Frauen war, dass es nach dem Krieg keine Monatsbinden zu kaufen gab. Mutti hatte noch einige aus Baumwollstoff. Als ich mit dreizehn meine Tage zum ersten Mal bekam, konnte ich die benutzen. Aber bald waren sie vom vielen Waschen verbraucht. Nun gab mir Mutti aus alter Wäsche zurechtgeschnittene Lappen, die man faltete und mit Sicherheitsnadeln an den Taillengurt befestigte. Das war sehr unangenehm und unsicher. Oft hatte man Flecken im Kleid, und wenn das Blut trocknete, klebte und rieb es, so dass man wund wurde. Diese Lappen weichte man abends in einer Waschschüssel ein, um sie am nächsten Tag auszuwaschen. Manchmal, wenn ich es vergessen hatte, tat es meine liebe Mutter für mich. Die ersten Kamelia erhielt man nur in Apotheken. Wenn mich ein Mann bediente, genierte ich mich immer zu sagen, was ich wollte.

Auch wenn meine Kindheit etwas zu unabhängig und beschwerlich war, so finde ich doch, dass die Kinder heutzutage oft viel zu viel verhätschelt und von den Eltern überall per Auto hingefahren werden. Wir mussten selbst Entscheidungen treffen, uns anstrengen und Gefahren erkennen lernen. Außerdem bewegten wir uns viel und wurden selten dick. Wir lernten das wirkliche Leben kennen und meistern, nicht nur aus zweiter Hand im Fernsehen oder heute im Computer. Für uns war nichts selbstverständlich. Über jede Kleinigkeit oder neue Errungenschaft freute man sich. Die Tatsache, dass wir nicht überall für unsere Eltern erreichbar waren, erhöhte außerdem unseren Freiraum.

41

SCHULDISZIPLIN

Ich war ziemlich dünn und hatte eine leicht vergrößerte Schilddrüse. Der Hausarzt verschrieb mir Jodtabletten und sagte zu Mutti: „Muss das Kind unbedingt in die höhere Schule nach Saarbrücken fahren?" Für mich gab es keine Alternative. Ich wusste genau, was ich wollte: Raus aus der miserablen Volksschule von Göttelborn, damit ich später einmal einen Beruf haben würde, um mich selbst zu ernähren. So abhängig von einem Mann wie Mutti wollte ich auf keinen Fall werden. Ich war mäßig ehrgeizig. Wäre ich sitzen geblieben, hätte mich das allerdings getroffen. Zum Glück war ich meistens bei den besseren Schülerinnen. Am Anfang waren wir 55 in einer Klasse, doch ab 14 nur noch etwa 35. Viele wurden nicht versetzt, andere gingen ins Lehrerinnenseminar oder in eine Lehre. Eigentlich wollte ich auch Lehrerin werden, doch mein geschätzter Lehrer, Herr Harms, riet mir davon ab. Er meinte, dass ich dann womöglich in irgendein kleines Kaff versetzt werden und dort versauern könnte. Er war ein Stadtmensch und liebte es, in Saarbrücken herum zu flanieren. Auch im nahen Wald wanderte er gern. Manchmal machten wir Wandertage mit ihm und seiner sympathischen Frau. Dabei hatten wir immer viel Spaß. Einmal, als wir ihm zu langsam waren, rief er: „Ihr ausgetrockneten Leichen!" Das fanden wir sehr lustig. Meine Freundin Doris aus Quierschied und ich kamen in der ersten Stunde immer etwas zu spät, weil der Zug nicht früher eintraf. Dann empfing uns Herr Harms mit den Worten: „Da kommt ja das lyrische Gedicht!" Ich freute mich über seine lieben Worte und habe später vielleicht deshalb angefangen Gedichte zu schreiben. Da war er allerdings schon im Himmel. Als wir ihn mit 14 als Klassenlehrer bekamen, war er schon 58. Trotzdem fand ich ihn jung und auch mit Glatze gut aussehend. Glatze war damals noch nicht in. Ich liebte Herrn

Harms mit dem Herzen. Es war ein Segen, dass wir ihn drei Jahre bis zum Schluss als Mathematik-, Physik- und Chemielehrer behielten. Er machte uns keine Angst. Ich begriff alles spielend und ging richtig gern zur Schule. Vorher hatten wir Fräulein Bauer, die strenge Direktorin, in Mathe. Einige Male trieb sie mich fast in einen Nervenzusammenbruch. Mir gefiel auch nicht, dass sie sich von Schülerinnen die schwere Aktentasche auf dem Weg zur Schule tragen ließ. Unsere Deutschlehrerin, Fräulein André, war sehr nett zu mir und benotete meine Aufsätze gut. Die Geschichtslehrerin, Fräulein Schaun, war streng. Wenn man etwas nicht gelernt hatte, wurde sie ungemütlich. In ihren Stunden war ich immer besonders aufmerksam und schlug auch zu Hause in Vaters Geschichtsbuch nach, um zu prüfen, ob dort das Gleiche stand. Einmal war das nicht der Fall. Ich nahm das Buch mit in die Schule und bat Fräulein Schaun um Aufklärung. Daraufhin rastete sie vollkommen aus und trommelte wie verrückt auf meinem Buch herum. Ich war wie vom Donner gerührt. Damit hatte ich nicht gerechnet. Ich wollte Fräulein Schaun ja gar nicht kritisieren, dafür hatte ich viel zu viel Respekt vor ihr und mochte sie gern. Ich musste in meiner Bank stehen und konnte die Tränen nicht zurückhalten, als sie mich lautstark abkanzelte. Verschämt tupfte ich mit den Fingerspitzen meine Tränen ab. Am Tag darauf sagte sie zu mir: »Erzähl deinen Eltern bitte nichts davon«, was ich befolgte. Wirklich übel nahm ich ihr den Ausbruch eigentlich nicht. Ich spürte nämlich, dass diese Frau unglücklich in ihrem Leben war. Vor kurzem erzählte mir Helga Heinz, eine ehemalige Mitschülerin, dass Fräulein Schaun sehr unter den Nazis gelitten hätte. Das Geschichtsbuch meines Vaters war während des „Tausendjährigen Reichs" herausgegeben worden. Darin waren die Tatsachen wahrscheinlich der Nazi-Ideologie angepasst. Nun ging mir ein Licht auf. Obwohl Deutschland längst wieder demokratisch war, schien es unsere Lehrerin nicht gewagt zu haben, offen mit uns über jene vermaledeite Zeit zu sprechen, sonst hätte sie doch sagen können: „Das Buch lügt." Schade, dass sie heute meinen Text nicht mehr lesen kann. Doch, wer weiß? Fräulein Müller, unsere Französisch-Lehrerin, war sehr konzentriert bei der Sache, wenn sie literarische oder geschichtliche Texte mit uns durchging. Allerdings lernten wir nicht, uns in Alltagssprache auf Französich zu verständigen. Die französische Konversations-Lehrerin kümmerte sich nämlich so gut wie gar nicht um uns. Sie machte ihr Ding und wir Schülerinnen unseres. Ihre Stunden waren vollkommen nutzlos. Bei ihr gab es keine Noten.

Eine andere Erfahrung mit einer Lehrerin war weitaus schlimmer. Unsere Direktorin, Fräulein Bauer, liebte es, uns mit Kopfrechenarbeiten zu quälen. Das Resultat musste man mit der Banknachbarin austauschen, und jede hatte die Lösung der anderen aufzusagen, wenn Fräulein Sadistin sie danach fragte. Meine Freundin und ich hatten beide richtig gerechnet und waren ganz stolz. Doch Fräulein Bauer nahm uns das fehlerfreie Ergebnis nicht ab (weil wir nicht immer so gut waren) und beschuldigte uns, betrogen zu haben, indem wir einfach die Lösung nach Bekanntgabe durch unsere Vorgängerinnen übernommen hätten. Wir waren entsetzt, des Betruges angeklagt zu werden, wo wir uns doch ehrlich angestrengt hatten. Unsere Beteuerung, nicht gepfuscht zu haben, glaubte sie nicht, und forderte uns auf, es mit einer neuen Aufgabe zu beweisen. Man kann sich vorstellen, wie aufgeregt wir waren. Ich hatte ein Gefühl, als müsse ich sterben, wenn ich jetzt versagte. Doris, meiner Freundin, erging es ebenso. Unschuldig eine Betrügerin gescholten zu werden, war für mich dramatisch schlimm. Also nahm ich all meinen Grips und meine Nerven zusammen, so wie Doris, und wir schafften es ein zweites Mal. Unsere Blicke müssen wohl ziemlich triumphierend gewesen sein. Fräulein Bauer war ganz kleinlaut, aber entschuldigt hat sie sich nicht. Die letzte Stunde mit ihr war ein Freudentag für mich. Dieses Erlebnis hat mir gezeigt, zu welchen Leistungen man imstande ist, wenn viel davon abhängt. In der Mädchen-Mittelschule flog man nämlich sehr schnell von der Schule durch geringste Anlässe. Renate Reinert zum Beispiel war ein kesses, selbstbewusstes Mädchen, das manchmal in der Reithose zur Schule kam. Dann wurde sie aufgefordert, nachhause zu gehen und etwas Anständiges anzuziehen. Renate gab auch gern schnippische Antworten, wenn ihr etwas nicht passte.

Sie war überhaupt nicht ängstlich. Das bekam ihr jedoch schlecht. In unserer Schule wurde sie nicht alt. Noch an ein anderes Mädchen, Helga Zoller, erinnere ich mich. Auch sie konnte ihre Zunge nicht im Zaum halten. Sie flog achtkantig von der Schule. Im Grunde wurde man nicht zum Selbstbewusstsein erzogen. Gehorsam und brav hatte man zu sein. Und wo hatte uns das unter den Nazis hingebracht? Allerdings muss ich betonen, dass Herr Harms anders war. Er unterdrückte unsere Persönlichkeit nicht. Einmal wäre ich fast durch die Turnlehrerin, Fräulein Mathis, von der Schule geflogen, obwohl ich im Turnen die Beste war. Eine Gruppe hatte mich zur Sprecherin gewählt, um ihr zu sagen, dass wir lieber in der Halle turnen möchten, anstatt auf dem schmutzigen Platz draußen Ball zu spielen. Für 50 Schülerinnen gab es nämlich nur ein winziges Waschbecken, und wir hatten keine Lust den Heimweg vollkommen verdreckt anzutreten. Daraufhin mussten wir zur Strafe während der Turnstunde schweigend in der Halle stehen und uns von Fräulein Mathis beleidigen lassen mit den Worten: „Wenn ihr innerlich so sauber wäret wie äußerlich!" Sie schließt wohl von sich auf andere, dachte ich. Oft hatte ich im Schwimmbad nämlich beobachtet, dass sie mit Männern herum schäkerte in einem Badeanzug, der kaum den Hängebusen bedeckte, anstatt uns das Schwimmen beizubringen. Das mussten wir nämlich gegenseitig allein tun. Ich weiß noch, dass ich Christa Frantzen schwimmen lehren musste. Gott sei Dank hat es geklappt, sonst hätte nämlich ich eine schlechte Note im Zeugnis bekommen, obwohl ich alle Disziplinen im Schwimmbecken bestanden hatte. Sie setzte Herrn Harms über unsere angebliche Frechheit in Kenntnis in der Erwartung, dass wir streng bestraft werden. Doch Herr Harms winkte nur ab und ließ die Sache auf sich beruhen.

Bis zum Alter von 14 Jahren war Fräulein Hübener unsere Klassenlehrerin. In der ersten Stunde erklärte sie sich zu unserer Klassenmutti. Sie legte Wert auf absolute Stille während der Unterrichtsstunden. Einmal sagte sie: „Während fünf Minuten will ich nicht den geringsten Mucks hören!" Meine Freundin Doris hielt es nicht durch und flüsterte mir etwas zu. „Doris, steh auf, du hast gesprochen!" donnerte Fräulein Hübener. Doris wusste sich nicht anders zu helfen, als zu antworten: „Nein, Ursel war es." Ich war natürlich empört und hatte in der nächsten Pause eine große Auseinandersetzung mit Doris, die damit endete, dass ich nichts mehr mit ihr zu tun haben wollte, da wir zu verschieden wären. Monatelang herrschte Funkstille zwischen uns. Irgendwann dachte ich darüber nach, dass Doris nur aus Angst vor ihrer bitterbösen Stiefmutter so feige gewesen war und verzieh ihr. Ich finde, dass Fräulein Hübener mit ihrer übertriebenen Strenge schuld daran war, dass Doris keinen andern Ausweg sah, als zu lügen und die Schuld auf mich zu schieben. Die Stiefmutter empfing sie regelmäßig nach der Schule an der Haustür und schlug ihr als erstes rechts und links hinter die Ohren, ganz ohne Grund. Einmal verfolgte sie unsere Klasse mit ihrem Auto bis in den Schwarzwald, wohin wir einen Ausflug gemacht hatten. Sie kam unserem Bus entgegen und machte sich so breit, dass der Busfahrer ganz nah bis zum Rand eines Abhangs ausweichen musste. Die Räder rutschten ab, und der Bus hing gefährlich über dem Abgrund. Ganz vorsichtig stiegen wir aus. Der Fahrer saß im Straßengraben und weinte. Auch Herr Harms war erschüttert. Ein Traktor musste den Bus hochziehen. Es wurde ein trauriger Abend in der Jugendherberge. Frau Wüschner entschwand, und niemand außer mir verdächtigte sie. Doris wagte nicht etwas zu sagen. Diese Frau war eine Teufelin. Sie tauchte auch bei meiner Mutter auf, um ihre Tochter schlecht zu machen. Dass es nicht ihre leibliche Tochter war, verriet sie nicht. Sie wollte, dass Mutti mir den Kontakt mit ihrer verdorbenen Tochter verbietet, wahrscheinlich um ihre eigenen Schandtaten nicht ans Licht kommen zu lassen. Eines Tages forderte uns sogar Herr Harms auf, unsere Plätze zu wechseln, damit wir nicht mehr nebeneinander saßen. Wir ahnten, wer dahinter steckte, und ich schleppte Doris zu Herrn Harms, um ihn einzuweihen. Er reagierte sehr verständnisvoll und sagte, dass auch er eine böse Stiefmutter gehabt hätte. Natürlich erlaubte er uns, wieder zusammen zu sitzen.

Dass Bernhard Harms nach Fräulein Hübener unser Klassenlehrer wurde, war ein großes Glück für uns. Sein Unterricht in Mathematik, Physik und Chemie war sehr anschaulich. Nun machte die Schule wieder Spaß. Er war ein Engel und hatte ein Herz für uns. Schlagartig wurden meine Mathenoten besser. Als er viele Jahre später gestorben war, sah ich ihn im Traum wieder. Er blickte mich sehr lieb an.

42

DIE KONFIRMATION

Als ich 13-14 war und gerade für die Konfirmationsprüfung Bibelsprüche, Lieder und Katechismus büffelte, kam Tante Erna mit ihrer zweijährigen Tochter Elke zu Besuch. Selbstverständlich stellte ich ihnen mein neues Zimmer zur Verfügung und schlief im Wohnzimmer auf der Couch. Das war ein wenig unbequem, außerdem war ich ziemlich im Stress wegen der vielen Hausaufgaben der Mittelschule und obendrein der Sorge, bei der Kirchenprüfung durchzufallen und das ganze Elend im Jahr darauf noch einmal durchzumachen. Heute versteht man überhaupt nicht mehr, warum man sich durch die Pfaffen dermaßen unter Druck setzen ließ. Während der Prüfung nahm mich der gehässige Pfarrer (es war noch nicht Herr Gebhard) nie an die Reihe, wenn ich mich meldete. Erst als ich einmal nicht den Finger in die Höhe streckte, rief er meinen Namen auf. Ich erhob mich, ohne etwas zu sagen, und er fragte: „Ursel, kannst du das Lied?" Es waren mindestens vierzehn Strophen, und ich hatte keinen blassen Schimmer. Prompt antwortete ich laut mit nein, so dass es alle hören konnten. Die Gemeinde lachte, und der Pfarrer trug mir auf, es für den nächsten Sonntag (die eigentliche Konfirmation) auswendig zu lernen. Als einzige musste ich also eine Nachprüfung über mich ergehen lassen. Die andern lasen einfach ab, wenn sie etwas nicht wussten. Ich fand jedoch, dass man in der Kirche nicht lügen sollte. Trotz allem hielten wir noch etwas auf unsere evangelische Konfession, hauptsächlich durch Muttis Erziehung, denke ich. Vater langweilte sich nur in der Kirche, spielte mit seinen Fingern und brummte beim Singen. Irgendwie waren Mutti und wir Kinder fromm und glaubten an den lieben Gott. In der Schule tadelte mich allerdings die Religionslehrerin, als ich „lieber" Gott sagte. »Das heißt „Herr" Gott«, berichtigte sie mich. Ich sah sie nur spöttisch an und dachte: Mein Gott ist lieb. Bei Tisch beteten wir jeden Tag. Werner und ich sprachen jeweils ein Gebet. Ich sagte: „Segne Vater diese Speise uns zur Kraft und dir zum Preise. Amen." Werner betete: „Komm, Herr Jesus, unser Gast, und segne, was du uns bescheret hast. Amen." Auch abends vor dem Schlafengehen betete ich. Eine Weile kniete ich sogar vor dem Bett, weil ich das auf katholischen Bildern gesehen hatte und dekorativ fand. Bald kam ich aber wieder davon ab und sang lieber ein paar heilige Lieder im Liegen. Dazu gehörte: „Müde bin ich, geh zur Ruh, schließe beide Augen zu. Vater lass die Augen dein über meinem Bette sein." Seine Augen hielten mich aber nicht davon ab, anschließend unkeusche Fantasien zu haben und anzuwenden. Die Katholen hatten es leichter. Sie konnten alle Schlechtigkeiten beichten und wieder von vorn damit beginnen. Trotzdem hätte ich keine Lust zum Beichten gehabt und zur Strafe womöglich 100 Vaterunser in der Kirche kniend zu beten. Mutti und ich sangen jeden Tag zusammen fromme Lieder, wie „Harre meine Seele" oder „So nimm denn meine Hände". Mutti hatte auch ein großes Repertoire an Volksliedern. Die hatte sie im Jungmädchen-Verein der Kirche gelernt. Sie brachte mir alle bei. Wenn ich in der Schule etwas Neues lernte, brachte ich es Mutti ebenfalls bei. Zwei Lieder rührten uns besonders ans Herz: „Ein Drachen aus Holze" und „Auf Adlers Flügeln getragen übers wogende Meer der Zeit." Letzteres stimmten wir immer mit besonderer Inbrunst an. Mutti sang die zweite Stimme und ich die hohen Töne der ersten. Lange Zeit, als Mutti schon ihren Körper verlassen hatte, erinnerte ich mich nicht mehr an den Text. Eines Tages sah ich ihre alten Schulhefte durch, und da stand unser Lied:

„Auf Adlers Flügeln getragen übers wogende Meer der Zeit,
Geborgen auf Adlers Flügeln bis hinein in die Ewigkeit.
Über Berge, Täler und Gründe immer höher zur ewigen Höh;
denn die Flügel sind stark, die mich tragen, die Flügel auf denen ich steh.

Und unter diesen Flügeln, wie wunderbar ruh ich aus,
da ist meine Zufluchtsstätte, mein festes, mein sicheres Haus.
Es mag der Feind mich bedrohen und zielen und spähn, wie er will,
denn die Flügel sind stark, die mich tragen,
und unter den Flügeln ist's still.

Ja, unter den Flügeln geborgen und auf den Flügeln bewahrt,
das gibt ein sicheres Reisen, das gibt eine sichere Fahrt.
Das gibt ein seliges Ruhen bei wechselnder Pilgerschaft,
denn unter den Flügeln ist Friede, und auf den Flügeln ist Kraft."

43

MUTTI FÜHLT SICH AUSGENÜTZT

Tante Erna war gerade mit 30 Witwe geworden, als sie uns besuchte. Darüber schien sie aber nicht besonders unglücklich zu sein. Im Gegenteil. Sie hatte sowieso vorgehabt, sich zum zweiten Mal scheiden zu lassen. Ihr zweiter Mann litt an Lungentuberkulose und hielt sich für längere Zeit in einem Sanatorium auf. Dort kaufte er für seinen Kurschatten Blumen vom Geld, das Tante Erna verdient hatte. Darüber war sie ziemlich wütend. Mutti auch. Als sie für mehrere Wochen zu uns nach Göttelborn kam, war sie ohne Arbeit und Geld. Vater, ihr Schwager, fütterte sie und die Tochter durch, obwohl wir selbst sehr wenig hatten, weil wir bauten. Tante Erna war nicht mal dankbar; auch im Haushalt geholfen hat sie Mutti nicht. Wenn gekocht und danach das Geschirr gespült wurde, hatte sie keine Zeit dazu, weil sie mit Elke spazieren gehen musste. Mutti ging es gerade sehr schlecht – auch wegen der lieben Verwandten im Haus. Ihre unverschämte Schwester war ein weiterer Grund für Ärger. Papa hatte die Nase voll von seiner Schwägerin und schimpfte viel über sie. Jedenfalls atmeten wir auf, als sie endlich abreisten. Mutti setzte sich hin und schrieb ihr einen langen, ehrlichen Brief, um ihr einige Wahrheiten nahe zu bringen. Darüber reagierte sie äußerst ungehalten frech und warf Mutti vor, sie hätte sie immer dominiert. Alles hätte nach Muttis Willen gehen müssen. Das stimmte überhaupt nicht. Mutti liebte sie und war allzeit bereit ihr beizustehen. Mutti hatte mehr Selbstvertrauen und Persönlichkeit, obwohl Tante Erna die Mittlere Reife hatte und Mutti nicht, weil für sie kein Geld da war. Hübscher fand ich Mutti auch. Deshalb war Tante Erna vielleicht neidisch. Mehrere Jahre herrschte Funkstille zwischen den Schwestern. Irgendwann machte Mutti den ersten Schritt zur Versöhnung und schrieb ihr wieder. Sie war nicht dauerhaft nachtragend. So herzlich wie früher wurde das Verhältnis jedoch nie wieder. Tante Erna hatte dreizehn Jahre zuvor auch etwa ein Jahr lang in Göttelborn gewohnt. Nach Tante Gertruds Tod heiratete sie nämlich mit 18 Onkel Louis. Mutti freute sich, wieder eine Schwester in der Nähe zu haben. Die Freude währte allerdings nicht lang. Tante Erna kam überhaupt nicht mit Klein-Ingo, unserm Doppelvetter, zurecht. Auch der egozentrische Ehemann ging ihr bald auf die Nerven. Mutti riet ihr daher, sich besser so schnell wie möglich wieder zu trennen, bevor sie selbst schwanger werden würde. Bei Nacht und Nebel machte sie sich ohne Vorankündigung mit Muttis Beistand aus dem Staub. Das nahm ihr die Familie Guthörl sehr übel. Oma nannte sie fortan „die Rabenmutter". Sie wurde zum Tabu-Thema, und Ingo gegen sie aufgehetzt. Mit ihm konnte man nicht über Tante Erna sprechen. Erst als er erwachsen war, begegnete er einmal seiner untreuen Stiefmutter wieder in unserm Haus. Ingo ist schon mit 42 an einem Herzinfarkt gestorben. Sein Leben war nicht leicht. Ich hatte ihn gern. Wir sahen uns, glaube ich, ähnlich. Ingo fehlte als Kind die Mutterliebe, und in seiner Ehe war er auch unglücklich.

44

ENDLICH EIN EIGENES ZIMMER

Kurz bevor ich vierzehn wurde, bekam ich endlich mein eigenes Zimmer. Ein Teil des Speichers wurde ausgebaut. Auch ein kleines Öfchen stand darin, das aber nur befeuert wurde, wenn es extrem kalt war. Manchmal träumte ich, dass auf dem restlichen Speicher auch ein Klo für unsere Familie eingebaut würde. In der Wirklichkeit passierte es nicht. Die Situation mit nur einer Toilette für inzwischen neun Menschen war fast unerträglich. Wenn Vetter Elmar vom Örtchen kam, war es immer vollkommen verschmiert. Noch heute, mit 74, habe ich von Zeit zu Zeit einen wiederkehrenden Albtraum, dass ich dringend muss und kein Klo frei oder es total versaut ist. Das sind die Nachwirkungen des Nationalsozialismus, durch den wir unser Haus verloren. Wie schrecklich müssen dann erst die Träume der Menschen sein, die wirklich Schlimmes durchgemacht haben. Wir hatten ja großes Glück, dass von der ganzen Familie niemand im Krieg umgekommen war. Oma führte es auf ihr Beten zurück. Wir sagten darauf: „Die Mütter der Feinde haben doch auch gebetet."

Für das neue Zimmer brauchte ich nun Möbel. Mutti und ich fuhren nach Saarbrücken, um uns umzuschauen. Geld hatten wir nur wenig. Wir fanden einen niedrigen Tisch (der zum Aufgabenmachen ungeeignet war), zwei gepolsterte Stühle, einen Toilettentisch mit dreiteiligem Flügelspiegel, ein Nachtschränkchen und fürs Wohnzimmer eine Bettcouch für Besucher. Wir kauften alles auf Raten. Ich war sehr glücklich und stand oft vor dem praktischen Spiegel, um Mannequin-Posen auszuprobieren. (Lange stand dieses Schränkchen – ohne Spiegel – im Keller-Trockenraum unserer Résidence in Luxemburg. Es ruft leicht wehmütige Erinnerungen an meine frühe Jugend in mir wach. Die Leute stellen ihre Wäschekörbe drauf. Also ist es noch nützlich. Aus Platzmangel konnte ich es leider nicht mit in meine Wohnung nehmen.)

Alles was mit Mode zu tun hatte, faszinierte mich, und ich träumte davon, Mannequin zu werden. Model sagte man damals nicht. Modezeichnerin hätte es auch getan. Das Kaufhaus Gebrüder Sinn in Saarbrücken veranstaltete Modeschauen, als endlich wieder Sachen frei zu kaufen waren. Die überirdisch schönen Mannequins und Kleider kamen direkt aus Paris. Das war für uns die große, weite Welt. Wir staunten, konnten uns von der Pracht jedoch nichts leisten. Die Kaufhäuser und Boutiquen in der Bahnhofstraße von Saarbrücken waren übrigens in den Nachkriegsjahren, so zwischen 1950 und 1965, exklusiver als heute. Auch die Qualität der Textilien war gut. Wir kauften und vernähten immer wunderschöne Seiden-, Woll- und Baumwollstoffe. Sie stammten wahrscheinlich alle aus Frankreich. Irgendwann kamen die ersten synthetischen Gewebe aus Perlon und Nylon auf den Markt. Die waren praktisch, weil man sie nicht bügeln musste, doch wenn es heiß war, schwitzte man stark darin. Auch fertige Konfektion war schick und solide verarbeitet. Kürzlich war ich nach 18 Jahren wieder einmal im Einkaufsviertel von Saarbrücken. Etwas enttäuscht ging ich durch die Fußgängerzone Bahnhofstraße und sah in erster Linie Imbissbuden, Geschäfte für Massenware und Ramschläden. Die Atmosphäre wirkte leicht heruntergekommen auf mich. In meiner alten Bank befand sich ebenfalls ein primitiver Laden. Ich war ein wenig traurig. Sind die Menschen denn so verarmt, dass sie sich nichts Schönes mehr leisten können, dachte ich. Zwischen 1945 und 1965 – meiner Zeit in Saarbrücken – waren die Einkommen doch wirklich recht bescheiden. Wahrscheinlich sind die Prioritäten heute anders.

45

EIN HAUS WIRD GEBAUT

Als wir von Saarbrücken mit der freudigen Nachricht, Möbel auf Abzahlung gekauft zu haben, zurückkamen, war Papa ein bisschen erschrocken. Er hatte nämlich gerade davon gehört, dass unter dem Namen *Ketteler* (Ketteler war ein wohltätiger katholischer Geistlicher.) ein Verein gegründet werden sollte, um in Gemeinschaftsarbeit bescheidene Einfamilienhäuser zu bauen. Es sollten die ersten nach dem Krieg in Göttelborn werden. Evangelen durften auch Mitglieder werden. Vater hatte den Entschluss gefasst, sich anzuschließen und Nägel mit Köpfen zu machen. Der Auszug aus der engen Wohnung in der Josefstraße 16 konnte also in absehbarer Zeit ins Auge gefasst werden. Dafür würde in den kommenden Jahren jeder Franken gebraucht. Anfangskapital hatten wir keines. Das hieß, Vater müsste in seiner Freizeit nach der Schicht jeden Tag, außer Sonntags, fleißig am Bau mitarbeiten. Von einem Zimmermann in der Gruppe erlernte er, wie man Dächer errichtet. Dafür brauchte man Nägel mit Köpfen. Für einen der drei Häusertypen entwarf Papa den Plan. Mutti und ich berieten ihn. Er konnte einfache Architekturpläne zeichnen. Auch die Steine wurden von den Vereinsmitgliedern selbst hergestellt. Eine Maschine formte sie aus gemahlenem Sandstein (aus einem Steinbruch zwischen Quierschied und Göttelborn), Zement und Wasser. Anschließend trockneten sie in Holzverschalungen auf dem Boden liegend. Dafür hatte man eine Halle errichtet. Bei dem ersten Haus entstanden jedoch Schäden, weil die Steine brüchig wurden und zum Teil wieder heraus geklopft werden mussten. Der Bauherr mit dem meisten Anfangskapital bekam das erste, vielleicht aber auch schlechteste Haus. Danach ging jedoch alles gut und die Arbeit zügig voran. Es wurden nur Rohbauten erstellt. Innenausbau und Verputz vollendete jeder privat. Wenn wir Papa etwas zu essen brachten, saß er meist rittlings in luftiger Höhe hämmernd auf einem Dachfirst. Er wusste, wie die Balken vermessen und zugeschnitten werden mussten. Bei Sonnenschein trug er Muttis altes praktisches Strohhütchen. Das sah witzig aus. Eitel war Papa nicht. Die Arbeit machte ihm Spaß, und er war während der rund fünf Jahre Bauzeit meist gut gelaunt. Zeit, um mit Mutti zu streiten, hatte er nicht mehr. Mutti bewunderte seine unermüdliche Schaffenskraft. Trotzdem wurden weiter die Bälle in der Festhalle besucht. Mutti amüsierte sich, Papa weniger. Wahrscheinlich war er eifersüchtig. Arbeiten gefiel ihm besser als Tanzen. Einmal lief er herum mit einer großen roten selbst aus Pappmaché gebastelten Nase und unserem kleinen Köfferchen in der Hand. So konnte er sich vor dem Tanzen drücken. Schwägerin Berta sagte aufgeregt zu Mutti: „Guck mal, da hinten, ein Journalist!" Mutti antwortete lachend: „Das ist doch der Artur!" Nun durfte auch ich mit zu den Bällen. Vorher wurde jedes Mal ein Kostüm oder Kleid genäht. Wenn Mutti und ich uns im Ballsaal begegneten, sagte sie lachend: „Schick dich!" und ich antwortete: „Schick du dich auch!" Mutti verband das Angenehme mit dem Nützlichen. Wenn sie mit Schreiner Beul tanzte, versuchte sie ihn charmant davon zu überzeugen, mit unseren Schreinerarbeiten voranzukommen. Er hatte viele Kunden, die auf ihre Fenster und Türen warteten. Auch Papas Chef, den Markscheider, bearbeitete sie vorsichtig, damit Papa eine Beförderung und mehr Geld bekommt. Es war jedoch zwecklos. Angeblich war der höchste Platz in Vaters Karriere bereits anderweitig besetzt. Ich nehme an, durch Herrn Schenkel. Dabei war dieser, nach Papas Worten, viel weniger tüchtig als er selbst. Nicht mal unter Tage fuhr Herr Schenkel ein. Auch im Krieg hatte er sich einen schönen Lenz gemacht, während Papa an der Front kämpfte. Den Karriereknick durch seine Mitgliedschaft in der NSDAP hat er nie mehr aufgeholt. Herr Schenkel verdiente immer mehr Geld als er. Deshalb bekam er auch eher ein Haus im Ketteler-Verein, obwohl er körperlich nicht mitarbeitete. Nur Schriftliche Arbeiten hat er erledigt. Als Papa im Krieg war, setzte Herr

Schenkel „abene" Puppenbeine wieder ein. Dafür musste ich ihn Onkel Paul nennen und zu ihm auf den Arm, was mir nicht gefiel. Seine Berührungen waren Mutti und mir ein wenig suspekt. Seine Frau war hochgradig putzsüchtig. Bei ihr lag immer alles ganz gerade an denselben Stellen, und in der Küche hätte man vom Boden essen können. Als ich Mutti gegenüber einmal lobte, dass es bei Schenkels sauberer wäre als bei uns, reagierte sie gekränkt. Sofort bereute ich meine Worte. Bei uns war es doch viel gemütlicher und ganz bestimmt nicht schmutzig. Schenkels hatten ein Klavier, auf dem niemand spielen konnte. Ihre eigene Tochter Hannelore war geistig nicht sehr auf der Höhe. Unsere Straße nannte man auch „Klavierstraße". Damals besaßen alle „besseren" Leute ein Piano, selbst wenn es nur ungespielt herum stand. Leider hatten meine Eltern kein Klavier. Sie waren zu jung, um vor dem Krieg schon lang genug dafür gespart zu haben. Als wir zu Onkel Richard und Tante Ilse unfreiwillig ins Haus gezogen waren, meinte Mutti, dass ich vielleicht auf deren Klavier spielen lernen dürfte. Doch diese Hoffnung war illusorisch. Sie gönnten es mir nicht, weil ihr Sohn Elmar keinerlei Talent zum Klavierspielen hatte. Sein Üben tat uns weh in den Ohren. Nachdem ich Tante Ilse „blödes Weib" genannt hatte, war der Zug natürlich endgültig abgefahren.

Als unser Haus nach vier Jahren endlich fertig war, hatte ich schon achtzehn Jahre erreicht. Noch jahrelang danach zahlten meine Eltern ein Darlehen ab.

Nach dem Krieg wurde ein kleines Radio mit Mittel-, Lang- und Kurzwelle, angeschafft. Es stand hoch oben auf dem Küchenschrank. Wenn ich einen Sender einstellen wollte, kniete ich dabei auf dem unteren Teil des Schrankes. Das war ziemlich unbequem und tat weh an den Knien. Allzu gern hätte ich das Radio abends ab und zu mit in mein Zimmer ans Bett genommen, um gemütlich liegend der Musik zu lauschen. Musik war meine große Leidenschaft. Vater erlaubte mir dieses Vergnügen jedoch nicht. Das Radio hatte da zu bleiben, wo es hingehörte. Papa war Ordnung sehr wichtig. Sauberkeit war für ihn zweitrangig. Irgendwann briet er sich mal Eier in einem vollkommen verdreckten Pfännchen, und ich kam zufällig dazu. Da war er allerdings schon Witwer. Eine Pfanne braucht nicht gespült zu werden, fand er, höchstens ein bisschen ausgewischt. Seine Großzügigkeit, was Sauberkeit betraf, hat ihm sicher geholfen, den Krieg in Russland besser zu überstehen.

Einige Jahre später kauften wir außerdem einen einfachen Plattenspieler und als erste eine Platte von Peter Kraus.

Wenn Vater abends von der Baustelle kam, hatte ich die Aufgabe, die Holzsplitter aus seinen Fingern und Handballen zu entfernen. Dazu ließ ich eine Nähnadel am Faden ein paar Minuten in kochendes Wasser hängen und legte los mit der Kleinchirurgie. Ich zertrennte die Haut und pulte den Splitter vorsichtig heraus. Vater sagte immer, dass es nicht wehtue und lobte mich, weil ich es so gut mache. Dann erlebten wir Momente herzlicher Nähe. Was ich nicht leiden konnte, war, wenn er mich im Gesicht streichelte. Seine Hände waren rau und selten ganz sauber. Durch meine Akne war ich zu empfindlich. Als ich einmal seine Hand zurück stieß, war er sehr beleidigt und sagte: „Ein Vater wird doch mal seine Tochter streicheln dürfen!" Ich glaube, dass er mich schon sehr gern hatte, und stolz war er auch auf mich. Noch stolzer wäre er allerdings gewesen, wenn ich ihm einen ordentlichen Schwiegersohn ins Haus gebracht hätte Sein Pech war, dass ich mit meinem kritischen Geist alles durchdrang und vieles durchschaute. Vielleicht hatte uns die lange Trennung durch den Krieg einander entfremdet. Mutter stand mir jedenfalls näher, und sie trug nicht dazu bei, dass ich ihn wieder richtig lieb hätte.

Allmählich entstanden immer mehr Häuser im Ketteler-Verein. Drei Straßen waren parallel zur Hauptstraße geplant. Unterhalb unseres Viertels erstreckte sich das stille, friedliche Merchtal. Ein kleines Bächlein schlängelte sich hindurch. Allerdings war es schon nicht mehr ganz natürlich. Vor dem Krieg hatte es der Arbeitsdienst begradigt. Papa sagte, dass in seiner Kindheit noch viel mehr Kaulquappen und Fische darin schwänzelten. (Inzwischen zerschneidet eine Autobahn das stille Tal.) Die Nazis wollten alles möglichst gradlinig und ordentlich gestalten, was der Natur nicht gut bekam. Durch zackiges Marschieren in Reih und Glied mit einem schmissigen Lied auf den Lippen begradigten sie das seelische innere Wesen der Männer. Im kameradschaftlichen Gleichschritt wussten sie nicht mehr, was gut und böse war. Was die meisten taten, konnte doch nicht falsch sein. Mein Vater war bestimmt kein schlechter Mensch. Ich denke nicht, dass er den Mitbürgern willentlich schadete. Er wollte nur wieder stolz auf Deutschland sein, nachdem es infolge des Ersten Weltkrieges so „gedemütigt und ausgeraubt" worden wäre. Nach dem Zweiten Weltkrieg sagte er: „Nie wieder trete ich einer Partei bei." Als ich ihn einige Jahre später fragte, warum er es denn 1933 getan hätte, reagierte er unwirsch mit den Worten: „Habe ich denn alles im Leben falsch gemacht?" Der Mensch gibt seine Irrtümer nicht gern zu. Es hätte mir sehr imponiert, wenn er geantwortet hätte: „Ich verstehe jetzt auch nicht mehr, warum. Damals war ich dumm und leichtgläubig." Mutti machte im Alter von achtzehn Jahren eine positive Erfahrung im Arbeitsdienst. Zum ersten Mal im Leben konnte sie so viel essen, wie sie Hunger hatte, vor allem Schweinekoteletts. Wohlgenährt mit runden Wangen kehrte sie nachhause zurück. Sogar zwei Jahre später kann man es noch auf dem Hochzeitsfoto feststellen. Vater steht darauf in der SA-Uniform stramm, und Mutti daneben wie ein pausbäckiger Engel in Weiß. Obwohl Mutter bei den Nazis gut gefüttert worden war, meldete sie sich nicht in deren Partei an. Allerdings musste sie zusammen mit anderen jungen Frauen und älteren Männern, wie Herrn Naumann, am Westwall zu Frankreich arbeiten, obwohl es immer hieß: „Hitler will, dass die Mütter bei ihren Kindern bleiben." Morgens wurden sie in Lastwagen hingefahren und abends wieder nachhause gebracht. Sie erzählte uns später, dass der Einsatz sehr gefährlich war. Ständig wurden sie beschossen und mussten schnell in die Schützengräben springen. Ich wurde währenddessen von unserer Untermieterin in deren Büro auf der Grube beaufsichtigt, Werner von andern Nachbarn. Im Büro entdeckte ich meine Freude am Tippen. Maschineschreiben mit zehn Fingern hat mir immer Spaß gemacht. Heute kommt es mir bei der Arbeit an eigenen Texten zugute. Wahrscheinlich war Sekretärin doch der richtige Brotberuf in diesem Leben für mich. Außerdem haben mich die Inhalte der bürgerlichen Studienfächer nicht interessiert, und eventueller musischer Talente war ich mir nicht sicher genug. Natürlich habe ich es immer mal wieder bedauert, keine akademische Ausbildung genossen zu haben, besonders wenn gewisse arrogante Männer meinten, ich sei nicht gut genug für sie. Einmal lernte ich einen jungen Studenten im Freibad von Saarbrücken kennen. Wir freundeten uns an. Als er eine tuberkulöse Stelle am Bein bekam und operiert werden musste, brachte ich ihm einen Topf voll guter Gemüsesuppe, gekocht von Mutti, ins Krankenhaus. Die ließ er sich gern munden. Dafür versetzte ich sogar Mutti, die sich nach einigem Warten entschloss, den Zug und Bus von Saarbrücken nachhause zu nehmen. Mutti konnte nicht Auto fahren. Sie hoffte natürlich wieder, dass bald die Hochzeitsglocken für mich läuten könnten. Nachdem der Student (den Namen habe ich vergessen) genesen war und ich ihn in seiner Studentenbude besuchte, wollte er mich ins Bett ziehen. Ich fragte ihn, was er von mir wolle, an Abenteuern wäre ich nicht mehr interessiert. Er antwortete kalt: „Du bist ja ein ganz nettes Mädchen für eine Sommerliebe, aber bildungsmäßig mir doch nicht ebenbürtig." Ich erhob mich auf der Stelle und ging ohne zu antworten zu meinem Auto. Er kam hinterher und sah mir entgeistert nach, wie ich einstieg und losfuhr. Solch ein eingebildeter Schmalspurakademiker kann mir gestohlen bleiben, dachte ich.

46

UNREALISTISCHE TRÄUME

Mit 13, 14 Jahren war mein Berufswunsch: Modezeichnerin. Die Träume waren jedoch nicht zu verwirklichen. Für Extravaganzen hatten meine Eltern kein Geld. Außerdem wohnten wir zu abgelegen, und die Züge und Busse verkehrten nur sporadisch. Wenn man vom Bahnhof Quierschied die steile, total voll gespuckte Treppe zum Bus hinunter lief, musste man sich sehr beeilen und aufpassen, dass man nicht ausrutschte. Der Bus wartete nicht lange. Einmal fuhr er gerade ab, als ich vom letzten Zugabteil angehetzt kam. Verzweifelt ergriff ich den Haltegriff neben der hinteren Tür, sprang aufs schmale Trittbrett und versuchte, die Tür aufzuschieben. Das gelang mir aber nicht. Der Bus fuhr schneller und schneller. Ich glitt vom Trittbrett und lief neben dem Bus her, immer noch mit der Hand an der Stange. Das konnte nicht lange gut gehen. Ich entschloss mich loszulassen und rutschte in voller Länge einige Meter über die Straße. Hinter mir schrie jemand auf, so dass auch die Leute im Bus aufmerksam wurden und der Fahrer anhielt. Ich rappelte mich vom Boden auf, die Tür wurde von innen geöffnet, und ich stieg ein, ohne mir meine Verletzungen anmerken zu lassen, fast so als wäre gar nichts geschehen. Ich war zu stolz, um Schmerzen zuzugeben. Von Vater hatte ich gelernt: „Lerne leiden ohne zu klagen" oder „Ein Indianer kennt keinen Schmerz". Erst eine halbe Stunde später, nach einem weiteren Fußmarsch vom Bus nachhause, besah ich mir die Bescherung. Die Beine hatten große Schürfwunden. Eine Desinfizierung und Tetanusspritze wären angebracht gewesen. Doch wir hatten nichts im Haus, auch kein Telefon, um einen Arzt zu rufen, geschweige denn ein Auto, um selbst hinzufahren. Man gab sich ganz dem Schutzengel und den

Selbstheilungskräften hin. Heutzutage führe man mit einer solchen Einstellung vielleicht auch oft besser, anstatt ständig sofort Antibiotika zu schlucken. Meine zahlreichen Wunden heilten jedenfalls immer problemlos mit Gottvertrauen. Es tat ganz schön weh. Einen Verband ertrug ich nicht. Fast die ganze Nacht blieb ich mit hochgelegten Beinen auf einem Stuhl sitzen. Ob ich am Tag darauf in der Schule gefehlt habe, weiß ich jetzt nicht mehr.

47

EINE GUTE PARTIE

1950, ich war vierzehn, gab es Anlass zur Freude in der Groß-familie Guthörl. Kusine Christine, die hübsche schwarzhaarige Tochter von Tante Olga und Onkel Hansi, heiratete mit 21 einen Franzosen, der gerade eine Stelle als Diplomingenieur bei einer luxemburgischen Kohlengrube angetreten hatte. Sie lernte ihn mit 16 kennen durch ihren Vater, der als Französisch-Dolmet-scher auf der Grube Göttelborn fungierte. Der junge Franzose machte ein Praktikum auf unserer Grube und verliebte sich in das deutsche Mädchen. Das sah man gar nicht gern in der fran-zösischen Verwaltung. So ohne weiteres war eine Heirat nicht möglich. Zuerst musste sich Guy eine Genehmigung einholen. Fünf Jahre später fand dann endlich die Vermählung statt. Chris-tines Eltern platzten fast vor Stolz, dass ihre Tochter eine so gute Partie machte. Wenn Christine ihren Verlobten in Frankreich besuchte, lieh sie sich immer Muttis schicke Vorkriegsgardero-be aus. Sie war nämlich mit ihrer Familie nach dem Krieg ohne Gepäck aus Polen geflüchtet. In Göttelborn fanden sie im Haus bei Schwester Else und deren Mann Unterschlupf. Sie lebten sehr bescheiden und beengt. Einmal kamen Mutti und ich unange-meldet bei ihnen vorbei und überraschten Christine in Muttis bestem Kostümrock beim Putzen. Das wunderte uns allerdings ein wenig. Doch Mutti sagte nichts, weil sie nicht kleinlich war, und lieh ihr weiter Anziehsachen. Außerdem kam Christine oft gegen Ende des Monats mit einem Briefchen ihrer Mutter zu uns, in dem sie meine Eltern um ein Darlehen bat bis zum nächs-ten Monat. Obwohl auch wir sehr mit unserem Geld haushalten mussten, war am Monatsschluss doch immer so viel übrig, dass wir aushelfen konnten. Mutter war nicht verschwenderisch. Sie aß auch weniger als Tante Olga, die immer dicker wurde. Nach der Hochzeit zog Christine mit ihrem Mann nach Luxemburg. Tante Olga gab an, dass sie in einer Villa mit Park wohne. Wenn Christine ihre Eltern besuchte, fuhr sie im großen „Ami-Schlitten", einem Studebaker, vor. Zum Metzger und Bäcker ging es auch im Angeberauto. Den Leuten fiel vor Staunen die Kinnlade herunter. Christine war natürlich mein großes Vorbild. Ich nahm mir vor, auch einmal einen so erfolgreichen, gut aussehenden Mann zu heiraten, damit ich ein besseres Leben in einem luxuriösen Haus mit eigenem Bad und Klo führen könnte. Heimlich war ich auch in Guy verliebt und erzählte ihm, was ich in der Schule gerade lernte, wenn er uns mit Christine besuchte. Meine Eltern schenkten Christine und Guy ein schönes Café-Service zur Hochzeit. Papa war ja Christines Pat (Patenonkel). Ihm und Mutti wurde in Aussicht gestellt, dass sie bald in die Villa nach Rumelange eingeladen würden. Darauf mussten sie allerdings mehrere Jahre warten. Mutti und Papa waren ein bisschen enttäuscht. Ich durfte sie schon vor ihnen einmal besuchen. Tante Olga, Onkel Hansi und ich fuhren zusammen im Auto eines fremden Mannes mit. Den schienen sie mir andrehen zu wollen. Ich war 16 und fand den Typen vollkommen indiskutabel. Als wir nach endlos langer Fahrt (der Herr hatte sich im Weg geirrt) in Rumelange eintrafen, war ich nicht besonders beeindruckt von der Villa. Sie war eher ein großes, altes Haus und der Park ein gewöhnlicher Garten. Das Schlafzimmer durfte ich nicht sehen. Sie hätten nämlich vor, ein neues zu kaufen. Erst lange danach luden sie auch meine Eltern einmal ein. Immerhin ließ Christine uns aber das Essen von einem uniformierten Dienstmädchen vorlegen. Die Erbsen kullerten mir ständig von der Gabel, weil sie nicht – wie bei uns zuhause – durch eine Mehlschwitze miteinander verbunden waren.

48

KINOFREUDEN

Freitags abends gingen Mutti und ich immer zusammen nach Merchweiler ins Kino. Das war unser absolutes Highlight, auf das wir uns die ganze Woche freuten. Fast immer wurden leichtere Unterhaltungsfilme gezeigt. Oft waren wir mit der Qualität nicht zufrieden. Trotzdem ließen wir uns nicht abschrecken. Hin und wieder gab es eine rühmliche Ausnahme. Dann wanderten wir die 2-3 Kilometer hoch gestimmt durch die Nacht nachhause und besprachen alle Einzelheiten. Oft identifizierte ich mich mit meinen Lieblingsschauspielerinnen und bildete mir ein, ihnen ein bisschen ähnlich zu sehen, wenn ich zuhause in den Spiegel schaute. Eine gefiel mir besonders gut, weil ich sie so hübsch fand. Es war Vera Molnar in dem Film „Gabriela". Darin wirkte auch Zarah Leander mit. Begeistert waren wir auch von Musik-Revue-Filmen mit Marika Rökk oder Germaine Damar (eine Luxemburgerin). Zum Lachen spielte darin meist Grete Weiser mit. Sie hatte eine unnachahmliche Komik. Noch heute sehe ich mir gern ihre Filme an, wenn sie im Fernsehen laufen. Dann fühle ich mich wieder wie vor 56 Jahren. Auch Rudolf Platte fand ich gut als Schauspieler. Meiner Meinung nach spielte er den Hauptmann von Köpenik viel besser als Heinz Rühmann. An Yvan Desny und Peter Weck schrieb ich jeweils einen leicht verliebten Brief. Gern hätten wir auch einmal Vater ins Kino mitgelotst, doch er weigerte sich standhaft. Das war für ihn alles unnützer Quatsch, für den er kein Geld und keine Zeit übrig hatte. Ein Glück, dass er wenigstens Mutti und mir diese oberflächliche Verschwendung gestattete. Wir hätten ihn einfach gern ab und zu in unsere Freude mit einbezogen, was er nicht zuließ. Irgendwann verwandelte man den Saal des Gasthauses

Ackermann in ein Kino. Mutti und ich freuten uns, weil wir es so ein bisschen näher hatten. Während der späteren Kino-krise wurde es jedoch eingestellt.

49

SCHWÄRMEREI FÜR EINEN LEHRER

Mit 15 verliebte ich mich in einen Junglehrer von 24 in der Mittelschule. Viele Mädchen schwärmten für ihn und nannten ihn Apoll, weil er so schön und blond war. In der Pause, wenn er im Hof die Aufsicht führte, bildeten wir eine lange Schlange und liefen hinter ihm her. Ich war natürlich sicher, dass meine Gefühle für ihn echte Liebe waren. Zwei Jahre schmachtete ich ihn an. Mit 17 würde die Abschlussprüfung stattfinden, und ich fürchtete, ihn danach nie mehr wieder zu sehen. Daher beschloss ich, ihm einen anonymen Brief zu schreiben. Ich war klug genug, keinen Schulverweis zu riskieren. Damals herrschten noch strenge moralische Sitten an unserer reinen Mädchenschule. Wenn die Direktorin, Fräulein Bauer, ein Mädchen mit einem Jungen auf der Straße reden sah, verpasste sie ihr eine Ohrfeige. Das erzählte man sich.

In meinem Brief an Joachim Hoppstädter schrieb ich sehr verhalten, dass ich ihn sehr gern hätte und er mich daran erkennen könne, dass ich ihn besonders freundlich grüße. Das tat ich denn auch während einiger Monate. Er ließ sich nichts anmerken. Am letzten Schultag, die Abschlusszeugnisse waren bereits verteilt, ging ich ins Lehrerzimmer, um mich von allen Lehrern zu verabschieden. (an diesem Tag durfte man das). Da stand Herr Hoppstädter in all seiner Pracht vor mir. Ich gab ihm die Hand und sagte freundlich aufwiedersehen. Nun fiel bei ihm der Groschen, und er sagte leise, dass ich an einer bestimmten Stelle im Obergeschoss auf ihn warten solle. Ich schwebte wie auf Wolke sieben die Treppe hinauf. Als er nach einer Weile auch kam, standen wir voreinander und brachten beide kaum ein Wort heraus. Schließlich versprach er mir zu schreiben; das wäre einfacher. Die Adresse erfuhr er im Sekretariat. Ich war voller Vorfreude. Tatsächlich kam nach etwa einer Woche sein Brief an. Ich riss den Umschlag zitternd auf und begann zu lesen. Nach den ersten Sätzen war ich zerschmettert und stürzte die Treppe hinunter aufs Klo, wo ich meinen Tränen freien Lauf ließ. Sein Brief lautet:

Saarbrücken, den 15.7.53
Liebes Fräulein Guthörl!
Gleich zu Anfang: wir sind uns doch beide über die Ungewöhnlichkeit dieses Schrittes im Klaren, ungewöhnlich auch im Zeitalter der Gleichberechtigung der Frau.
Ich will nicht verbergen, dass ich damals, als ich Ihren Brief erhielt, durchaus nicht angenehm berührt war. Im ersten Ärger wollte ich ihn der Öffentlichkeit (des Kollegiums) und Sie damit der Lächerlichkeit preisgeben. Bei näherer Überlegung erschien mir das angesichts des menschlichen Vertrauens, das die Schreiberin, die ich ja nicht kannte, in mich setzte, als unfair und unritterlich. So wartete ich denn ab, was daraus werden würde. Am Ende hatte ich es gar vergessen, bis zu dem letzten Tag, an dem ich es „merkte".
Vielleicht ist Ihnen nicht verständlich, was Ihren Schritt in meinen Augen ungewöhnlich erscheinen lässt. Da müssen wir uns zunächst einmal über Ihr Hauptargument unterhalten, die Gleichberechtigung der Frau. Ich darf ein wenig weiter ausholen: Die Gesetzgebung und auch das ungeschriebene Sittengesetz der vergangenen Jahrhunderte hat die Frau sehr nachteilig behandelt und dem Mann ein deutliches Übergewicht an Verantwortung, Anerkennung und Entscheidungskraft zugestanden. Das entsprach der menschlichen und gesellschaftlichen Stellung, die die Frau damals einnahm. Sie war Hausfrau, Mutter und Erzieherin ihrer Kinder. Mit dem gesellschaftlichen Strukturwandel zu Ende des vergangenen und zu Anfang unseres Jahrhunderts haben sich der Frau neue Tätigkeitsfelder geöffnet: sie ist durch Bildung, Berufsausbildung, Können und ein neues Verhältnis zu den Aufgaben des öffentlichen Lebens in eine Verantwortlichkeit gestellt, die der des Mannes nicht nachsteht. So hat sich also manches gewandelt, eines aber ist unwandelbar geblieben: die Verschiedenheit der beiden Geschlechter. Vom Augenblick der Geburt an sind Mann und Frau grundlegend anders und bleiben es nach göttli-

chem Willen bis zu ihrem Tode. Die Verschiedenartigkeit hat ihre tiefe Bedeutung: ohne sie könnte das Zusammenleben der Geschlechter nicht vor sich gehen. Die Verschiedenheit der Geschlechter ist auch die Grundlage all der Beziehungen, die es zwischen Mann und Frau gibt. In Erkenntnis der körperlichen Unterlegenheit der Frau haben ritterliche Männer aller Zeiten ihre Kraft und Klugheit in den Dienst der Frau gestellt. All die Beweise männlicher Verehrung und Ehrfurcht sind ohne die Andersartigkeit der Frau nicht denkbar. Wenn aber die moderne Frau heute versucht, ihre Verschiedenheit vom Manne wegzuleugnen, um damit größere Anerkennung zu finden, begibt sie sich all der Vorrechte, die der Mann ihr freiwillig einräumte. Er wird die Frau behandeln wie seinen Freund: kameradschaftlich, aber ohne Ehrerbietung und jene Zeichen äußerer Verehrung, auf die die Frauen soviel Wert legen. Dass diese Haltung bei den modernen Männern überhand nimmt, lässt sich unschwer beobachten. Die Kavaliere sterben aus! Das also ist mein schweres Bedenken gegen die von Ihnen so aufgefasste Gleichberechtigung der Frau. Ich meine: es darf nie so sein, dass eine Frau sich einem Manne nähert. Das hat sie nicht nötig, das ist Sache des Mannes. Wenn er für eine Frau etwas empfindet, wird er Wege finden, sich ihr bemerkbar zu machen. Ganz sicher! Bemerkt er aber eine Frau gar nicht, so gibt es zwei Möglichkeiten: a) er will sie nicht bemerken (aus irgendeinem Grunde) b) sie bedeutet ihm nichts.

In beiden Fällen wird eine Bemühung von Seiten der Frau keine Änderung zur Folge haben. Beziehen Sie das auf unsern Fall: ich will Sie nicht bemerken, weil ich es nicht darf, da ich nicht mehr frei bin. Ihre Einschaltung könnte also schlimmstenfalls zur Stiftung von Unruhe bzw. Entzweiung führen. Ich weiß, dass Sie das keine Minute beabsichtigten. Aber so ist es: nach dem Plan der Natur ist es Aufgabe des Mannes, voranzugehen, jeder Versuch der Frau „corriger la fortune" zu spielen, wird schief gehen. Die Erfahrung beweist es.

So, nun habe ich Ihnen eine Vorlesung ganz privatissime et gratissime gehalten. Sind Sie sehr enttäuscht? Nehmen Sie meine Worte als die Meinung eines Mannes, der es aufrichtig mit Ihnen meint. Seien Sie geduldig, Gott hat mit jedem Menschen seinen Plan. Auch mit Ihnen. Mit guten Wünschen J.H."

Ich schämte mich sehr. Jetzt musste ich Mutti beichten, als ich vom Klo mit verweinten Augen zurück geschlichen kam. Er hatte also tatsächlich erwogen, die anonyme Schreiberin der Lächerlichkeit im Lehrergremium preiszugeben. Schlagartig entliebte ich mich. Dass er so mies und altmodisch sein könnte, hätte ich nie gedacht. Dabei hielt er für die unteren Stufen so schöne Predigten, genau wie ein Pfarrer. Einmal schlich ich mich in den Gottesdienst der Kleinen, um ihn zu hören. Ich hatte extra eine schicke Filzkappe angezogen, damit ich erwachsener wirkte und er mich bemerkte. Einen solchen Spießer hätte ich gar nicht haben wollen. Ans Heiraten hatte ich sowieso nicht gedacht. Durch diesen Schock war ich nun wieder frei und bereit, mich anderweitig zu verlieben. Er starb übrigens schon mit 42 Jahren und hinterließ Frau und Kinder. Für mich fing zu jener Zeit das pralle Leben erst richtig an. Was hätte ich mit ihm nicht alles verpasst!

50

DIE FESTHALLE

Göttelborn blühte auf. Als erstes bauten die Franzosen eine groß-
zügige Festhalle im Konzertwald, wo bald rauschende Feste gefeiert wurden. Franzosen und Deutsche, alles gemischt. Nach
Eröffnung der St.Barbara-Halle gründeten die Bürger von Göttelborn einen Verein mit dem Namen „Musik- und Unterhal-
tungsgesellschft (MUG)". Dieser organisierte von den Mietglieds-
beiträgen Veranstaltungen verschiedener Art. Mindestens sechs
große Bälle fanden im Jahr statt: Silvesterball, drei Karnevalsbälle, mindestens eine Kappensitzung, ein Frühlings- und Som-
mernachtsball, eine Feier für die heilige Barbara (Schutzheili-
ge der Bergleute), Aufführungen des Landestheaters und andere
bunte Abende mit Künstlern des Stadttheaters Saarbrücken und
des Saarländischen Rundfunks. Ich sehe noch heute den jungen,
blendend aussehenden Schauspieler Helmuth Schmidt, späterer
Ehemann von Lieselotte Pulver. Er demonstrierte mit seinen
Händen, wie die Herrenhemden nach dem Krieg immer kür-
zer wurden, weil aus dem unteren Teil ständig neue Kragen genäht werden mussten, um die abgewetzten zu ersetzen. Wir Zuschauer fanden das sehr witzig. Das Engagement am Stadttheater
Saarbrücken war wahrscheinlich sein erstes nach der Schauspielschule. Zum Schluss reichte das Hemd nur noch knapp bis unter
die Brust. Einmal trat auch ein berühmter artistischer Zauber-
künstler, der uns sehr begeisterte, bei uns auf. Danach wäre ich
gern seine Assistentin geworden. Die Festhalle war weit und breit
berühmt und immer proppenvoll. Jeder wurde eingelassen. Sogar Leute aus Saarbrücken ließen sich anlocken. Wir waren stolz
auf unsere Göttelbornische Kulturstätte. Das hatten wir alles der
Grube zu verdanken. Sie stellte nämlich den Saal kostenlos zur
Verfügung und bezahlte auch Strom und Wasser. Der Wirt des

Grubenkasinos hatte die Ausschanklizenz. Im Rückblick finde ich es erstaunlich, dass die Menschen damals von den niedrigen Löhnen und Gehältern so viel abzweigen konnten, um all diese Veranstaltungen zu realisieren. Einmal fand ein Umzug der Kohlenbergwerke in Saarbrücken statt mit dem Motto: „Bergleute schaffen und tragen Kultur". Ich nahm als Muse der Malerei daran teil. Zusammen mit den Lang-Töchtern stand ich in einem griechischen Tempel, der auf einem Lastwagen montiert war. Als mich Lehrer Harms sah, schrie er laut lachend: „Die Guthörl, die Guthörl!" Damals florierte die Steinkohlenindustrie im Saarland noch und warf gute Gewinne ab. Deshalb war auch Frankreich so sehr an unserem Saargebiet interessiert. Die Karnevalsbälle wurden immer mit viel buntem Crepe-Papier nach einem bestimmten Motto von Studenten der Saarbrücker Kunstgewerbeschule. dekoriert. An die Feuergefahr dachte man damals wenig. Natürlich stand ein Feuerwehrmann in den Kulissen. Wenn wir den Saal betraten, waren wir jedes Mal von der Pracht verzaubert. Mutti nähte sich immer ein hübsches Karnevalskostüm. Besonders neckisch sah sie im kurzen schwarzen Röckchen mit Netzstrümpfen, einem engen Oberteil, kleinem weißen Schürzchen und Häubchen eines Zimmermädchens aus. In der Hand hielt sie einen Staubwedel, mit dem sie die Männer abstaubte. Für Wilja, ein junges Nachbarmädchen, nähte sie das gleiche Kostüm. Ich fand aber, dass es Mutti besser stand. Meine Mutter dachte nicht nur an sich selbst. Sie gönnte auch einem anderen Mädchen ein bisschen Vergnügen. Die besten Jahre der jungen Frauen waren durch den Krieg vergeudet worden. Ich hatte Glück, dass ich bei Kriegsende erst neun war. Die Männer waren abwesend, und Tanzveranstaltungen gab es nicht. Nach dem Krieg war die Zahl der Heiratskandidaten stark dezimiert. Nicht jedes Mädchen fand einen Mann, weil so viele gefallen waren. Die Tochter der uns gegenüber wohnenden Familie hatte Pech und bekam ein Kind von einem verheirateten Mann, der sich nicht scheiden ließ. Das war eine Schande. Die junge uneheliche Mutter hat stark darunter gelitten. Jahre später war aber die ganze Familie froh mit dem süßen Enkelkind. Die

Verhütung war ein großes Problem, und immer waren die Frauen die Dummen. Wenn der Erzeuger sich verkrümelte, konnte man wenig tun. Gentests gab es noch nicht.

Einmal fragte mich der Karnevalsprinz, Horst Breyer, ob ich seine Prinzessin werden möchte. Das schlug ich auf Anraten meiner Eltern allerdings ab, weil es zu viel Geld gekostet hätte und ich an allen Veranstaltungen hätte teilnehmen müssen. Außerdem war Horsts Ruf ein wenig fragwürdig. Ich habe ihn allerdings nur als Kavalier und guten Gesprächspartner kennengelernt. Niemals ist er mir zu nahe getreten. An meiner Stelle wurde dann Helga Scholl die Prinzessin, obwohl sie bestimmt nicht reicher war. Ihr Vater lebte nämlich nicht mehr.

Vor und nach dem Ersten Weltkrieg gab es bereits einmal eine Festhalle im Konzertwald von Göttelborn. Sie hieß Bismarck-Halle. Vielleicht erinnerten sich einige ältere Einwohner noch ein wenig wehmütig daran, wie sie darin herumgehüpft sind, anstatt wie jetzt in der Barbara-Halle gesittet bei den Alten am Tisch zu sitzen. Besonders nach Kriegen lechzen die Menschen nach Freude und Ausgelassenheit. Die Bismarck-Halle stand noch in meiner Kindheit, jedoch eher als Ruine. Sie war sehr leicht gebaut, und man riss sie schließlich nach dem Zweiten Weltkrieg ab, um ein stabileres Gebäude zu erstellen. Im Konzertwald wohnte während meiner Kindheit außerdem eine Hexe. Wenn ich am Zaun entlang ging und auf der Höhe eines Wasserbehälters unter einem kleinen Hügel anlangte, beschleunigte ich meine Schritte. Die Kinder erzählten sich nämlich, dass dort unter der Erde eine Hexe hause. Man kann ja nie wissen, dachte ich, sicher ist sicher.

Anlässlich des Frühlings- oder Sommernachtsballs veranstaltete unser Verein auch Feuerwerke im Konzertwald vor der Halle. Das war bestimmt nicht ganz billig. Irgendwann stellte man diese Ausgabe jedoch ein. Ich frage mich gerade, wie die Festhalle wohl heute von innen aussehen mag? Eine Zeitlang wäre eine Rollschuhbahn darin gewesen, erzählte man mir. Dann schien sie leer zu stehen, bevor sie einer Diskothek Unterkunft bot. Als ich kürzlich einem indischen Freund mein Heimatdorf zeigte und an der Festhalle vorbei fuhr, sah sie verwaist aus.

Die Silvesterbälle wurden Punkt 12 Uhr, nachdem jeder jedem „Prost Neujahr" gewünscht hatte, unterbrochen, weil dann die besinnliche halbe Stunde folgte mit dem Bergmannsdichter Adolf Groß. Seine Verse zogen mir fast die Schuhe aus. Er selbst war sehr von seinem poetischen Talent überzeugt. Ich scharrte mit den Füßen unter dem Tisch, weil ich das geschwollene Pathos kaum ertragen konnte. Trotzdem harrte man höflich aus, bis Herr Groß seine Ansprache beendet hatte. Danach tanzte ich mir die Ungeduld aus dem Leib. Auch anlässlich der Barbara-Feier wurde Herr Groß auf die Bühne gebeten. Doch da war ich selten anwesend. Gratis Lyoner-Wurst mit Brötchen lockten mich auch nicht mehr an.

51

TANZSCHULE

Mit sechzehn Jahren beschloss ich, zusammen mit einer siebzehnjährigen Freundin die Tanzschule Euschen in Saarbrücken zu besuchen. Obwohl das Geld zu Hause knapp war, versagten mir meine Eltern dieses Vergnügen nicht. Außerdem gehörte Tanzen zur Allgemeinbildung. Meine Klasse ging erst geschlossen ein Jahr später in den Kurs. Ich wollte lieber mit unbekannten, etwas älteren jungen Leuten tanzen lernen. Zum ersten Mal legten fremde Herren ihre Arme um mich, und einer drückte sogar verstohlen meine Hand etwas heftiger. Zum Mittelkränzchen forderte mich der bestaussehende junge Mann als seine offizielle Tanzpartnerin auf. Ich war stolz. Allerdings war sein Kopf etwas zu dick. Mutti sagte einmal zu mir: „Heirate besser keinen Mann mit einem dicken Kopf; dann haben auch die Kinder bei der Geburt dicke Köpfe, und die Mutter muss leiden." Jeder brachte zum Mittelkränzchen Gebäck von zu Hause mit. Auch Mutti backte etwas. Mir stachen jedoch die üppigen, mit Schokolade überzogenen, Nussecken ins Auge. Prompt kleckerte ich sie auf mein schönes weiß-bunt geblümtes Seidenkleid, und ich musste den ganzen Abend mit den Flecken herumlaufen. Das war mir ziemlich peinlich. Das Kleid hatte selbstverständlich Mutti genäht. Auch sie trug ein schickes selbst geschneidertes Seidenkleid. Papa begleitete uns natürlich. Leider konnte mein Tanzpartner den Abschlussball nicht mehr mitmachen, weil er in Südfrankreich eine Stelle als Volontär anzutreten hatte. Da alle andern schon vergeben waren, musste ich mich nun mit dem hässlichsten übrig gebliebenen Knaben, der auch nicht tanzen konnte, begnügen. Beim Walzer trat er mir dauernd auf die Füße. Für die Polonaise kaufte er, wie alle Herren, brav auch einen Lampion für sich und mich. Aber ich böses Mädchen versetzte ihn und machte die Polonaise mit einer neuen Bekanntschaft. Die beiden Lampions behielt ich. Herbert, so hieß der Neue, saß später mit mir auf einer Bank im Park und gab mir endlich den lang ersehnten ersten Kuss. Ich fand es aufregend, weil ich mich nun erwachsen fühlte. In Wirklichkeit empfand ich nichts; ja, der Kuss war eigentlich ziemlich ekelhaft und enttäuschend. Danach war ich nämlich weit über den Lippenrand hinaus ganz nass, und traute mich nicht die fremde Spucke mit dem Taschentuch abzuwischen. Der Mann war mindestens 25 und küsste wie ein triefender Karpfen. Trotzdem verabredete ich mich mit ihm, und während eines Jahres schrieben wir uns belanglose Briefchen. Ich erzählte hauptsächlich von der Schule. Gelegentlich trafen wir uns in Saarbrücken, um tanzen zu gehen. Ich tat es nur, um ab und zu aus meinem langweiligen Dorf herauszukommen. Er wohnte in Homburg, wo ich ihn und seine Familie einmal besuchte. Einer seiner Brüder hätte mir viel besser gefallen. Ein Auto hatte Herbert nicht. So waren wir auf die Züge angewiesen. Bevor wir ein Tanzlokal betraten, wollte er mich immer noch besabbern und meinen Lippenstift ablecken. Ich dachte, dafür, dass er mich ausführte, wäre ich ihm diesen Gefallen schuldig. Seine feuchten Küsse wurden mir jedoch zunehmend zuwider.

Als ich siebzehn war, hätte ich zum ersten Mal an Karneval mit zum Ball gehen dürfen. Tanzen hatte ich ja inzwischen gelernt. Doch dann starb meine Großmutter, und der Ball fiel für uns ins Wasser. Ich war sehr enttäuscht. Allen Ernstes schlug ich vor, dass ich mir ja einen Strumpf übers Gesicht ziehen, damit mich niemand erkennt, und vor der Demaskierung um zwölf Uhr verschwinden könnte. Irgendwie hätte ich mich gern mal richtig ausgetobt nach der ganzen Disziplin der Schule und meine Tanzkenntnisse auf die Probe gestellt. Trauer um Oma empfand ich so gut wie keine. Sie war ja schon über achtzig gewesen. Vater fand meinen Plan jedoch nicht akzeptabel. Er schien trauriger zu sein als ich. Ich hatte ihn ja in Verdacht, dass es ihm hauptsächlich darum ging: Was sagen die Leute? Seine Schwester Olga war weniger pietätvoll. Sie riss die Tischdecke schon vom Tisch, als Oma auf dem Totenbett daneben lag, weil eine andere Schwester die Decke auch haben wollte. Damals brachte man die Verstorbenen nicht gleich in die Friedhofshalle. Meine Eltern waren sehr unangenehm berührt von Olgas Verhalten und regten sich später zuhause darüber auf. Als die Geschwister die paar Habseligkeiten ihrer Mutter untereinander aufgeteilt hatten, hing nur noch der vergilbte in einem Kästchen hinter Glas gerahmte Brautkranz an der Wand. Den wollte keiner haben. Also nahm ihn Papa. Wenn ich ihn später in meinem Zimmer an der Wand hängen sah, war mir immer etwas unheimlich zumute. Er strahlte mehr Tod als Hochzeit aus.

Als Oma sich den Oberschenkelhals gebrochen hatte, lag sie für eine Weile im Krankenhaus. Die Töchter kamen höchst selten zu Besuch. Wahrscheinlich waren sie zu faul, um den Fußmarsch bis zum Krankenhaus in Sulzbach auf sich zu nehmen. Mutti jedoch ging jeden Tag hin, blieb stundenlang am Bett sitzen und war sehr lieb zu ihrer Schwiegermutter (trotz allem). Als Oma dann tot war, tönte Tante Olga: „Sie ist in meinen Armen gestorben!" Mutti dachte sich ihr Teil. Oma Emma starb zuhause im eigenen Bett, weil es ihr besser zu gehen schien. Doch dann bekam sie plötzlich eine Embolie und starb noch in der Nacht nach unserem Besuch. Sie hätte sicher noch länger leben können, wenn sie nicht unbedingt die Asche des Herdfeuers hinunter in den vereisten Hof hätte bringen wollen. So rutschte sie, fiel und starb bald danach. Obwohl sie ein solch schweres, unbequemes Leben gehabt hatte, mit 12 Kindern (eines starb bei der Geburt) in schlechten Zeiten, war sie sehr tapfer und hat so gut wie nie geklagt, im Gegensatz zu ihren hypochondrischen Töchtern. Ihr Alter verbrachte sie im gleichen Haus, das nun ihr jüngster Sohn von der Grube gepachtet hatte.

52

ZWEI FREUNDE GLEICHZEITIG

Auf meinem ersten Karnevalsball traf ich dann Wilhelm Schwambach in der Festhalle von Göttelborn. Er küsste angenehmer (weniger feucht) als Herbert, dafür schmeckten seine Küsse nach Zigaretten. Er war nämlich Kettenraucher. Außerdem schien er eine schwache Konstitution zu haben. Mehrmals sagte er Verabredungen zum Kino ab, weil er krank sei. Er war sehr dünn, hatte aber hübsche Augen. Er studierte in Mainz. Das gefiel meinen Eltern, vor allem meinem Vater. Er kannte nämlich die Familie von Wilhelm und schien ihn als Schwiegersohn annehmbar zu finden. Mutti fürchtete allerdings, dass er die Schwindsucht kriegen könnte. Dafür hatte sie einen Blick durch die Krankheit ihres Vaters. An Papa gefiel ihr am besten, dass er so gesund war. (Wilhelm ist dann auch schon mit 41 gestorben, ebenfalls Frau und Kinder hinterlassend.) Schließlich schrieb er mir, dass er in den Semesterferien zu uns kommen würde, um mich zum ersten Mal richtig auszuführen. Vielleicht hatte er ja auch etwas mehr im Sinn. Ich hatte jedoch schon genug von ihm und sagte ab. Gleichzeitig mischte sich der Zufall ein. Ich erfuhr von der Sache später durch eine Nachbarin, die mit Wilhelms Schwester befreundet war. Er hatte sich einmal, als er bei uns zuhause war, ein großes Foto von mir, das ich in einem Studio in Saarbrücken hatte machen lassen, vom Schrank genommen und genau von beiden Seiten angesehen. Von mir hatte er keines geschenkt bekommen, trotzdem hätte es in seiner Studentenbude an der Wand gehangen. Er muss es sich also beim Fotografen widerrechtlich besorgt haben. Eines Tages betrat ein Kommilitone sein Zimmer, erblickte mein Foto und rief: „Das ist doch die Braut meines Schwagers!" Wilhelm, der überzeugt gewesen war, ich hätte vor ihm noch keinen andern geküsst, muss wohl geschaut haben, als hätte er eine fliegende Kuh gesichtet. Seine Frage, ob er der erste wäre, hatte ich nämlich beim Kennenlernen auf dem Karnevalsball mit „ja" beantwortet. Das war natürlich scheinheilig, aber irgendwie wollte ich ihn nicht enttäuschen. Außerdem zählten die Karpfenküsse von Herbert nicht wirklich. Ich hatte sie lediglich über mich ergehen lassen. Auf diesen Schock hin hätte er mein Foto in tausend Stücke zerrissen und aus dem Zugfenster flattern lassen. Er hielt mich nun für ein verlogenes, verdorbenes kleines Miststück. Damit musste ich fortan leben. Ich war ebenfalls entrüstet, weil Herbert mich scheinbar als seine Verlobte ausgab und schrieb ihm sofort einen Brief, dass ich ihn nicht mehr sehen wolle, weil ich für eine solch enge Beziehung noch zu jung wäre. Außerdem sei er mir zu alt. Sein Schwager soll zu Wilhelm gesagt haben, er wäre schon 30. Ihm zugute halten konnte ich, dass er meine Jungfräulichkeit respektiert hat. Später erfuhr ich, dass er noch eine zweite ältere Frau neben mir hatte, mit der er wahrscheinlich die Sachen machte, für die ich noch nicht bereit war.

Nachdem ich diese zwei Freier los war, fühlte ich mich wie von einer Last befreit. „So schnell will ich mit keinem Mann mehr etwas zu tun haben", sagte ich zu Mutti. Trotzdem lag immer in der Luft, dass ich einmal eine möglichst gute Partie machen und möglichst nicht zu lange damit warten sollte. Mutti freute sich schon auf Enkelkinder. Sie liebte Kinder sehr. In der Frauenzeitschrift Constanze standen oft verlockende Heiratsannoncen. Wir beschlossen also gemeinsam, auf diese Art zu versuchen, an einen gut situierten Herrn zwecks Heirat heranzukommen. Im Dorf selbst war die Auswahl für mich nicht groß, weil evangelische Mädchen selten von katholischen Jungen geheiratet wurden. Der Pastor war dagegen. Während des Krieges versuchte ich mich übrigens mal bei ihm anzubiedern, indem ich die Hand hob und „Heil Hitler" sagte. Er sah durch mich hindurch und antwortete nicht. Vielleicht hätte ich besser „Gelobt sei Jesus Christus" gesagt. Es war auch egal. Leiden konnte ich ihn sowieso nicht, allein schon deshalb, weil er meiner Oma die Kommunion verweigerte.

Die evangelischen Pfarrer fand ich aber genau so unsympathisch. Später beobachtete ich einmal Herrn Gebhard, wie er dem katholischen Kollegen hinterher lief und jener einen Zahn zulegte, damit ihn der Protestant nicht einholen konnte. Das fand ich ziemlich unwürdig und lächerlich. Es war übrigens der schimpfende Spucker.

53

DER SCHUHFABRIKANT

Obwohl ich erst 17 war, studierten Mutti und ich also regelmäßig die Heiratsannoncen in der Constanze. Eine erschien uns vielversprechend, und ich schrieb einen überzeugenden Bewerbungsbrief auf die Anzeige eines Schuhfabrikanten von Pirmasens, in der Annahme, Fabrikanten seien gebildet, klug und wohlhabend. Er schien sich angesprochen zu fühlen, denn tatsächlich klingelte ein paar Tage später ein fremder Mann zweimal für oben an unserer Haustür. Ich sah aus dem Elternschlafzimmer auf seinen Kopf hinunter und ahnte, wer das sein könnte. So viele unbekannte Männer besuchten uns ja nicht. Bekannten und Verwandten ließen wir immer den Schlüssel am Seil herunter. Bei dem Fabrikanten ging das schlecht. Ich sprang also in drei Sätzen die Treppe hinunter, öffnete dem Herrn etwas atemlos die Tür, und führte ihn, nachdem er sich vorgestellt hatte, nach oben in unsere Küche, die durchquert werden musste, um ins Wohnzimmer zu gelangen. Seltsamerweise lud ihn Mutti jedoch ein, gleich am Küchentisch Platz zu nehmen. Mir war das wieder mal schrecklich peinlich. In der Küche saßen nur die Proleten. Mutti versuchte, ein Gespräch in Gang zu bringen und verkrumpelte leicht nervös ihren Rock unterm Tisch, so dass er über die Knie rutschte. Ich konnte kaum hinsehen. Ihr kam nun wohl auch zum Bewusstsein, wie lächerlich es war, ein siebzehnjähriges Schulmädchen zur Heirat anzubieten. Eigentlich hatten wir den Brief ja auch mehr aus Neugier losgelassen. Wir wollten mal sehn, wer sich meldet. Es war halt so eintönig im Dorf. Der nicht gerade attraktiv aussehende Mann verabschiedete sich bald, stieg in sein Durchschnittsauto und ward nicht mehr gesehen. Das hatten wir hinter uns. Papa erfuhr natürlich nichts davon. Im Nachhinein denke ich, dass ich eigentlich nicht verpflichtet gewesen wäre, den Kandidaten mit nach oben in die Wohnung zu nehmen, um ihn meiner Mutter vorzustellen. Scheinbar hing ich emotional noch zu stark an ihrem Schürzenzipfel, obwohl ich in anderen Situationen doch schon recht unabhängig war.

54

DIE PROBLEME EINER SEKRETÄRIN

In der zweijährigen Höheren Handelsschule hatten wir ein ganz beachtliches Pensum zu bewältigen. Die meisten Lehrer und Lehrerinnen waren allerdings ziemlich von gestern oder wenig an uns Schülern und Schülerinnen interessiert. Viel Wert wurde darauf gelegt, dass die Mädchen perfekt Steno und Maschineschreiben lernten. Bei den Jungen wurde weniger darauf geachtet. Im Schreibmaschinensaal gab es nicht genug Maschinen für alle. So drückten sich die jungen Herren in die hinteren Ecken, während wir zukünftigen Tippsen eifrig blind mit Musik im Takt auf die schweren mechanischen Schreibmaschinen hämmerten. Die Tastaturen enthielten keine Buchstaben. Nur vorn an der Wand hing eine Abbildung. Am Anfang war ich schnell erschöpft. Ich konnte mir noch gar nicht vorstellen, dass ich eines Tages im Beruf täglich stundenlang tippen müsste. Es war Schwerstarbeit und gar nicht zu vergleichen mit dem heutigen Anschlagen der Tasten eines Computers. Jeder Tippfehler musste mühsam radiert werden. Bei manchmal zehn Kopien mit Kohlepapier dazwischen war das eine langwierige Prozedur, die viel Geduld und Fingerspitzengefühl erforderte. Sogar Rasierklingen wurden eingesetzt. Tippex gab es noch nicht. Man brauchte starke Nerven (die ich im Grunde nicht hatte), Konzentrationsvermögen und Ausdauer. Trotzdem schaffte ich es, gute Noten im Zeugnis zu erhalten. Das hätten Männer gar nicht leisten können und wollen. Ich litt fast immer unter Schmerzen in den Schultern und an Sehnenscheidenentzündungen in den Unterarmen. Am schlechtesten wurden die Arbeiten bezahlt, die am anstrengendsten und schwierigsten waren. Sie enthielten keinerlei Prestige. Im Gegenteil, eine sogenannte „Stenotypistin" wurde sehr gering geschätzt. Sehr kompliziert war auch das Aufnehmen von Diktaten in Stenografie. Man musste sich aufs Äußerste konzentrieren. Die Herren Chefs schienen eine sadistische Freude daran zu haben, die weiblichen Stenotypistinnen zu hetzen. Wenn man Pech hatte und danach irgendein Wort nicht mehr entziffern konnte, hatte man schreckliche Hemmungen, den Herrn um Aufklärung zu bitten. Er sah einen dann gern missbilligend an, und man wollte doch eine gute Sekretärin sein. Manche Chefs schrieben sich ihre Texte vorher von Hand auf, damit sie diese möglichst schnell herunter rattern konnten. Frei diktieren konnten die meisten gar nicht. Bat man sie um ihr Manuskript, wurde es oft verweigert. Zum Fehlerverbessern war die Sekretärin dann wieder gut genug. Hat man es bis zur Sekretärin oder gar Direktionssekretärin geschafft, wurde man ein wenig mehr respektiert. Fremdsprachen ließen einen noch etwas höher im Ansehen steigen. Deshalb bemühte ich mich nach Schulabschluss weiter darum, meine Französisch- und Englischkenntnisse zu verbessern. Französische Stenografie lernten wir ebenfalls auf der H.H. Englische Stenografie brachte ich mir später selber bei. Meine Noten in der H H waren gut bis ziemlich gut. Nur einmal hatte ich im Zeugnis in dem Fach Verwaltungskunde eine Acht von Zwanzig. Das war mir sehr unangenehm. Noch nie hatte ich eine Note unter Zehn im Zeugnis gehabt. Ich verdankte sie dem Direktor Dr. Reuß. In einer Klassenarbeit schrieb ich nämlich: „Der Staat macht die Gesetze." Und das im Jahr 1954/55. Vor 1945 wäre ich dafür gelobt worden. Der Herr Doktor verachtete mich dafür zutiefst. Warum mir dieser blöde Satz beim Schreiben herausgerutscht war, konnte ich mir hinterher auch nicht mehr erklären. Ich wusste doch, dass es ein Parlament gab. Vielleicht hatte ich gerade meine Tage und Bauch- oder Kopfweh. Scheinbar verwechselte ich Staat mit Bundestag. Als Dr. Reuß mit einem Stellenangebot der BNCI (Banque Nationale du Commerce et de l'Industrie, heute Banque Nationale de Paris) vor der Klasse wedelte und ich mich meldete, erinnerte er mich an die 8 im Zeugnis. Ich wehrte mich jedoch, indem ich antwortete: „Ich habe nur bei Ihnen eine schlechte Note. In allen anderen Fächern habe ich zwischen 14 und 16 Punkten."

Daraufhin durfte ich mich bei der Bank bewerben. Die Absolventen der H.H. wurden von den Firmen gern eingestellt. Als Anfänger ohne praktische Berufsausbildung brauchte man uns zudem keine hohen Gehälter zu zahlen.

Uns kleinen H.H.-Schüler-Innen ohne Abitur Wissen zu vermitteln, war unter der Würde von Herrn Dr. Reuß. So viel ich weiß, wechselte er auch bald über zur Universität, um sich dort lohnenderen Aufgaben mit mehr Prestige zu widmen. In unserem Unterricht gab er sich überhaupt keine Mühe. Meist ließ er einfach aus dem Lehrbuch vorlesen. Die Note in der einzigen Klassenarbeit des Semesters kam dann ins Zeugnis, wie bei mir die Acht. Damit war ich für ihn abgestempelt.

Kürzlich las ich in einer Schweizerischen Zeitschrift eine Aussage eines luxemburgischen Politikers. Im Zusammenhang mit einer eventuell geplanten Gewinnsteuer für Mineralöl sagte er dem „Spiegel" einst: „Wir beschließen etwas, stellen das dann in den Raum und warten einige Zeit ab, was passiert. Wenn es dann kein großes Geschrei gibt und keine Aufstände, weil die meisten gar nicht begreifen, was da beschlossen wurde, dann machen wir weiter – Schritt für Schritt, bis es kein Zurück mehr gibt." Mein jugendlicher Lapsus war also gar nicht mal so dumm gewesen. Meine Intuition hatte meinem Verstand ganz unbewusst wahrscheinlich ein kleines Geheimnis der herrschenden Klasse verraten. Unter Demokratie verstehe ich eigentlich etwas anderes.

Der Buchführungs-Lehrer, Dr. Pöhlemann, war mit mehr Engagement für uns bei der Sache. Obwohl er sehr klein war und einen kahlen Eierkopf hatte, wusste er sich durchzusetzen. Er fuhr ein großes Auto und ragte mit dem Kopf kaum übers Lenkrad hinaus. Eine Mitschülerin, die gut zeichnen konnte, fertigte diverse Karikaturen von ihm an. Ein Glück, dass sie nie dabei erwischt wurde. Trotzdem schätzten wir Herrn Dr. Pöhlemann. Ich vergesse nie, wie er einmal vor dem langen Wender stand, der ihm eine freche Antwort gegeben hatte, und sagte: „Ich haue Ihnen gleich eine runter!" (natürlich nur metaphorisch). Das sah urkomisch aus, weil er ihm nur bis zur Schulter reichte. Ob wir uns trauten zu lachen, weiß ich nicht mehr. Um unser praktisches Verständnis von Buchführung zu testen, ließ er einmal eine Klassenarbeit über angewandte Buchungsvorgänge schreiben. Er sagte, dass wir ganz frei, ohne Angst Fehler zu machen, daran gehen sollten. Das tat ich denn auch. Zu meiner Überraschung erreichte ich 20 Punkte, als einzige. Alle andern, sogar die Besten, ergatterten nicht einmal zehn. Als er mich aufrief, meine Arbeit in Empfang zu nehmen, sah er mich lächelnd an und fragte: „Freuen Sie sich denn nicht?" Ich blickte nämlich ganz ernst, ohne Triumph zu zeigen, weil ich nie leiden konnte, wenn Schüler sich selbstherrlich gaben, während die Nachbarn sich für schlechte Noten schämten. Immer dann, wenn ich selbständig eine Aufgabe lösen durfte, war ich besser als bei normalen Routineaufgaben. Ich denke, dass ein Schulsystem, welches darauf setzt, den Schülern und Schülerinnen mehr Eigeninitiative zuzugestehen, viel erfolgreicher wäre. Das wird heute immer wieder diskutiert, aber im Alltag wahrscheinlich noch viel zu selten in die Praxis umgesetzt. Zuerst müsste sicher einmal die Lehrer-Ausbildung revolutioniert werden, damit sie lernen, die Schüler besser zu motivieren, und ihnen Spaß am Lernen zu vermitteln.

55

MEIN ERSTER VERSUCH

Im Haus gegenüber wohnte eine Familie, die aus Schlesien geflüchtet war. Der älteste Sohn Georg gefiel mir recht gut. Er ging aufs Gymnasium und war zwei Jahre älter als ich. Außerdem war er evangelisch. Sonntags trafen wir beiden Familien uns auf der Straße und gingen zusammen zum Gottesdienst in der Schule. Eigentlich ging ich nur wegen Georg mit. Seit der Konfirmation, die ich in sehr schlechter Erinnerung hatte, interessierte mich die Kirche nicht mehr. Gewissermaßen gingen wir auch den Katholiken zum Trotz. Was die konnten, das konnten wir schon lange. So hatten Georg und ich Gelegenheit, ein wenig miteinander in Kontakt zu kommen. Ich hatte den Eindruck, dass ich ihm auch nicht ganz gleichgültig war. Manchmal fuhren wir zusammen mit den Rädern ins Schwimmbad nach Quierschied. Er war nett und half mir beim Schieben des Rades den Berg hinauf. Das berührte mein Herz. Auch sein Grinsen sprach mich an. Ganz allmählich kamen wir uns in zwei Jahren näher. Als ich 19 war, äußerte er den Wunsch nach mehr und sagte tapfer: „Wenn du ein Kind kriegst, heirate ich dich." Ob ich das überhaupt wollte, hat er nicht gefragt. Ich war unschlüssig und beratschlagte die Angelegenheit mit Mutti. Die war nicht dagegen und meinte: »Wenn es nicht mehr anders geht, tust du es halt. "Küssen hätte mir eigentlich vorläufig genügt. Obwohl ich inzwischen gern küsste, hatte ich bei ihm hinterher immer geschwollene Lippen. Irgendetwas schien er wohl auch nicht ganz richtig zu machen. Das andere fand ich immer noch ziemlich unanständig. In der Fantasie ja, aber in Wirklichkeit!? Ich hatte etwas Schiss und genierte mich, sowas Ungehöriges zu tun. Georg war genau so unerfahren und ungeschickt wie ich, so dass der Versuch auf unserer Wohnzimmercouch eher daneben ging. Dummerweise waren danach

Flecken auf dem Polster, die auch durch Reiben nicht ganz zu entfernen waren. Meine Mutter ging aber verständnisvoll darüber hinweg. Meine Eltern blieben diskret oben im Schlafzimmer und hofften vielleicht, dass die Tochter den richtigen Heiratskandidaten gefunden hat. Ich wäre ganz gern mal mit ihm in ein Lokal ausgegangen. Doch das wollte er nicht, weil er als Student zu arm war. Seine Eltern konnten ihm nicht viel geben, da er noch drei Geschwister hatte. Ich verdiente inzwischen bereits Geld bei der französischen Bank und bot Georg an, für uns beide zu bezahlen. Das lehnte er ab. Wahrscheinlich war er zu stolz. Ein anständiger Kavalier hatte immer für seine Dame zu bezahlen. Das war 1955 so. Heute sehen die jungen Leute das sicher lockerer. Ich wusste nie, wann Georg bei mir aufkreuzen würde. Schließlich sagte ich zu ihm: „Wenn du nicht regelmäßig zu mir kommst, will ich dich lieber überhaupt nicht mehr sehen. Das ewige Warten halte ich nicht mehr aus." Danach ließ er sich nicht mehr blicken. Jahre später trafen wir uns wieder, und ich war immer noch verliebt, doch zu sagen hatten wir uns kaum etwas. So war es gleich schon wieder vorbei. Als ich 43 war, begegneten wir uns erneut, oder, besser gesagt, ich schrieb ihm. Er war verheiratet, wirkte aber nicht glücklich auf mich. Ein paar Mal besuchte er mich in Luxemburg, wo ich inzwischen lebte. Körperlich funktionierte es nicht mit uns, und auch sonst kamen wir uns nicht wirklich näher. Nun wusste ich wenigstens, dass ich mit 19 Jahren alles richtig gemacht hatte.

56

GROSSE FREUDE ÜBER DEN UMZUG

1954, endlich: Das Haus war fertig, mehr oder weniger. Der Umzug von der Josefstraße 18 in die Kettelerstraße 16 war eines der wunderbarsten Ereignisse in unserem Familienleben. Jauchzend ließen wir die Wohnung unterm Dach hinter uns. Während der letzten Jahre hatten wir Haus, Klo und Garten mit Familie Dorn geteilt. Dass sie nur einen Sohn hatte, war schon eine leichte Verbesserung. Frau Dorn war allerdings nicht nach unserm Geschmack. Herr Dorn wirkte feiner. Er hatte unter seiner keifenden Frau ganz schön zu leiden. Doch wenn sie ihm die Haustür öffnete und jemand zufällig von uns mithören konnte, nannte er sie: „Mein Engel". Dietmar, der Sohn, sollte einmal Arzt werden. Seine Mutter sagte: „Er hat Arzthände." Da war er vielleicht zehn Jahre alt. Auf dem Speicher, den wir gemeinsam benutzten, hatte sie eine große Kiste mit Arztromanen und anderen Groschenheftchen abgestellt. Obwohl ich auf den billigen Geschmack von Frau Dorn herabsah, machte ich mich bald auch über die Trivialliteratur her. Ich wusste natürlich, dass sie Schund war, genoss sie aber trotzdem. So wurde ich auf die Liebe vorbereitet.

Das eigene Haus war beim Einzug nicht komplett vollendet. Unter anderem fehlte noch der Außenputz. Wir mussten uns nach der Decke strecken. Doch die Heizung mit Koksfeuerung im Keller funktionierte. Bulleröfchen im Wohnzimmer brauchten wir nun nicht mehr. Wir waren überglücklich mit dem neuen Komfort.

All die Jahre während des Hausbaus hatten meine Eltern es durch Sparsamkeit geschafft, mit unserem Geld auszukommen. Nur einmal im Jahr 1954, wir waren gerade eingezogen, kam eine unvorhergesehene Ausgabe dazwischen, und wir saßen vor

Weihnachten ohne einen Franken da. Schulden für die täglichen Bedürfnisse hätten meine Eltern nie gemacht. Nun war guter Rat teuer. Wir kratzten die letzten Münzen zusammen. Es reichte nicht fürs Essen. Als mein Bruder Werner mit seinem kleinen Lehrlingsgeld nachhause kam, legte er es unserer Mutter in den Schoß und sagte: „Fürs Essen reicht es vielleicht." Und so war es; wir mussten Weihnachten nicht am Hungertuch nagen, Dank Werners großzügiger Hilfe. Das Festessen fiel natürlich sehr bescheiden aus. Trotzdem sangen wir fröhlich unsere Weihnachtslieder, wenn auch nichts unterm Tannenbaum lag. Am 1. Januar brachte Vater frisches Geld. Die Krise war überstanden.

57

ABSCHLUSSPRÜFUNG UND ERSTE ANSTELLUNG

Für mein letztes Schuljahr auf der H.H. konnte ich nun entspannter im eigenen Zimmer, lernen. Ich schaffte die Abschlussprüfung und verdiente bald eigenes Geld. Das wäre fast schief gegangen. Um ein Haar hätten sie mich wegen des Deutschaufsatzes durchfallen lassen. Die blöde Knoke gab mir nämlich nur 10 Punkte von 20 dafür. Ich hatte das Thema „Der Wald" gewählt. Die Natur lag mir schon immer am Herzen. Allerdings hatten wir wenige Einzelheiten darüber in der Schule erfahren. Mein Stoff war also etwas dürftig. Ich versuchte, ihn mit einer Rahmenhandlung anzureichern, so als hätte ich in einem Preisausschreiben eine Reise in eine waldreiche urwaldähnliche Region in Asien gewonnen. Solche Reisen lagen damals aus finanziellen Gründen jenseits unserer Vorstellung. Deshalb das Preisausschreiben. Im Fach Deutsch musste man unbedingt mindestens 10 Punkte im Prüfungsaufsatz erreichen, sonst wäre man durchgefallen, wie gut auch alle andern Noten gewesen wären. In zwei Aufsätzen des letzten Semesters hatte ich 14 Punkte. Der Durchschnitt von 14+14+10 wäre immerhin 12 gewesen. Im Zeugnis bekam ich aber nur 11 Punkte. Außerdem machte mich Fräulein Knoke bei der Besprechung der Aufsätze vor der ganzen Klasse lächerlich wegen des Preisausschreibens und des mageren Inhalts. Ich legte keinen Protest ein, nahm aber aus Wut nicht an der offiziellen Abschlussfeier teil. Das Zeugnis ließ ich mir per Post zustellen. Mit meinen Mitschülern und Mitschülerinnen feierte ich Abschied in einem Lokal. Dabei hatte ich Fräulein Knoke immer verteidigt, wenn andere sie herunter machten. Sie war in unseren Augen ein nervöses altes Mädchen, das womöglich seinen Bräutigam im Krieg verloren hatte, und tat mir irgendwie leid. Oft wirkte sie zerfahren. Einmal unterschrieb sie mir ein Antragsformular für die Schülerfahrkarte mit „Klassenlehrerin", anstatt mit „Knoke". Ein Schulabschluss war mir sehr wichtig, weil ich unabhängig sein und mein eigenes Geld verdienen wollte. Meine Mutter nahm ich mir nicht als Beispiel in dieser Hinsicht.

Vom ersten Gehalt bei der Bank leistete ich mir eine schicke Handtasche. Für ein unabhängiges Leben in einer eigenen Wohnung reichte es allerdings nicht. Meine Eltern waren so großzügig, mich weiter zu beherbergen und zu verköstigen. Das heißt, ich brauchte kein Kostgeld abzugeben. Ich kaufte mir bald ein elegantes Kostüm und fuhr in Urlaub. Außerdem sparte ich ja für die unerlässliche Aussteuer. Mit 23/24 machte ich den Führerschein. Meine Eltern erlaubten mir, jederzeit ihren kleinen Renault zu benutzen, der 1960 angeschafft wurde. (Erst jetzt erzählte mir mein Bruder, dass er sich bei den Anschaffungskosten beteiligt hatte.) Vater schaffte den Führerschein erst im zweiten Anlauf. Er war ziemlich geknickt, als es beim ersten Versuch nicht klappte. Mutter tröstete ihn. Sie selbst hatte allerdings keine Lust, sich dem Stress auszusetzen, obwohl es nicht immer reine Freude war, mit Vater am Steuer Auto zu fahren. Er war, als er den Führerschein machte, schon über 50 und wurde nie ein guter Fahrer. Immer wieder irrte er sich bei den Straßenabbiegungen, die er schon hundert Mal gefahren war. Sogar, wenn wir sagten: „Vater, die nächste Straße rechts", fuhr er stur geradeaus weiter, was Mutti und mich natürlich ungeduldig aufstöhnen ließ. Dann wurde Vater sauer. Um 1963 kaufte ich dann mein erstes eigenes Auto.

58

URLAUBSREISEN

Die erste Ferienreise mit 19 war äußerst bescheiden. Bei der Bank bekam ich am Anfang nur zwölf Tage Urlaub im Jahr. Samstags musste noch gearbeitet werden; also wurden sie mitgezählt. Als Kind verbrachte ich die Ferien immer zu Hause. Reisen und Hotelaufenthalte konnten wir uns nicht leisten. Ausnahmsweise fuhren wir mal ins Siegerland, wo Mutti noch ihre Stiefmutter sowie Tanten und Onkel väterlicherseits hatte. Dann schliefen wir bei Oma im Doppelbett. Da ich als vierjähriges Mädchen einmal mit Mutti in Cochem an der Mosel war, beschloss ich, meine erste Reise mit dem Zug dorthin zu unternehmen. Werner fuhr mit. Ich konnte nur ein einfaches Zimmer mit Essen in einer Pension bezahlen. Werner war 15 und Lehrling in einer Schreinerei. Sein kleines Taschengeld reichte nicht für ein Pensionszimmer. Unsere Eltern, die ihr Haus abbezahlten, konnten ihm keinen Urlaub finanzieren. Wir hatten beschlossen, dass er in Cochem in die Jugendherberge geht. Doch die gab es überhaupt nicht. Lediglich ein großes Zelt fanden wir vor, worin es von Kindern wimmelte. Werner, im Anzug mit Köfferchen in der Hand, passte dort überhaupt nicht hin. Also klapperten wir am ersten Tag alle privaten Zimmervermieter in Cochem ab. Gegen Abend erst fanden wir eine winzige Kammer mit Bett und Fenster zum Flur. Dafür war der Preis erschwinglich. Nachts wurde Werner die Luft ziemlich knapp. Am Tag darauf wurde ihm am Ufer der Mosel schlecht, und er kotzte ins Wasser. Ein Holländer, den wir kennen gelernt hatten, kümmerte sich liebevoll um ihn. Ich revanchierte mich, indem ich mich ein wenig in den Holländer verliebte. Schon ein paar Tage vor mir musste Werner abreisen, weil das Geld alle war. Wim, der Holländer, hatte es anscheinend ernst gemeint und besuchte mich überraschend ein paar Wochen später per Motorrad im Elternhaus. Mutti öffnete die Haustür, und Wim stellte sich vor: „Ich bin der Holländer." Ich fiel aus allen Wolken, weil ich ihn schon fast vergessen hatte. Mich nannte er „Klein Ernchen" und Mutti „Mutter Guthörl", was ihr nicht recht behagte. Im Dorf war gerade Kirmes; so lud ich ihn zum Karusell-Fahren ein. Geld hatte er nicht umgetauscht, was ich ziemlich knickerig fand. Am Tag darauf musste ich zur Arbeit, und er machte es sich allein bei Mutti am Frühstückstisch bequem. Sie hatte Mühe, ihn zum Abreisen zu bewegen, weil er auf den Abend und mich warten wollte. Sie wusste auch nicht, was sie mit ihm reden sollte. Schließlich kapierte er und schwang sich auf sein Motorrad.

Im Jahr darauf wagte ich mich bis nach Überlingen am Bodensee. Dort logierte ich zwei Wochen in einem relativ eleganten Hotel, St. Leonhard, zusammen mit lauter nicht mehr ganz jungen Leuten, weitab vom See. Zum Schwimmen kam ich vielleicht zweimal. Das Hotel hatte auch keinen Pool. Die älteren Herrschaften waren sehr lieb zu mir. Wenn ich morgens den Speisesaal betrat, rief einer von ihnen: „Rock, rock!" für Rock and Roll, der damals gerade aufkam. Scheinbar sah ich aus wie eine Rocker-Braut. Beim Tanztee musste ich allerdings steif mit einem etwa 50 jährigen Apotheker tanzen. Das entsprach nicht ganz meinen Erwartungen, machte mich aber auch ein bisschen stolz. Irgendwie gefiel mir der italienische Kellner ganz gut. Wir wagten es allerdings beide nicht, einander etwas näher zu treten. Wenn es herausgekommen wäre, hätte er wahrscheinlich seinen Job verloren. Der Sohn des Hotelbesitzers hatte nämlich ein Auge auf mich geworfen. Ich ignorierte ihn jedoch, weil er mir unsympathisch war. Am letzten Tag traf ich am See einen jungen Mann namens Elmar Wißmann. Ich verliebte mich ein bisschen, und wir küssten uns. Als ich wieder zu Hause war, schrieben wir uns einmal. Seinen Brief vom 24.8.1957 fand ich kürzlich in einem Schuhkarton wieder. Er war sehr nett und schrieb am Ende: „Eine kleine Bitte hätte ich an Dich. Falls Du ein kleines Bildchen übrig hast, lege es bitte den nächsten Zeilen bei. Es würde mich sehr freuen. Du bekommst dann ebenfalls eines zum Andenken von mir. So langsam möchte ich mit meinen Worten enden. Es grüßt Dich bis zum nächsten Mal, Elmar" Als Anrede schrieb er übrigens: „Verehrte Ursula!" Natürlich erfüllte ich seinen Wunsch, hörte danach jedoch nie mehr etwas von ihm. Ich war ein wenig enttäuscht und traurig. Allerdings wäre ein näheres Kennenlernen wegen der großen räumlichen Entfernung damals fast unmöglich gewesen. Er wohnte in Singen. Sicher kam ihm dieses Problem ebenfalls zum Bewusstsein, und er fand es besser, gleich wieder Schluss zu machen.

Im dritten Jahr der Berufstätigkeit, als ich 21 und volljährig war, (damals wurde man es noch nicht mit 18) fuhr ich mit dem Zug nach Rimini an die Adria. Das war ziemlich abenteuerlich. Ich hätte leicht unter die Räder kommen können. Ein Mann aus Rom, ein Verwandter meines Hoteliers, machte sich an mich heran, und ich war leichtsinnig genug, um mich darauf einzulassen. Ich hatte beschlossen, endlich die richtige Sache zu üben. Bis dahin hatte ja nichts richtig geklappt. Aids war damals noch unbekannt, aber auch Verhütung wurde klein geschrieben. Dieser Typ, der schon 40 war, nahm mich also nach dem Tanzen mit in ein Hotel. Ich genierte mich an der Rezeption und stellte mich etwas abseits. Einen Ausweis brauchte ich nicht vorzuzeigen. Bevor es passierte, zeigte mir der Kavalier Fotos von leicht bekleideten Mädchen, was mich verlegen machte. Sexuelle Empfindungen konnte er nicht in mir erwecken. Ich erzählte ihm, dass ich gern Schlagersängerin werden möchte, und er schlug vor, zu ihm nach Rom zu kommen. Dort könne er etwas für mich tun. Das zog ich jedoch nicht in Erwägung. Am Tag darauf wurde mir klar, dass der Herr sehr verdächtig nach Zuhälter roch. Mich naives Gänschen hätte er wahrscheinlich gern in seinen Stall eingegliedert. Ich hatte die größte Mühe ihn abzuschütteln. Er wollte mich einfach nicht loslassen. Sicher tat es ihm um die Investition leid. Das hätte schief gehen können. Zwei Wochen später fuhr ich trotzdem so gut wie unbeschadet wieder nachhause und war um eine Erfahrung reicher. Ich glaube, davon erzählte ich Mutti nichts.

In den Jahren zwischen 1957 und 1970 (abgesehen von 1959, als ich in England war) suchte ich mir immer wieder ein anderes südländisches Urlaubsziel aus. Ich liebte es sehr, in der Sonne zu brutzeln und im Meer zu baden. Irgendwann hatte ich jedoch genug von miesen Stränden, schlechtem Essen und unbefriedigendem Sex. Luxushotels waren für mich unbezahlbar. Daher beschloss ich, Erholung auf Sylt zu suchen. Zehn Jahre lang tat ich das. Es war jedoch zu der Zeit, als ich das Elternhaus bereits verlassen hatte. Es würde den Rahmen sprengen, hier davon zu erzählen. Es sei nur noch gesagt, dass ich auf Sylt sehr auf meinen guten Ruf bedacht war. Ich bin nicht mit einem Pappkarton an- und einem Lederkoffer wieder abgereist. (Das war damals ein Sylter Spruch.) Ich lernte Ose, eine Sylterin, und ihren Bruder Thies-Jan am Strand kennen. Ihre Familie vermietete Zimmer und Wohnungen in ihrem Haus. Dort quartierte ich mich jedes Jahr ein und bekam einen Vorzugspreis. Übrigens, auch an südlichen Stränden hatte ich im Grunde keine Abenteuer gesucht. Aber zwei bis drei Wochen mutterseelenallein schweigend am Strand sitzen und abends früh ins Bett gehen, war mir denn doch zu traurig. Am schönsten fand ich, wenn ich eine gleichgesinnte junge Frau traf, mit der ich angeregte Gespräche führen konnte. Doch das war selten der Fall, und die jungen Männer wollten nicht nur angeregte Gespräche führen. Einmal fuhr ich zusammen mit einer Freundin im Auto meiner Eltern nach Lugano. Dieser Versuch war ebenfalls enttäuschend. Die Freundin betrank sich zusammen mit einem Kellner unseres Hotels an einem Strand, der nur mit Boot zu erreichen war, und ich musste sie abends hinter mir her ans Boot schleifen, sonst hätte sie im Freien übernachten müssen. Geschmacklos fand ich außerdem, dass der junge Mann es zuerst bei mir versucht hatte und mangels Erfolg sofort zur Freundin umgeschwenkt war. Ein andermal flog ich mit Ernst, einem Sportflieger, nach Torremolinos. Das war ebenfalls eine Pleite. Er ließ die ganze Zeit seine schlechte Laune an mir aus. Als er seine Sonnenbrille verschlampte, hatte ich es auszubaden. Ich rächte mich jedoch, indem ich unser letztes Mühlespiel mit Kieselsteinen im Sand gewann. Das fuchste ihn. Dabei spielte ich gar nicht so gern Mühle, doch so viel zu sagen, um den ganzen Tag zu plaudern, hatten wir uns auch nicht. Wenn ich mich hundertprozentig konzentrierte und unbedingt im Spiel gewinnen wollte, klappte es auch. Dieser Mann war außerdem sehr knauserig. Er achtete penibel darauf, dass er im Urlaub keinen Pfennig mehr bezahlte als ich. Wenn wir am Strand lagen und Durst hatten, holten wir abwechselnd Getränke für uns beide an der Strandbar. Bei der Schlussabrechnung, die wir teilten, hielt er mir vor, dass ich immer nur billige Limonade mitgebracht, während er echte Säfte spendiert hätte.

59

FLIRT MIT DEM CHEF

Die Arbeit bei der französischen Bank war abwechslungsreich und machte mir Spaß. Ich gab mir Mühe, gute Leistungen abzuliefern und war stolz, wenn die Chefs mit mir zufrieden waren. Im dritten Jahr meiner Beschäftigung wurde Jean Arnaud, ein siebenundzwanzigjähriger Franzose mit deutscher Mutter, mein Vorgesetzter. Er war für die französischen Wertpapiere zuständig. J.A. beantwortete bereitwillig all meine Fachfragen und freute sich über mein Interesse. Er war verlobt mit einer deutschen etwas älteren Frau. Das hinderte ihn aber nicht daran, mir schöne Augen zu machen. Er gab mir zu verstehen, dass er seine Verlobung lösen würde, wenn ich mich für ihn entschiede. Ich war jedoch nicht in ihn verliebt, heiraten wollte ich ihn auf keinen Fall. Er schien mir nämlich etwas korrupt zu sein. Von den Bankkunden ließ er sich für gute Börsen-Tipps gern Geschenke machen. Der jüdische Viehhändler brachte ihm zum Beispiel große Würste mit. Den Kollegen hat er nie etwas davon abgegeben. Außerdem machte er private – für Angestellte verbotene – Termingeschäfte auf Kredit. Einmal kam ihm die Revisionsabteilung dahinter, und er flatterte vor Angst, als ich die Buchungsbelege aus der Ablage suchen musste. Doch man ließ Gnade vor Recht ergehen und entließ ihn nicht. Für die Bank waren seine Kundenberatungen scheinbar auch recht lukrativ. Später hat er in der Schweiz eine ziemlich beachtliche Karriere hingelegt. Ich fand ihn charakterlich etwas fragwürdig. Trotzdem durfte er mich küssen, wenn wir zusammen im Tresor zu tun hatten. Seine Küsse waren gar nicht mal so übel. Nur einmal auf einem Betriebsausflug ließ ich mich woanders von ihm berühren, und er rief überrascht aus: „Du hast ja dein Blümchen nicht mehr!" Scheinbar hätte er es gern gepflückt. Mehr habe ich ihm nicht gestattet. Schließlich heiratete er, und seine Frau wurde schwanger. Als der Geburtstermin heranrückte, fragte Monsieur A.: „Heiratest du mich, wenn meine Frau bei der Geburt stirbt?" Das fand ich dann doch ziemlich starken Tobak und schlackerte mit den Ohren. Natürlich sagte ich nicht ja und lächelte nur verhalten. Vor seiner Vermählung beklagte er sich bei mir darüber, dass seine Braut auf die von ihm bezahlte Bettwäsche ihr Monogramm gestickt hätte. Sie hatte keine Aussteuer, und er schien sich von ihr ausgenutzt zu fühlen.

Am Jahresende machte ich Überstunden, um die Depotauszüge zu tippen (Computer gab es ja noch nicht) und etwas zusätzliches Geld zu verdienen. Oft bis halb acht abends und kam erst gegen neun nachhause. Meine liebe Mutter wärmte dann das Essen für mich auf, wenn es mir mittags in der Kantine nicht geschmeckt hatte. Die einzige kleine Abwechslung während dieser Periode war der Flirt mit meinem Chef. Abends blieb er dann auch länger im Büro und warf mir ständig verliebte Blicke zu.

60

HOFFNUNGSLOSIGKEIT

Die Liebelei mit dem Chef verhinderte jedoch nicht, dass ich mich einsam fühlte, ohne echte Liebesbeziehung. An Sonntagen war die leere Ereignislosigkeit am schwersten auszuhalten. Ich saß gelangweilt zu Hause herum. Nichts passierte. Im Dorf hatte ich auch keine Freundinnen und Freunde mehr. Aus dem Radio kamen im Wunschkonzert nur leichte Klassik, Operettengedudel und Schnulzen wie „Heitschibumbeitschi", „Junge komm bald wieder" oder „Es hängt ein Pferdehalfter an der Wand". Ich hätte den Kasten an die Wand klatschen können. Vor lauter Frust quetschte ich Pickel aus. Danach hätte ich sowieso das Haus nicht mehr verlassen können. Der Song „Lemon Tree" von Fools Garden ruft die Stimmungslage aus jener Zeit heute wieder in mir hervor. An sich war ich ja ein Fan von Radio Saarbrücken. Ich kannte alle Sprecher und Sprecherinnen mit Namen. In der Schule schrieben wir einmal einen Aufsatz über Radio Saarbrücken. Dafür wurde ich von der Lehrerin besonders belobigt. Sie wunderte sich, dass ich so viele Namen kannte. Noch heute liebe ich das Kulturradio von Saarbrücken. An den zähen, langweiligen Sonntagnachmittagen kam es mir fast so vor, als würde sich mein Leben bis zum bitteren Ende nie mehr ändern, als hätte ich es bereits verpasst. Ich fürchtete, die entscheidenden Erfahrungen nicht zu machen. Alles schien zu stagnieren. Die Männer, die mich wollten, interessierten mich nicht, und die, an denen ich Geschmack fand, behandelten mich schlecht. Einen Ausweg sah ich nicht. Mein Blick in die Zukunft war trüb wie Kloßbrühe. Dann wiederum dachte ich: Der liebe Gott hat mir ein so schönes, bedeutungsvolles Geburtsdatum (26.6.1936) geschenkt; er wird mich jetzt schon nicht einfach hängen lassen. Immer wieder gelang es mir, mit seiner Hilfe aus den bewölkten Niederungen erneut in die sonnige Höhe zu steigen. Geholfen haben mir diese Worte: „Herr, dir in die Hände sei Anfang und Ende, sei alles gelegt."

Außer der Torschlusspanik nagte noch eine andere Sorge an mir, wenn ich sie auch mehr oder weniger verdrängte. Als ich mich in der Uni-Klinik Homburg wegen meiner Akne behandeln ließ, checkten sie alles durch und stellten Zysten an den Eierstöcken fest. Die Akne wäre hormonell bedingt, eröffnete man mir. Eine Hormonbehandlung wäre allerdings zu riskant, da die Forschung auf diesem Gebiet noch in den Kinderschuhen stecke. Die Entwicklung meines Problems könne man nur beobachten, und notfalls müsste irgendwann eine Operation erfolgen. Bereits mit 24 Jahren hatte ich immer wieder starke Schmerzen, wie mit einem Messer im Bauch, manchmal mit Fieber und Übelkeit. Zum Arzt ging ich dann nicht, weil ich wusste, dass es außer einer Operation keine Behandlungsmöglichkeit gab. Operieren wollte ich mich nicht lassen, weil Mutti und ich fürchteten, dass ich dann keine Kinder mehr kriegen könnte. Es ging auf und ab. Zeitweilig fühlte ich mich ganz gesund, dann wieder weniger. Ich hatte auch immer sehr starke Regelblutungen. Erst mit 39, nach dem Tod meiner Mutter, ließ ich mir einen degenerierten Eierstock entfernen, weil ich mich endlich einmal wieder richtig gesund fühlen wollte. Er war zu einem einzigen Tumor geworden, aber gutartig. Die Trauer um Mutti hatte meinen Gesundheitszustand sicher noch verschlechtert. Der Arzt sagte: „Sie können auch mit einem Eierstock noch schwanger werden." Dafür hätte ich aber erst noch den richtigen Mann finden müssen. Einmal las ich irgendwo, dass der Eierstock weint, wenn die Frau unglücklich ist. Und das war ich. Das klingt sehr traurig, doch im Nachhinein weiß ich, dass alles so kommen musste. Mein Lebensweg war und ist perfekt, wie mein Seelenwesen es geplant hatte. Ich bin überzeugt, dass meine Erfahrungen, ob gut oder schlecht, nötig waren, um mein Ego zu überwinden. Wenigstens zum Teil. Ganz ohne Ego kann man auf unserer Erde wahrscheinlich nicht überleben. Heilig wollte ich nicht werden.

61

KOLLEGEN BEI DER BANK

Der zweite Abteilungsleiter, der sich um die deutschen Wertpapiere kümmerte, hieß Friedrich Müller. Er hatte einen integren, humorvollen Charakter und war mir sympathisch. Er war glücklich verheiratet. Als ich einmal von meinem ersten Freund Herbert erzählte, stellte sich heraus, dass sie die Schulbank zusammen gedrückt hatten. Herberts Spitznamen war „das Milchbrötchen". Am Anfang seiner Berufskarriere hätte er einmal eine elektrische Schaltanlage in die Luft gejagt. Herr Müller wirkte ein bisschen schadenfroh beim Erzählen.

Eine sehr liebe Kollegin war mir Rosemarie Zimmer. Ich nannte sie Fräulein Zimmer, obwohl wir fast gleich alt waren. Eines Tages standen wir alle bei Herrn Müller am Schreibtisch und diskutierten darüber, welche Vornamen uns gefallen. Herr Müller sagte zu mir: „Wie gefällt Ihnen Rosemarie?" und ich blöde Kuh antwortete: „Überhaupt nicht!" Ich hatte ganz vergessen, dass meine liebe Kollegin Rosemarie heißt. Sie schaute ein wenig verlegen, sagte aber kein Wort. Nun klärte Herr Müller mich auf. Ich bin fast vor Scham in den Boden versunken. Diese Erfahrung war mir eine Lehre. Außerdem finde ich den Namen Rosemarie inzwischen richtig schön. Jetzt habe ich wieder eine Freundin, die in Leipzig wohnt und ebenfalls Rosemarie heißt.

Eine andere Kollegin, Frau Müller, (aber nicht Herrn Müllers Gattin) schien mich nicht leiden zu können. Als sie das Foto der zwölf Anwärterinnen auf den Thron der Miss Saarbrücken in der Zeitung erblickte, zeigte sie auf mich (ich saß auf einem Flügel und versuchte, meine Beine möglichst günstig zu drapieren) und sagte: „Guck mol, wies sei klä Bäncher streckt!" Ich wusste ja selbst, dass ich mit etwas längeren Beinen bessere Aussichten auf den Miss-Saarbrücken-Thron gehabt hätte. Frau Müller ist schon jung ins Jenseits ausgewandert. Sie hatte schwarze Haare und sah ziemlich rassig aus. Sie war befreundet mit der berechnenden Frau von Jean A. und hat ihr wahrscheinlich gesteckt, dass zwischen Jean und mir etwas lief. Als ich bereits gekündigt hatte, ging Frau A. zufällig vorbei, als ich draußen an der Bank die Kurse aufhängte. „Ich habe gehört, dass Sie gekündigt haben", sagte sie und wirkte erleichtert. Dabei hatte sie doch gar nichts von mir zu befürchten.

In den ersten zwei Jahren arbeitete ich zusammen mit Frau Stahl. Sie war zehn Jahre älter als ich und erfahrener. Wir standen in einem guten kollegialen Verhältnis zueinander. Nur einmal tat sie etwas, das ich mir nicht erklären konnte. Wir waren abends alle zusammen in einem Lokal etwas trinken gegangen. Frau Stahl setzte sich vor mich und sagte: „Sehen Sie mir einmal ganz tief in die Augen!" (Unter Kollegen siezte man sich damals). Ich gehorchte. Plötzlich fühlte ich einen stechenden Schmerz auf dem Handrücken. Die geschätzte Kollegin hatte ihre brennende Zigarette darauf gedrückt. Ich zuckte erschrocken zusammen, die andern Kollegen ebenfalls. Vielleicht hatte der Alkohol eine sadistische Seite in ihr geweckt. Ich blickte sie erstaunt an, verzieh ihr jedoch auf der Stelle. Was mich im Nachhinein jetzt ein wenig wundert. Jahre später sagte sie zu einer Nachbarin meiner Eltern: „Fräulein Guthörl ist sehr nett." Wahrscheinlich wollte sie mich nur prüfen, dachte ich.

62

DIE AUSSTEUER

So ab zwanzig begann ich für meine Aussteuer zu sparen. Mit ungefähr 26 kaufte ich mir ein luxuriöses großes Schlafzimmer aus Palisanderholz, wofür mir meine Eltern ihren Schlafraum abtraten und mit ihren Möbeln ins kleinere Zimmer daneben zogen. Das war vorher Werners Zimmer gewesen. Da er inzwischen geheiratet hatte, brauchte er es nicht mehr. Auch ein sechsteiliges Silberbesteck von WMF (wohlgemerkt mit 925 abgestempelt) legte ich mir zu. Mit einem zwölfteiligen wäre ich allerdings eine noch bessere Partie gewesen. Doch so viel Geld hatte ich noch nicht beisammen. Ein Ehekandidat war sowieso nicht in Sicht. Das Silber lief ständig schwarz an, und wenn ich es benutzen wollte, musste ich es zuerst umständlich mit Silberpolitur abreiben. Schon lange liegen die größten Schöpfkellen im Schließfach bei der Bank. Vielleicht sollte ich mich einmal bei der Gold- und Silberscheideanstalt nach dem Wert beim Wiederverkauf erkundigen. Am Ende bin ich reich und weiß es nicht. Zum Geburtstag und zu Weihnachten schenkten mir meine Eltern immer Bettwäsche, in der auch nie ein Ehemann gelegen hat. Inzwischen ist sie zerschlissen. Das Schlafzimmer musste Umstände halber verkauft werden fürn Appel und en Ei, als mein Vater sein Haus aus Altersgründen aufgab. In Luxemburg hatte ich auch keinen Platz dafür. Es hätte nur in eine Villa gepasst.

63

DIE MISSWAHL

Mit 21 Jahren nahm ich, wie schon erwähnt, an der Wahl der Miss Saarbrücken teil. Ich wusste natürlich, dass ich keine wirkliche Schönheit war. Außerdem hatte ich immer noch Akne. Eines Tages erhielt ich jedoch folgende Einladung zur Misswahl in Saarbrücken:

„Sehr verehrtes gnädiges Fräulein,
im 6. Jahre führen die Opal Strumpfwerke die Wahlen zur Miss Germany durch. Margit Nünke, Marina Orschel und Gerti Daub konnten in den vergangenen drei Jahren den Titel der Miss Germany gewinnen – und es eröffneten sich ihnen, neben einer Vielzahl von wertvollen Geschenken, neue Wege für ein erfolgreiches Leben.
Wir möchten Sie heute herzlich einladen, an der Wahl in der Ihnen am nächsten gelegenen Stadt teilzunehmen.
Wir fügen diesem Schreiben eine Anmeldekarte bei, und wenn Sie uns diese ausgefüllt zurücksenden, erhalten Sie – unverbindlich für Sie – die Teilnahmebedingungen zugesandt.
Wenn Sie sich daraufhin zur Teilnahme an den Vorwahlen entschließen könnten, würden wir uns freuen, Sie anlässlich dieser Gelegenheit persönlich kennen lernen zu dürfen.
Wir sind mit freundlichen Grüssen
Ihre
Miss Germany GmbH
der Opal Strumpfwerke "

Diese Chance konnte ich nicht ungenutzt an mir vorüber gehen lassen. Ich nahm an, dass die Miss vom Vorjahr der Jury meinen Namen gegeben hatte. Bei ihr kaufte ich morgens immer meinen Joghurt. Sie war die Tochter des Milchgeschäftes in der

Nähe meiner Bank. Ungeschminkt sah sie auch nicht wie eine Schönheitskönigin aus. Wir unterhielten uns jedes Mal ein wenig, und sie meinte, dass ich mich ruhig bewerben könne. Da ich hungrig nach interessanten Erlebnissen war, entschloss ich mich es zu tun. Tatsächlich wurde ich zur Vorwahl eingeladen. Als ich die andern Mädchen sah, dachte ich, dass sich die wirklich schönen Mädchen hier nicht gemeldet haben und rechnete mir eine Chance aus. Ich war unter den zwölf ersten Kandidatinnen. Vor der Jury schlotterten mir dermaßen die Knie, dass eine Dame fragte: „Warum zittern Sie denn so?" Ich antwortete: „Man wird ja nicht alle Tage so angestarrt." Die Endwahl hätte ich beinah verpasst, weil ich das Taxi von Göttelborn nach Saarbrücken erst auf den letzten Drücker bestellte. Ich dachte wohl, Herr Geid sitzt immer bereit, um mich, Mutti und Werner sofort, auf der Stelle zu fahren, wenn Ursula Guthörl anruft. Er war natürlich gerade unterwegs. So kam ich zu spät zur Wahl, was keinen guten Eindruck machte. Ich hatte ja einen Vertrag unterschrieben. Hopplahopp musste ich geschminkt werden und ein langes silbergraues schulterfreies Abendkleid anziehen. Es wurde gestellt. Nach dem ersten Durchgang durfte sich jede Kandidatin mit irgendeinem Talent präsentieren. Auch ein Interview wurde vom Conférencier gemacht. Er fragte nach Hobbys. Ich antwortete: „Singen und englische Briefe an einen indischen Brieffreund schreiben." „Wie sieht der Inder denn aus?" wollte der Mann wissen. „Typisch indisch", war meine nicht gerade geistreiche Antwort. Doch das Publikum schien sie witzig zu finden und lachte. Ich merkte, dass es mir gefiel, Leute zu unterhalten. Dann äußerte ich den Wunsch singen zu dürfen, obwohl ich mit der Band vorher aus Zeitmangel nicht hatte üben können. Da mein Kleid so eng war, dass es mir fast die Luft abschnürte, sagte ich noch: „Hoffentlich platzt mein Kleid nicht beim Singen." Und die Leute waren begeistert. Menschen zum Lachen zu bringen, fand ich richtig angenehm. Ich schlug den Song „Que sera, sera" von Doris Day vor. Der war damals gerade ein Hit, und die Kapelle konnte ihn ungeprobt spielen. Ich legte los, die Musiker passten sich mir an. Es klappte irgendwie, und die Zuschauer schienen zufrieden zu sein. Sie klatschten nämlich ziemlich laut. Danach musste ich zum Nachschminken in die Garderobe. Dort sprach mich ein südländisch aussehender Mann in gebrochenem Deutsch an. Es klang so ähnlich wie: „Gleich hinter der Bühne." Ich dachte: Was will der komische Mann mit der langen Nase von mir? In Gedanken war ich schon beim nächsten Durchgang im Badeanzug. Als die Miss gewählt war – ich war sie leider nicht geworden – ging ich zu Mutti und Werner in den Saal, um das Rahmenprogramm anzuschauen. Zu meiner großen Überraschung wurde der Mann mit der Hakennase als Leo Leandros vorgestellt, und er sang auch noch eines meiner Lieblingslieder. Ich kannte ihn aus dem Radio, hatte jedoch nie ein Foto von ihm gesehen. Fernsehen gab es damals ja noch nicht. Ich hätte mir selbst in den Hintern beißen können, dass ich ihn in der Garderobe so unfreundlich hatte abblitzen lassen. Jetzt, wo ich auch noch bei der Wahl durchgefallen war, fehlte mir der Mut, trotzdem hinter die Bühne zu gehen. Wäre ich nicht so feige gewesen, hätte Leo Leandros vielleicht eine Schlagersängerin aus mir gemacht. Er wurde später ein erfolgreicher Produzent, vor allem seiner Tochter Vicky. Als ich ihren Vater traf, war sie noch ein Kind. Ich bezweifle jedoch, dass sie heute glücklicher ist als ich kleine ehemalige Sekretärin und jetzt schreibende Rentnerin.

64

VERSUCHE ALS SCHLAGERSÄNGERIN

1964 hatte ich immer noch Lust zu singen und bewarb mich mit einem Tonband für die Sendung „Wer will, der kann" beim Saarländischen Fernsehen. Ich durfte wirklich als erste mit meinem eigenen Lied auftreten und bekam 100 DM dafür. Es hieß:

„Ich sah ihn gestern Abend auf der Straße gehn
und dachte, er schaut rüber, er muss mich einfach sehn.
Doch leider war's vergeblich, sein Blick ging gradeaus,
und ich ging ganz wie immer alleine schnell nachhaus.
Doch einmal, das weiß ich, spricht er mich auch an:
Darf ich Sie begleiten, wie freu ich mich dann.

Nach langen, bangen Wochen, ich kann es glauben kaum,
hat er mich angesprochen; mein Leben ist ein Traum.
Was mich erfüllt' mit Sehnen, das wurde Wirklichkeit,
und nie mehr fließen Tränen, denn wir sind nun zu zweit.
Und so soll es auch bleiben bei Sturm und bei Wind,
Denn nichts kann uns scheiden, weil wir glücklich sind."

Das klingt ja ganz schön romantisch und utopisch. Doch mein unerschütterlicher Glaube an die Liebe hat diese Sehnsucht erfüllt, als ich 44 Jahre alt war. Zehn Jahre zuvor musste sich Mutti noch Folgendes von einer Frau in Göttelborn anhören: „Ist Ihre Tochter verheiratet? Sie war doch so hübsch." Auf Mutters Nein: fügte sie hinzu: „Ach, das arme Mädchen!" Vor Publikum wurde eine Aufzeichnung fürs Fernsehen gemacht. Ich war entsetzlich aufgeregt, weil ich noch nie öffentlich gesungen hatte (außer bei der Misswahl) und fand mich überhaupt nicht telegen, als sie mir die Aufzeichnung zeigten. Trotzdem wurde der Film im Vorabendprogamm ausgestrahlt. Ich selbst war nicht zufrieden mit mir. Das schreckte mich aber nicht ab, 1966 erneut einen Versuch zu starten. Radio Luxemburg zusammen mit Electrola und den Blatzheim-Betrieben (Kellerlokale des Stiefvaters von Romy Schneider) schrieb einen Wettbewerb aus „Der Große Start – KDU Kabarett der Unbekannten". (Damals lebte ich allerdings schon in Luxemburg.) Am 17.3.1966 machte ich im „Tabu" in Bonn den ersten Preis und fuhr stolz mit einer Urkunde nachhause. Dieter-Thomas Heck war in der Jury. In der Endausscheidung in der Beethovenhalle von Bonn war ich nicht mehr im Rennen. Ein Fernsehjournalist von Bonn hatte mir jedoch angeboten, eine Fernsehaufnahme an diesem Abend in der Beethovenhalle mit dem Orchester des Veranstalters zu machen. Er sagte allerdings: „Singen können Sie nicht, aber Ihre Brocken sind nicht schlecht. Ihr Lied ist ein Kunstlied mit einem Feeling für Jazz." Das enttäuschte und freute mich gleichzeitig. Schließlich hatte ich keinerlei Gesangsunterricht genossen, sondern nur allein mit Hilfe eines Tonbandgerätes meine Stimme nach eigenem Gutdünken trainiert. Wieder wurde mein Auftritt trotz aller Mängel im Vorabendprogramm der ARD gesendet. Selbst gesehen habe ich ihn nie, und entdeckt von einer Plattenfirma wurde ich auch diesmal nicht. Solche Mutproben halfen mir jedoch, dass mich die Angst vor der Öffentlichkeit mit der Zeit weniger auffraß. Am liebsten und besten sang ich allein zuhause, im Auto oder im Wald. Manchmal hatte ich das Gefühl, die Vögel antworteten mir. Oft nahm ich ihre Melodien auf und sang sie nach. Vor anderen Menschen ist es mir in jenen Jahren nie gelungen, mit vom Zwerchfell gestützter Stimme das raus zu lassen, was ich wirklich empfand, obwohl ich mich doch so gern produzierte. Meine Unsicherheit und Schüchternheit hinderten mich daran. Irgendwie wusste ich auch, dass mein wahres inneres Wesen gar keine oberflächliche, von Männern gesteuerte, Schlagerlaufbahn anstrebte. Warum ich mit meinen empfindlichen Stimmbändern unbedingt singen wollte, ist mir bis heute nicht wirklich klar. Wahrscheinlich fehlte es mir nur an Austausch mit einem oder mehreren gleichgesinnten Menschen, um mich auszudrücken und um das Wesen der anderen in mich einzulassen. Damals begegnete mir jedoch niemand, mit dem/der es möglich gewesen wäre. Die Zeit und ich selbst waren noch nicht reif dafür. Ich hatte Glück, dass ich nicht in eine Szene gerutscht bin, die gar nicht zu mir gepasst hätte. Zu verdanken habe ich das wahrscheinlich dem Umstand, dass ich nicht schön genug war. Die Männer, die damals das Sagen hatten, fanden meinen Mund zu klein und die Lippen nicht voll genug, um vor einer Kamera zu bestehen. Einer fand mich auch bereits mit 21 schon ein bisschen zu alt, um eine Schlagerkarriere zu beginnen.

Übrigens, eine ganze Weile vor diesen Versuchen hatte bereits der Traum vom Singen in meinem Kopf herum gespukt. Sänger wie Bully Buhlan und Rita Paul gefielen mir. Bully Buhlan sang gerade mit viel Erfolg: „Ham se nich, ham se nich, ham se nich ne Braut für mich?". Ich ersetzte Braut mit Mann und sang es nach. Bully Buhlan war so süß und knuffig, obwohl er schon um die 40 und eigentlich Jurist war. Humorvolle Songs gefielen mir am besten. Schnulzen konnte ich nicht ausstehen. Sie waren mir zu schmalzig. Auch Rita Paul entsprach meinem Geschmack. Ich glaube, sie sang: „Ich war ein Mädchen tugendsam". Ganz sicher bin ich mir aber nicht. Es können auch Friedel Hensch und die Zypries gewesen sein. Die sangen auch „Egon, ich hab ja nur aus Liebe zu dir ein Glas zu viel getrunken". Der Song wurde jedoch bald verboten und nicht mehr im Radio gespielt. Wahrscheinlich war er der katholischen Kirche zu unmoralisch. Mit 20/21 war ich wie elektrisiert von „Rock around the Clock" gesungen von Bill Haley. Bald war dann Peter Kraus der Liebling von Mutti und mir. Er war sogar etwas jünger als ich. Solche Jüngelchen waren mir an sich zu unreif. Eigentlich finde ich ihn heute interessanter. Natürlich schwärmten wir auch für Conny (Cornelia Froboes). Eine solche Karriere wäre mein Traum gewesen. Sie selbst war diesen Traum jedoch schon nach ein paar Jahren leid und wandte sich der seriösen Schauspielkunst zu. Natürlich gab es noch eine ganze Reihe anderer Sänger und Sängerinnen, die ich mochte, zum Beispiel Harry Belafonte und Ella Fitzgerald. Durch die Zeitschriften Starrevue und Filmrevue war ich bestens über die Stars informiert. Diese Illustrierten wie auch die Constanze-Modezeitschriften sammelte ich jahrelang in einer Kiste auf dem Speicher. Ab und zu sah ich mir die alten Hefte wieder an. Als ich bereits in Luxemburg wohnte, wollte ich während eines Besuches bei meinen Eltern wieder mal in vergangenen Zeiten schwelgen. Doch zu meiner unangenehmen Überraschung hatte Vater sie fast alle entsorgt. Obwohl er wusste, wie sehr ich an diesen Heften hing. Still und heimlich hat er scheinbar jeden Tag eines in die Mülltonne geworfen. Auch Mutter bemerkte nichts davon. Ich war wütend und enttäuscht. Schließlich hatten sie mir gehört und platzmäßig gestört haben sie auch nicht wirklich im Haus. Doch für meinen Vater müssen sie ein Ärgernis erster Ordnung gewesen sein. Die „Lohnsänger" (wie er die Schlagerstars nannte) konnte er nicht leiden. Er schien eine richtige Phobie entwickelt zu haben für das, was in seinen Augen Unordnung war. Ich fand seine Handlungsweise hinterhältig. Wenigstens hätte er mich vorher fragen können. Doch er wusste genau, dass ich nicht zugestimmt hätte. Notfalls hätte ich Platz in meiner kleinen Wohnung in Luxemburg gefunden. Heute wäre eine solche Sammlung vielleicht nicht ohne Wert, ideeller sowie materieller Art.

Im Alter von 20 beschloss ich, einen bunten Abend mit Bully Buhlan und vielen anderen Künstlern, wie Freddy und Marika Rökk, in der Wartburg in Saarbrücken zu besuchen. Ich überredete meinen Bruder mich zu begleiten. Er nahm noch seinen Freund mit. Ich hatte im Sinn, nach der Veranstaltung hinter die Bühne zu gehen, um Bully Buhlan zu bitten, mich als Duettpartnerin zu engagieren. Dafür hatte ich tagelang zuhause ein Lied einstudiert, falls ein Vorsingen stattfinden würde. Als ich spät abends im Bett immer noch jaulte, wurde Vater wütend und bat sich endlich Ruhe aus. Mit zittrigen Knien stellte ich mich mit Autogrammjägern am Ende der Veranstaltung an die Tür, wohinter wir die Sänger vermuteten. Ein paar Männer öffneten und ließen uns wissen, dass die Künstler bereits ins Hotel Messmer gefahren wären. Ich, mit all meiner Naivität, sagte, dass ich Bully Buhlans Partnerin werden möchte. Die Männer grinsten ironisch, und einer machte eine anzügliche Bemerkung. Er muss mich wohl missverstanden haben. Dieser Versuch war also gehörig daneben gegangen, und ich schämte mich vor meinem Bruder und seinem Freund.

Meinen nächsten Versuch in Richtung Schlagerkarriere startete ich mit einem Brief an den Redakteur der Abteilung Unterhaltungs- und Tanzmusik des Saarländischen Rundfunks, Walter Fourman, in der Wartburg. Es hieß, er kümmere sich um den Nachwuchs und habe auch Inge Brück entdeckt. Ihre Stimme fand ich recht gut. Sie bekam eine eigene Show zusammen mit einer skandinavischen Sängerin im Fernsehen. Er lud mich für den 19.5.58 zu einem Vorsingen ein und setzte sich selbst ans Klavier. Ich hatte kein gutes Gefühl, und dementsprechend war auch mein Gesang. Ich war nicht routiniert und forsch genug, um egal vor wem meine Schau abzuziehen. Auch Herr Fourman wirkte nicht gerade von meinem Gesang beeindruckt. Trotzdem lud er mich danach noch zu einem Drink in ein Lokal ein. Als ich mich verabschiedete, um den letzten Zug zu erreichen, sagte er: „Wenn Sie ihn verpassen, kommen Sie zurück zu mir", wo ich übernachten könne. Doch ich war nicht ganz so blauäugig und roch Lunte. Das hätte ich nie getan. Eine Gesangskarriere erschlafen, war nichts für mich. Lieber wäre ich 15 Kilometer weit zu Fuß nachhause gegangen. Aber vielleicht habe ich ihn ja zu Unrecht verdächtigt, und er war nur freundlich zu mir. Das war's dann. Vorläufig. So schnell warf ich die Flinte nicht ins Korn.

65

DER WALDHORNSPIELER

Den einzigen Kontakt zur Welt der Töne, der mir vielleicht Erfolg gebracht haben könnte, habe ich im Alter von 18 Jahren verschmäht. Gaston aus Merchweiler, ein Student des Musikkonservatoriums Saarbrücken, machte mir den Hof. Er spielte Waldhorn. Auch am Klavier war er gut. Damit verdiente er sich auf Tanzböden sein Studium und Taschengeld. Seine Eltern hatten nämlich noch weniger Geld als meine. Der Vater war Bergmann, nicht Steiger wie mein Vater. Gastons Vater hatte jedoch mehr Sinn für die Musik als der meinige. Er spielte selbst in der Bergkapelle, die einen guten Ruf hatte. Es war damals also doch schon möglich, ein Kind Musik studieren zu lassen, wenn die Eltern dahinter standen, obwohl die Mittel knapp waren. Mein Vater hätte mich nicht dabei unterstützt, einen „brotlosen" Beruf zu erlernen. Ich kannte Gaston vom Sehen im Zug und Kino. Einmal sagte ich zu Mutti „Guck mal, dieser junge Mann sieht recht gut aus trotz seiner roten Locken." Rote Haare wurden damals im Allgemeinen nicht gerade bewundert, rothaarige Kinder sogar gehänselt. An Karneval spielte Gaston Klavier auf dem Ball in der Festhalle Göttelborn. Ich glaube, es war mein erster Ball. Gaston wurde auf mich aufmerksam, und immer, wenn das Orchester Pause machte, gingen wir schnell zusammen an die Bar. Die Pausen wurden länger und länger, bis die Leute protestierten. Gaston und ich amüsierten uns darüber. Danach unterhielten wir uns öfter im Zug von Saarbrücken nach Merchweiler. Ich stand vor meiner Abschlussprüfung an der Höheren Handelsschule und er am Konservatorium. Dann lud er mich ein, mit ihm ins Hallenbad in Saarbrücken zu gehen. Wahrscheinlich wollte er sich von meinen körperlichen Vorzügen überzeugen. Er hatte eine harmonische Figur und Größe. Irgendwann kreuzte er zusammen mit seinem Musikprofessor bei uns zuhause auf. Sicher wollte er dessen Meinung zu meiner Person hören, ehe er etwas mit mir anfing. Als ich meine langen Haare abschneiden ließ, wollte er unbedingt, dass ich ihm eine Locke schenke. Die habe ich ihm verweigert, weil mir das Geschenk zu intim schien. Ich war nicht überzeugt, ob ich eine nähere Beziehung mit ihm eingehen wollte. Ein Waldhornspieler als Ehemann war mir irgendwie zu riskant und unsicher. Mutti sagte: „Wenn er raue Lippen hat, muss er sich krank melden." Was mich noch an ihm störte, war, dass er immer nur von sich und seiner Musik sprach. Auf mich ging er kaum ein. Meine kaufmännische Ausbildung war ja auch nicht so spannend wie sein Musikstudium. Vollkommen im siebten Himmel schwebte er, als er sofort nach seinem Abschluss ein Engagement als Hornist in einem Orchester bekam. Das war sein ausschließliches Gesprächsthema. Mich begann es zu langweilen. Allzu viel Verständnis für sein Glück hatte ich scheinbar nicht. Mein Musikgeschmack war ziemlich trivial zu jener Zeit. Eigentlich interessierten mich nur Schlager. Ich war ja total unbeleckt von klassischer Musik, weil es keine Gelegenheiten gab, sie kennenzulernen. Das was man im Radio hörte, fand ich nur langweilig. Auch konnte ich mir damals nicht vorstellen, dem Mann nachzufolgen und meine eigenen Berufspläne von Anfang an hintan zu stellen. In Zukunft würde er als Musiker vielleicht ein unstetes Leben führen müssen, und ich hätte mich dem anzupassen. Meine Unabhängigkeit schien mir wichtiger zu sein. Dabei gefiel mir Gaston eigentlich, und ich hätte mich, wenn ich gewollt hätte, richtig in ihn verlieben können. Außerdem hätte er meinen Gesang am Klavier begleiten, und ich hätte eventuell ebenfalls eine musikalische Ausbildung nachholen können. Es hat nicht sollen sein. Mit 18 war ich für eine feste Bindung wahrscheinlich auch noch zu jung. Er war 20. Eigentlich wundere ich mich im Nachhinein, dass ein Künstler in seinem jugendlichen Alter schon solch ernsthafte Absichten hegte. Scheinbar hatte er wirklich etwas für mich übrig, während ich ihn nicht ernst nahm. Wie unsere kaum begonnene Beziehung endete und ob er noch mal von sich hören ließ, weiß ich jetzt nicht mehr. Später erfuhr ich, dass er mit einer Balletttänzerin liiert sei. Die Vorstellung war mir gar nicht so angenehm. Jetzt wäre oder ist er 76. Irgendwie interessiert es mich, was aus den Menschen geworden ist, die ich in der Jugend gekannt habe. Sollte er je mein Buch zu Gesicht bekommen, könnte er ja mal von sich hören lassen.

Auch in meiner Klasse der Höheren Handelsschule gab es einen jungen Mann, Joachim, der mich gern zu haben schien. Ich fand ihn sympathisch, aber mehr nicht. Nach unserer Abschiedsfeier mit den Mitschülern und Mitschülerinnen brachte er mich nachhause. Da es nur noch einen Zug bis Sulzbach gab, hatten wir einen sehr weiten Fußmarsch bis Göttelborn zurückzulegen. Anschließend musste mein Schulkamerad mitten in der Nacht wieder bis zum nächsten Bahnhof Quierschied laufen und den ersten Zug nach Saarbrücken nehmen. Unterwegs küssten wir uns. Ich hatte mir nicht viel dabei gedacht, doch er erwartete sich wohl mehr von mir. Bald schrieb er mir folgenden Brief:

9.8.1955
„Liebe Ursel,
Gerne erinnere ich mich des Versprechens, das wir uns bei unserem letzten Zusammensein gaben, dass wir uns nach den Ferien wiedersehen wollten. Ich möchte es nun Dir überlassen, Treffpunkt, Tag und Zeit zu bestimmen.
Die herrlichen Ferientage sind nun wieder vorbei. Im Grunde genommen waren sie viel zu kurz; denn nun ist ja für uns die Zeit der langen Schulferien vorbei. Ich hoffe gerne, dass auch Dir, liebe Ursel, Deine Ferien Freudentage waren.
Bitte, schreibe mir, wann wir uns sehen können, denn wir haben uns bestimmt viel zu erzählen.
Es grüßt Dich bis dahin
Joachim"

Ich hatte alledings keine Lust, dem Kuss auf dem Heimweg eine engere Beziehung folgen zu lassen, weil ich den netten Schulkameraden nicht liebte.

52 Jahre später sahen wir uns beim Klassentreffen 2007 wieder. Wir erkannten uns noch. Er hat Kinder und Enkel und ist geschieden. Als ich meine Rechnung im Restaurant bezahlen wollte, stellte ich mit Schrecken fest, dass ich meinen Geldbeutel vergessen hatte. Sowas war mir in meinem ganzen Leben noch nicht passiert. Sofort bot J. an, für mich mit zu bezahlen. Ich nahm dankend an, sagte aber sofort: „Beim nächsten Treffen lade ich dann dich ein." Es war mir einigermaßen peinlich, schon wieder seine Hilfe in Anspruch nehmen zu müssen, obwohl ich ihm vor 52 Jahren einen Korb gegeben hatte. Seltsame Zufälle gibt es!

66

EINE HEIRATSANNONCE

Drei Jahre später hatte ich schon eine irrationale Angst, eine alte Jungfer zu werden. so dass ich mit 22 erneut einen Versuch startete, via Heiratsannonce in der Constanze einen Ehemann zu finden. Mein ödes Dasein musste doch einmal ein Ende haben. Die Anzeige eines Brückenbau-Ingenieurs fand ich vielversprechend. Also beantwortete ich sie. Mein Brief gefiel ihm, und er schlug ein Treffen vor. Wir einigten uns auf Cochem an der Mosel. Dort war ich ja schon als Kind zusammen mit Mutti und später mit Werner gewesen. Der Ingenieur hieß Martin Schmialek und wohnte vorübergehend in Köln, wo er an der neuen Rheinbrücke am Dom mitarbeitete. Schmialek hätte ich allerdings nicht so gern geheißen. Damals konnte eine Frau ihren Mädchennamen noch nicht behalten. Gleich beim ersten Treffen gingen wir miteinander ins Bett. Ich wollte nicht zickig sein. Er merkte aber, dass ich eigentlich keine Lust hatte und meinte, ich wirke wie ein Opferlamm. Verliebt war ich überhaupt nicht, dachte aber, das kommt, wenn ich mir Mühe gebe. Wir schrieben uns für eine Weile und trafen uns noch zwei bis drei Mal. Als ich ihm eröffnete, ich wolle mir eine Stelle bei den Ford-Werken in Köln suchen, riet er mir ab. Er schien nicht in Erwägung zu ziehen, mich näher kennenzulernen, bevor er mich zur Ehefrau machen würde. Schließlich fasste ich den Entschluss, als „mothers help" (Dienstmädchen) zwecks Sprachenstudiums nach England zu gehen. In London erhielt ich noch einige Briefe von Martin. Ich schlief dort auch mit keinem andern Mann, obwohl mich ein Inder ziemlich belagerte. Zurück in Deutschland, kam Martins Abschiedsbrief. Darin stand, dass unsere Gefühle füreinander wohl doch nicht ausreichten, sonst wäre ich ja sicher nicht für so lange Zeit nach England gegangen. Mir war's recht, und ich wurde Mitglied im Aero-Club Ensheim, Abteilung Fallschirmspringen.

Im Rückblick fällt mir wieder ein, dass ich im Grunde gar nicht so gern heiraten wollte. Der Gedanke, jede Nacht mit einem Mann im Bett zu liegen und in erster Linie das zu tun, was er wollte, bereitete mir eher Unbehagen. Wenn ich mit jemand darüber sprach, hieß es: „Vorher hat fast jede Frau ein bisschen Angst davor. Das ist normal, aber es gibt sich später. Du gewöhnst dich daran."

Manchmal, wenn ich mir zum Beispiel im Zug die jungen Männer anschaute, hatte ich ein Gefühl, als ob ich mich nie mehr verlieben könnte. Keiner gefiel mir.

67

FALLSCHIRMSPRINGEN

In der Saarbrücker Zeitung hatte ich von der Gründung des Fallschirmspringer-Clubs gelesen. Diese Möglichkeit eines Auswegs aus der Eintönigkeit meines Alltags sprang mir ins Auge. Da mich das freie Fliegen wie ein Vogel schon immer fasziniert hatte und man mich vielleicht wegen meines Mutes bewundern würde, ergriff ich die Gelegenheit, um endlich etwas Außergewöhnliches zu erleben. Ein bisschen spielte ich auch mit dem Tod dabei. Ich war bei den ersten Springern aus 400 Metern Höhe. Der allererste männliche Springer brach sich gleich den Knöchel. Davon ließ ich mich jedoch nicht abschrecken. Wir lernten Fallschirmpacken und übten das Fallen und Abrollen von einer etwa 50 cm hohen Kiste. Von oben bis unten war ich mit blauen Flecken übersät. Ich schaffte mir einen Helm und Spezialschuhe mit dicker Sohle an. Einen zünftigen Overall hatte ich noch nicht. Der Ski-Anzug tat es auch. Obwohl die Vorschrift war, nur mit einem selbst gepackten Schirm zu springen, wurde mir ein Schirm gereicht, den irgendjemand anderes gepackt hatte. Mir war's egal, weil ich auch meinen eigenen Packfähigkeiten noch nicht ganz traute. Der erste Sprung gelang gut. Nach dem Landen und Abrollen sprang ich sofort wieder auf, umrundete den am Boden liegenden Schirm und nahm ihn auf meine Arme. So machte man das. Ein Journalist dokumentierte die einzelnen Schritte, vom Schirmanlegen bis zum Zurücktragen. Gesehen habe ich die Fotos allerdings nie. Auch in der Zeitung erschienen sie nicht. Nur mein Name wurde zusammen mit zwei Springerkameradinnen in einem Artikel erwähnt. Immerhin, ein bisschen berühmt war ich jetzt. Vor dem zweiten Sprung überredete ich Mutti mitzukommen und ihre tollkühne Tochter zu bestaunen. Wie herzlos war ich, um ihr das zuzumuten. Sie muss doch vor Angst und Sorge geschlottert haben, als sie mich aus dem kleinen Flieger hüpfen sah. Anfänger mussten die Reißleine nicht selbst ziehen. Sie war im Flugzeug befestigt. Ich spürte nur einen heftigen Ruck, als die Leine stramm wurde. Dann, als sich der Schirm geöffnet hatte, schwebte ich kurz und konnte in die Runde blicken, was sehr erhebend war. Doch schon ertönte der Ruf: „Steuerleine rechts, Steuerleine links!" Es war ziemlich windig, und eine Leine war verheddert. Trotzdem landete ich auf dem Platz, der von oben wie ein kleines rundes Laken aussah. Der Aufprall war so heftig, dass ich dachte: Mich tritt ein Pferd! Diesmal kam ich schräg an und fiel direkt aufs Steißbein. Die Erde schoss in einem Winkel von vielleicht 20° auf mich zu. Im ersten Moment spürte ich den Schmerz nicht, doch dafür umso heftiger noch nach Wochen und Monaten. Ich biss die Zähne zusammen und suchte keinen Arzt auf. Irgendwann war wieder alles in Ordnung. Das Fallschirm-springen gab ich danach jedoch vorsichtshalber auf. Invalide mit 22 wollte ich nun doch nicht werden.

68

SCHAUSPIELERIN

Während meiner Zeit als Bankangestellte kam ich auf die Idee, Schauspielerin zu werden. Ich kaufte mir Textbücher und lernte Rollen auswendig, zum Beispiel „Ingeborg" von Curt Goetz und „Leocadia" von Jean Anouilh. Schon als Kind liebte ich ja das Theaterspielen, und in der Höheren Handelsschule hatte man mir in der Abschlussaufführung die Hauptrolle als „Unschuld" gegeben. In die Tat umgesetzt, indem ich mich bei einer Schauspielschule beworben hätte, habe ich mein Vorhaben jedoch nicht. Tief innen wusste ich, dass ich gar nicht die Nerven gehabt hätte, diesen Beruf durchzustehen. Außerdem lernte ich nicht gern auswendig. Improvisationstheater wäre eher etwas für mich gewesen.

69

DER PREMABÜBA

Die nächste Gelegenheit, dem Leben etwas mehr Farbe zu geben, immer mit dem Hintergedanken, einen Lebenspartner zu finden, war wieder Karneval. Auch in Saarbrücken war er ein großes Ereignis. Event sagte man noch nicht. Der Straßenumzug verstopfte die ganze Innenstadt, so dass ich einmal vollkommen eingekeilt war. Ich strebte zum Bahnhof, während sich die Masse in die entgegengesetzte Richtung wälzte. Ich kämpfte dagegen an, aber umsonst: Der Zug fuhr ohne mich ab.

Der Maskenball der Presse, Maler und Bühne (Premabüba) fand im Stadttheater in allen Räumen, außer dem Zuschauersaal, statt. Er war berühmt bis über die Grenzen hinaus. Bereits mit 18 nähte ich mir mit Muttis Hilfe zum ersten Mal ein Kostüm als Spitzentänzerin mit enger Korsage und kurzem Tüllröckchen und stürzte mich ganz allein, eine Maske über der Nase mit Schleier, der den Mund verdeckte, ins Gewühl. Der Tüllrock war durch die Enge bald platt gedrückt. Es war immer sehr voll auf dem Premabüba. Auf der Bühne, dem Hauptsaal, spielten Kurt Edelhagen und sein Orchester. Billi Mo sang. Alle Besucher spendeten stehend frenetischen Beifall. Ich machte reichlich Gebrauch von der Damenwahl. Da hatte ich keine Hemmungen und im Allgemeinen auch Erfolg. Nur einmal holte ich mir einen Korb, als ich einen sehr großen, fantastisch aussehenden Mann zum Tanz aufforderte. Er sah mich in all seiner Pracht hochmütig von oben herunter kurz an und lehnte ab. Das tat meinem Selbstbewusstsein natürlich nicht besonders gut. Möglicherweise war er ein Schauspieler, dem die schönsten Damen zu Füßen lagen. Ich fasste mich aber schnell und den nächsten nicht ganz so herrlichen Mann ins Auge. Um 12 sollte man möglichst einen festen Partner für den Rest der Nacht aufgetrieben haben. Denn dann fielen die Masken, und die Mädchen und Frauen waren wieder von der Gnade der Herren abhängig. Damenwahl war vorbei. Das ging nur mit Maske. Mit dem ersten Morgenzug fuhr ich nachhause, und die Schule wurde am Tag darauf geschwänzt. Dafür hatten sogar die strengen Lehrer der H.H. Verständnis und drückten beide Augen zu. Später, als ich bei der Bank arbeitete, konnte ich nicht mehr blau machen. Ich wusch mir im Waschraum des Bahnhofs die Schminke vom Gesicht und zog mich um. Gegen sechs Uhr betrat ich die Bank (der Hausmeister öffnete mir), setzte mich in mein kleines Büro neben der Schalterhalle, lehnte meinen Kopf an die Wand und schlief prompt ein. So trafen mich um acht die Kollegen an und lachten, aber nicht aus. Wir hatten ein gutes Betriebsklima in der Effektenabteilung.

70

KÜNDIGUNG BEI DER BANK

Im Jahr 1959 kündigte ich nach vier Jahren meine Stelle bei der Bank und ging für ein knappes Jahr nach England, um die Sprache zu vervollkommnen. Ich plante jetzt nämlich Stewardess zu werden. Das war damals ein Traumberuf für junge Mädchen. Verheiratet durfte man nicht sein. Aber man hatte gute Aussichten, einen reichen oder berühmten Mann zu treffen und zu heiraten. Das stand jedenfalls in allen Illustrierten. Die Bezahlung war sehr gut, und man lernte die Welt kennen. Eine Bekannte war im Jahr davor „Mother's help" bei einer jüdischen Familie in London gewesen. Von ihr bekam ich die Adresse. Endlich wollte ich auch einmal Juden treffen und ein wenig mithelfen bei der Wiedergutmachung. Leider waren die Leute unsympathisch und beuteten mich aus für drei Pfund die Woche. Nun hatte ich Gelegenheit zu büßen. Möglicherweise habe auch ich ein wenig jüdisches Blut in den Adern. Eine Urgroßmutter mütterlicherseits war nämlich eine geborene Jud. Dieser Name in der Ahnengalerie war während des „Tausendjährigen-Reiches" nicht von Vorteil, wenn nicht gar gefährlich. Tante Hedwig, deren Zukünftiger bei der SS war, musste eine stichhaltige Erklärung für den Namen Jud beibringen, sonst wäre die Ehe nicht erlaubt worden. Man dachte sich Folgendes aus: Die Familie Jud stammte aus dem Rheinland, und dort sagte man für „gut" „jut", was so klingt wie „Jud". Erstaunlicherweise wurde die Erklärung akzeptiert, und die Heirat genehmigt. Vielleicht waren die Leute mit dem Namen Jud ja besonders geschäftstüchtig, und deshalb wurde ihnen dieser Name verpasst. Den Juden sagte man diese Qualität bekanntlich nach.

Ich wollte nicht länger als schlecht bezahlte, ungelernte Bankangestellte arbeiten. Außerdem wollte ich Distanz zwischen Jean A.

und mich legen, damit er sich in Ruhe um sein Neugeborenes kümmern könnte. Ein Jahr später, zurück von England, stand Jean eines Tages vor der Haustür meines Elternhauses. Er war verstört und erzählte, dass er auf dem Weg ins Krankenhaus sei, wo sein kleiner Sohn im Sterben liege. Er hatte Krebs und lebte nicht mehr lang. Nun war das Kind anstelle der Ehefrau gestorben. Er blieb bei ihr und bekam noch eine Tochter. Als ich Jahre später in Luxemburg lebte, besuchte er mich noch einmal. Durch einen Bekannten, der auch bei der EG (jetzt EU) arbeitete, erfuhr er meine Telefonnummer und rief mich an. Er war unglücklich und wirkte frustriert. Seine Frau wäre verrückt, erzählte er und schien immer noch an mir interessiert zu sein, ich aber immer noch nicht an ihm. Er sah bereits wie ein älterer Mann aus.

71

KOHLEWERTSTOFFBETRIEBE

Ungefähr drei Monate lang nach meiner Rückkehr von England suchte ich ohne Erfolg nach einer neuen passenden Stelle für mich. Komischerweise meldete ich mich nicht als arbeitslos beim Arbeitsamt. Ich konnte ja umsonst bei meinen Eltern wohnen und bestritt persönliche Ausgaben von meinem gesparten Geld. Damals erwartete man noch wenig von den Ämtern. Schließlich besuchte ich meinen ehemaligen Abteilungsleiter, Herrn Hell, der nach dem Wiederanschluss an Deutschland bei der Dresdner Bank arbeitete, um ihn um Rat zu fragen. Er bot mir an, wieder als seine Sekretärin bei der Dresdner Bank anzufangen. Dazu hatte ich jedoch keine Lust, weil ich etwas Neues ausprobieren wollte. Außerdem rauchte er stinkende Zigarren, wovon mir fast schlecht wurde. Damals genossen Nichtraucher noch keinen Schutz, im Gegenteil: Raucher setzten Toleranz voraus. Da Herr Hell nett war, schlug er mir vor, es bei den Röchling'schen Eisen- und Stahlwerken in Völklingen zu versuchen und rief den Personalchef, den er kannte, für mich an. Man lud mich zur einer Bewerbung und einem Vorstellungsgespräch ein. Es klappte reibungslos. Ich wurde die Sekretärin des Betriebschefs der Kohlewertstoffbetriebe, Herr von Hinke. Die Kohle ließ mich nicht los. Mit meiner Bewerbung als Stewardess hatte ich keinen Erfolg gehabt. Die Prüfungskommission der amerikanischen Airline in Hamburg meinte, dass meine Handgelenke nicht stark genug wären, um die Tabletts zu tragen und dass ich eher künstlerisch begabt sei. Die Lufthansa war damals gerade erst im Aufbau. Gleich danach war ich ziemlich enttäuscht, doch bald schon dankbar, dass ich nicht als Luftkellnerin eingestellt wurde und am Ende wahrscheinlich hinter einem Flughafenschalter gelandet wäre. Die fünf Jahre bei der Völklinger Hütte waren allerdings keine gute Alternative. Sie entpuppten sich zum absoluten Tiefpunkt meines Lebens. Dabei hätten sie doch eigentlich die schönste Phase meiner Jugend zwischen 24 und 29 voller Energie sein können. Völklingen war die reinste Hölle, und meine Männerbekanntschaften nicht minder. Heute ist die Hütte Weltkulturerbe, und die Besucher stehen mit Ehrfurcht vor den imposanten Hochofenanlagen. Jetzt, wo kein Dreck mehr filterlos in die Luft geblasen wird, sieht alles interessant und wunderbar aus. 1963/64 wäre ich dort um ein Haar kläglich eingegangen wie die Topfpflanzen auf meiner Fensterbank des Betriebsbüros. Ständig war ich krank und deprimiert. Während der ersten zwei Jahre saß ich zusammen mit vier oder fünf rauchenden, schreienden, stinkenden Männern in einem engen Betriebsbüro. Auch das Klo (Toilette wäre übertrieben) musste ich mit den Herren Kollegen teilen. Ich war die einzige Frau in diesem Betrieb. Lüften konnte man das Büro nur durch die Tür zum Flur. Das Fenster war nicht zu öffnen, weil unmittelbar davor zwei große Benzolbehälter standen und infernalisch stanken. Man war allen den gefährlichen, aus der Kohle gewonnenen, Stoffen, den sogenannten Kohlewertstoffen, schutzlos ausgeliefert. Es handelte sich um Pech, Naphthalin, Teer, Benzol und sicher noch um ein paar andere. Wenn ich abends nachhause kam, sagte Mutti: „Du stinkst ja wieder schrecklich!" Drei Monate lang nahm ich mir ein möbliertes Zimmer auf dem Heidstock in Völklingen. Es war sehr primitiv nur mit einem Bett, Kleiderschrank und Tisch. Das Badezimmer teilte ich mit den Hauseigentümern. Mehr Komfort konnte ich nicht bezahlen. Dabei hatte ich auf Deutsch, Französisch und Englisch zu arbeiten. Auch private englische Texte für von Hinkes Rotarier-Club musste ich übersetzen, zum Beispiel das Beobachten von Löwen, wie sie andere Tiere an der Tränke töteten. Die Hütte bezahlte nicht viel besser als die Bank vorher. Trotzdem hatte es einen gewissen Nimbus, bei Röchling angestellt zu sein. Der junge Röchling-Erbe war allerdings nicht dieser Meinung und betätigte sich lieber als Playboy. Sein Leben endete jung, trotz allem Luxus. Und ich hüpfe trotz aller erlittenen Widrigkeiten immer noch fröhlich durch die Gegend.

Zwei Anläufe machte ich, um mich weiterzubilden. In Saarbrücken war eine neue Akademie für Wirtschaft gegründet worden. Dort schrieb ich mich ein. In einem sehr großen Saal saßen massenhaft junge Männer und ich dazwischen als einzige Frau. Ich konnte dem Dozenten gut folgen und stenografierte eifrig mit. Die intellektuelle Arbeit machte mir richtig Spaß. Trotzdem gab ich meine Teilnahme schon bald wieder auf. Abgesehen davon, dass man als weibliches Wesen von den Herren Professoren vollkommen ignoriert wurde, war ein Studium auch nicht wirklich mit meiner Arbeitszeit bei der Hütte vereinbar. Ich hatte noch kein Auto, und das Zugfahren erforderte zu viel Zeit.

Der zweite Versuch war, das Abitur in der Abendschule in Saarbrücken nachzuholen. Über die Anmeldung kam ich jedoch nicht hinaus. Wieder wurde mir klar, dass meine Energie nach der Arbeit bei der Hütte überfordert worden wäre. Ich wohnte einfach zu abgelegen; die Wege waren zu weit. Scheinbar hatte ich auch nicht den Mut, es wieder mit einer Stelle in Saarbrücken zu versuchen. Dabei hätte ich jederzeit bei der Hauptverwaltung der Saarbergwerke arbeiten können. Sie hatten mir das gleich nach der Höheren Handelsschule angeboten. Ich verspürte jedoch keine Lust dazu, bei der gleichen Firma wie mein Vater zu arbeiten. Irgendwie war mir das nicht gut genug, weil es nach Protektion roch.

72

ERNIEDRIGUNG

Zwischendurch fand ich jedoch, dass es langsam an der Zeit wäre, mich mal wieder nach einem potentiellen Ehemann umzuschauen. Deshalb besuchte ich einen Studentenball der Universität Saarbrücken. Dort trat als Sänger Fred Bertelmann auf mit dem Lied „Der lachende Vagabund". Ich mochte es ganz gern, aber die Studenten pfiffen ihn aus, weil sie inzwischen mehr auf Rock and Roll standen. Fred Bertelman stand die Ablehnung tapfer lächelnd durch und sang sein Lied bis zu Ende. Er tat mir ein bisschen leid. An diesem Abend lernte ich Dieter K., einen Studienanfänger für Jura, kennen. Ich fand ihn ganz nett, obwohl er äußerlich eigentlich nicht mein Typ war. Er war etwas moppelig. Die drahtigen, schlanken Männer gefielen mir besser. Dieter war zudem zwei Jahre jünger als ich und kam mir leicht unreif vor. Verliebt habe ich mich nicht wirklich. Trotzdem verabredeten wir uns einige Male. Ich durfte das neue Auto meiner Eltern dafür benutzen. Zu Beginn fuhr Dieter auch einmal mit dem Auto seiner Eltern vor. Mit ihm übte ich also nun endlich richtigen Sex. Ich überwand meine Hemmungen, und Dieter wirkte auch nicht unzufrieden. Eines Tages kreuzte er bei uns in Göttelborn mit einem flotten neuen Motorrad auf und wollte mich zu einer Spritztour einladen. Ich konnte Motorräder nicht ausstehen und schlug vor, dass wir doch besser das Auto meiner Eltern benutzten. Er willigte ein, aber ich merkte ihm die Enttäuschung an. Eine Weile danach überraschte er mich wieder im Elternhaus. Ich hatte einen sehr schlechten Tag, drückte an meinen Pickeln herum und legte mich dann ins Bett. Mutti erlaubte Dieter zu mir hinauf zu gehen, worüber ich mich überhaupt nicht freute. Mein Freude-Heucheln fiel schwach aus. Aufstehen und Ausfahren wollte ich auch nicht. So zog ich Dieter ebenfalls ins

Bett. Er hatte scheinbar etwas anderes vorgehabt. Ein paar Tage später erhielt ich seinen Abschiedsbrief, in dem er mir darlegte, Sex allein sei ihm nicht genug für eine Beziehung. Er hatte ja Recht, doch ich war sehr gekränkt und fühlte mich erniedrigt. Mutti fand seinen Brief herzlos. Während ich nicht darauf antwortete, fühlte sie sich wieder berufen, mir beizustehen und tat es für mich, ohne mein Wissen natürlich. Darauf antwortete er mit folgendem Brief:

„Sehr geehrte Frau Guthörl,
Es tut mir außerordentlich leid, dass ich mit meinem Brief Ihr Fräulein Tochter beleidigt habe. Ich darf Ihnen versichern, dass ich nicht im Entferntesten daran dachte dergleichen zu tun.
Ich möchte hierfür höflichst bei Ihnen und bei Ihrem Fräulein Tochter um Entschuldigung bitten und um Vergebung nachsuchen.
Ich muss zugeben, dass ich meinen letzten Brief nicht hätte abschicken, ja überhaupt nicht hätte schreiben dürfen, da er, wie Sie sagten, kalt und gemein war. Auch wenn meine Worte so schlecht gewählt wurden, dass sie verletzlich und beleidigend wirkten, so bitte ich Sie, sie nicht als solche aufzufassen, da es nicht meine Absicht war.
Wenn Sie nun der Meinung sind, dass ich meine Pflicht dennoch gröblichst verletzt habe und Sie es für Wert halten, bin ich gerne bereit, mich brieflich mit Ihnen auszusprechen. Vor allem möchte ich gerne über Ihr Frl. Tochter reden, denn ich bin gewiss, in einigen Punkten hat Sie nicht mit Ihnen geredet. (womit er wohl nicht ganz falsch lag.)
Hochachtungsvoll, Dieter K."

Als ich diesen geschraubten Brief heute zufällig nach 50 Jahren in einem alten Schuhkarton wieder fand und las, musste ich sehr laut lachen. Auch jetzt, nach so langer Zeit, waren mir, bei aller Heiterkeit, die Gefühle von damals präsent. Einige Jahre nach dem Verhältnis mit Dieter sah Mutti meine alten Liebesbriefe durch und entsorgte den Feingefühl vermissenden Brief von Dieter. Ich fand, dass dies eigentlich nicht in ihre Zuständigkeit fiel, machte ihr jedoch keine Vorhaltungen. Ich selbst neigte ja dazu, alles Schriftliche aufzubewahren, selbst wenn es meine eigene Schande offenbarte. Man konnte ja nie wissen, wofür es in der Zukunft noch gut wäre. Jetzt kann ich diesen Schrieb also nicht mehr zitieren. Ich wunderte mich, dass Mutti den zweiten Brief nicht ebenfalls entsorgt hatte. Er kam mir fast noch gemeiner vor als der erste. Immerhin wies er aber bereits auf ein gewisses Talent für den Beruf des zukünftigen Rechtsverdrehers hin. Mit diesem Mann hätte ich wahrscheinlich, wenn wir uns gekriegt hätten, in späteren Jahren noch viel Ärger bekommen. Obwohl ich auch keine Lust mehr auf Dieter hatte, saß der Stachel tief, kalt abserviert worden zu sein. Ich kam mir billig vor und schämte mich, in relativ kurzer Zeit hintereinander drei oder vier sexuelle Kontakte gehabt zu haben. Die Bibelworte wühlten immer noch in mir. Ich hoffe, dass ich im Himmel die Männer, welche ich geliebt und nicht geliebt habe, wieder sehe, um sie alle an mein Herz zu drücken, auch ohne unsere Körper miteinander zu verkuppeln. Dann werde ich auch die um Verzeihung bitten, die ich in den Wind geschossen habe, ohne ihnen vorher herzliche oder gefühllose Briefchen geschrieben zu haben.

73

DIE DEPRESSION

Nach und nach wuchsen sich meine Enttäuschung und Frustration zu einer regelrechten Depression aus. Ich weinte ständig und wäre am liebsten im Bett liegen geblieben. Doch das ging ja nicht, weil ich bereits morgens um halb acht meinen Dienst bei der Hütte antreten musste. Auch Selbstmord zog ich in Erwägung. Das hätte ich Mutti allerdings niemals antun können. Sie war ratlos und konnte mir auch nicht helfen. Sehr gern hätte ich einmal mit einer außenstehenden, kompetenten Person über mein Dilemma gesprochen. In der Saarbrücker Zeitung fand ich die Annonce eines Psychologen. An ihn schrieb ich. Beim ersten Termin war ich vollkommen aufgelöst und brach sofort in Tränen aus, als er mich zum Sprechen aufforderte. Ich beichtete also folgsam, dass ich mich mit drei oder vier Herren kurz hintereinander eingelassen hätte. „Das ist ja auch ein bisschen viel", meinte er lakonisch und verkaufte mir gleich einige Schriften, in denen er den Frauen riet, sich rar zu machen. Damit streute er noch Salz in meine Wunde. Er wollte wissen, wo ich arbeite und ob mein Chef mit mir zufrieden wäre. Anstatt zu antworten, das gehe ihn nichts an, erzählte ich brav, dass ich Sekretärin bei Röchling sei. „Ich mache grafologische Analysen von Bewerbungen für Röchling", ließ er mich nun wissen. An wen bin ich da geraten, dachte ich plötzlich und verabschiedete mich fluchtartig. Beim Weggehen stolperte ich in seinem Flur und fiel der Länge nach hin. Ein großer Knopf meines Mantels zersprang. (Nun musste ich mir auch noch einen neuen Mantel kaufen). Nichts wie weg, dachte ich und rannte zum Auto. Ich schrieb ihm, dass ich doch nicht so verwirrt wäre, wie ich vielleicht auf ihn gewirkt hätte und dass ich seine Dienste nicht in Anspruch nehmen würde. Daraufhin erhielt ich eine gepfefferte Rechnung. Mit Psychologen hatte ich danach nichts mehr am Hut. Lieber wollte ich versuchen, mich selbst am Schopf aus dem Sumpf zu ziehen. Allmählich erholte ich mich von diesem Tief. Kleine Rückfälle warfen mich nicht mehr um.

Später, im Rückblick, kam mir zunehmend zum Bewusstsein, dass an meiner tiefen Niedergeschlagenheit nicht nur eine sexuelle Verunsicherung beteiligt war. Ich schien mich eher in einer wesenhaften, existenziellen Krise befunden zu haben, und das bereits mit 24/25 Jahren. Alles was mir begegnete, erschien mir vollkommen sinnlos. Nichts fand ich wirklich begehrenswert und für den Lauf des Lebens wichtig. Ich kam mir vor, als wäre ich an einem Nullpunkt angelangt und müsste nun mit kleinen Schritten nach und nach selbst herausfinden, was zum Dasein nötig ist. Alles stellte ich infrage und stellte mir sogar vor, dass doch eigentlich die Wissenschaftler endlich damit beginnen sollten, Untersuchungen durchzuführen, welche Produkte die Menschheit überhaupt braucht und welche man besser nicht mehr herstellt, weil sie letztenends mehr Nachteile als Vorteile bringen. Ich verstand nicht, warum die Menschen so dumm sind und sich ihre Umwelt durch unnützen Plunder selbst zerstören. Es fiel mir schwer, weiter daran teilzuhaben. Bereits vor 49 Jahren zerbrach ich mir den Kopf über Sachverhalte, die erst viel später allgemein akut wurden? Auch in Büchern fand ich keine Bestätigung für das, was ich mir selbst im Kopf zusammen bastelte. Alle Philosophien und Religionen schienen mir irgendwie nicht über gewisse Grenzen hinauszugehen. Mit niemandem konnte ich über mein Dilemma sprechen. Mutter fand, dass ich zu viel nachdenke. Ohne studiert zu haben, nahmen mich auch Akademiker nicht ernst. Ich wollte nicht nur ein niedliches, unkompliziertes Mädchen sein. Als ein Mann einmal zu mir sagte: „Du bist so lieb", antwortete ich ärgerlich: „Ich will nicht lieb sein!" Gleichzeitig war ich jedoch auch oberflächlich in meinen Vorlieben. Mode, zum Beispiel, war mir nicht gleichgültig. Die Widersprüche rissen mich hin und her. 1961 schrieb ich folgende Verse: (Es waren meine allerersten überhaupt.)

Das Glück

Ich weiß nicht, was das Leben mir noch bringt.
Der Mensch muss warten können.
Wer ständig nur mit seinen Widersprüchen ringt,
zermürbt sich selbst, wird sich den Kopf einrennen.

Hab ich zu viel erwartet und erträumt,
am Ende gar das wahre Glück versäumt?
Ich glaube nicht, betrachte es als meine Pflicht,
ehrlich zu sein, den andern gegenüber und auch mir.

Versuche ich das Gegenteil zu tun, gelingt es nie.
Wie machen's andere, wer kann mir sagen wie?
Vielleicht erreichen sie ihr Ziel,
doch vages Glück braucht of nicht viel,

und es verwandelt sich
in Kummer und Enttäuschung.
Sie glauben gar, das Leben muss so sein.
Sie fügen sich darein.

Am Ende zeigt sich erst,
wer besser es gemacht:
Wer nach dem allgemeinen Motto lebte,
oder wer nach Erfüllung seiner Hoffnung strebte."

Ich sprach die Verse auf Tonband und spielte sie meiner Mutter vor. Sie erschrak und sah mich besorgt mit ernsten Augen an. Sie hatte keine Idee, wie ich meine Zweifel bewältigen könnte.

Heute weiß ich, dass mein Zusammenbruch eigentlich ein erster Aufbruch war, der mich in Richtung meines Weges führte, den ich bis heute verfolge. Auch den für mich richtigen Philosophen, Sri Aurobindo, fand ich mit 43 Jahren. Er bestätigte all meine tastenden Ahnungen. Eigentlich geht sein Werk über das, was man als Philosophie bezeichnet, hinaus. Er selbst nannte es

„Integraler Yoga der Transformation". Er hatte eine Partnerin, Mirra Alfassa (Die Mutter), auf gleicher Augenhöhe an seiner Seite. Das finde ich wunderbar, weil Männliches und Weibliches als gleichberechtigte Aspekte des Menschen angesehen werden. In Gott ist Mann und Frau vereint.

74

DAS LEIDEN BEI DER HÜTTE

Schließlich kündigte ich das Zimmer auf dem Heidstock und fuhr jeden Abend nach Hause zu meinen Eltern, um wenigstens vor dem Schlafengehen ein wenig liebevolle Geborgenheit zu spüren. Irgendwie ahnte ich auch, dass Mutti nicht sehr alt werden würde und ich ihr deshalb noch etwas Zeit widmen möchte. Zunächst nahm ich einen Zug nach Saarbrücken und dann den Bus bis Göttelborn. Früh kam ich nicht nachhause, weil wir erst um sechs Büroschluss hatten. Manchmal fing der unverschämte Herr von Hinke kurz vorher zu diktieren an, und ich verpasste meinen Zug, obwohl ich mir das Herz aus dem Leibe gerannt hatte. Fast fürchtete ich, es bliebe stehen. Warum ich mich nicht weigerte, so spät noch ein Diktat aufzunehmen, verstehe ich heute überhaupt nicht mehr. Er wusste, dass ich einen weiten Heimweg hatte. Wahrscheinlich wollte er mich damit zwingen, wieder ein Zimmer in Völklingen zu nehmen. Unter der Voraussetzung hatte er mich nämlich ursprünglich eingestellt. Morgens begann die Arbeit um 7.30 Uhr. So früh konnte ich nicht da sein. Also erlaubte man mir, eine halbe Stunde zu spät zu kommen, wenn ich dafür die Mittagspause kürze. Schließlich erbarmten sich meine Eltern und stellten mir ihr kleines Auto zur Verfügung. Ab dann musste ich jedoch auch um halb acht antreten. Die Fahrt dauerte fast eine Stunde. Autobahnen gab es damals in dieser Gegend noch nicht. Ich litt sehr unter dem Schmutz der Hütte. Wenn ich morgens im Betrieb eintraf, war ich bereits von oben bis unten verdreckt. Meine Akne blühte auf, und meine schöne neue Wildlederjacke war binnen kurzer Zeit grau und unansehnlich. Während der letzten drei Jahre hatte ich es ein wenig leichter. Im neu gebauten Betriebsbüro der Kohlewertstoffbetriebe gab es mehr Platz. Nun hatte ich wenigstens mein eigenes Büro mit Waschbecken und ein WC ganz für mich allein. Staub und Gestank blieben allerdings weiter mein Puder und Parfum.

75

DER FROSCH BEI DER CDU

Die Mittagspause verbrachte ich oft in einem Café von Völklingen. Dort verkehrten auch Kollegen anderer Abteilungen. So hatte ich ein wenig Kontakt. Unter ihnen war ein Dr. W. Wir gingen ein paar Mal miteinander aus. Als er mich zum ersten Mal im Büro meines Chefs anrief, war letzterer sehr beeindruckt. Doch schon bald entpuppte sich Dr. W. als Frosch. Er lud mich zu einem Kolloquium mit dem Titel „Europa der Vaterländer oder Vaterland Europa?" in Saarbrücken ein. Er rutschte unruhig auf seinem Stuhl herum, bevor er sich zu Wort meldete. Er hatte nämlich politische Ambitionen. In Völklingen war er bereits Stadtrat. Bei der Hütte wollte er scheinbar nicht alt werden. Zu mir sagte er in der Europa-Konferenz: „Nimm doch einen Bleistift in die Hand und tu so, als ob du mitschreibst, damit man glaubt, du seiest eine Journalistin." Eine Sekretärin scheint ihm nicht standesgemäß genug zu sein, dachte ich und nahm den Bleistift nicht in die Hand. Das Gerede fand ich sowieso langweilig. An sich fand ich es richtig, dass Europa enger zusammen rückte, damit es nie mehr Kriege anzettelt. Meine Mitarbeit bei der EU hätte ich mir damals noch nicht vorstellen können. Dr. W. war Mitglied der CDU, obwohl er evangelisch war und die Katholen nicht leiden konnte. Bei der Partei mit dem C im Namen rechnete er sich wahrscheinlich größere Karriere-Chancen aus. Tatsächlich wurde er eine Zeitlang danach Minister im Saarland. Zu seinem Pech wurde die CDU jedoch bald abgewählt und mit seiner politischen Spitzenkarriere war es schon wieder vorbei. Ich habe jedenfalls nichts mehr von ihm in den Medien gehört oder gelesen. Auch unsere Beziehung endete etwas unschön abrupt, bevor sie eigentlich richtig begonnen hatte, nach einem missglückten sexuellen Versuch.

Er ließ nichts mehr von sich hören, und ich bedauerte es nicht. Wir passten nicht zusammen. Das einzige, was wir gemein hatten, war die evangelische Konfession.

76

DER UNVERSCHÄMTE HERR VON HINKE

Während der Zeit, als ich noch ein Zimmer in Völklingen hatte, fragte mich mein Chef, ob ich während seiner Urlaubsreise in seiner Villa wohnen möchte. Im ersten Augenblick freute ich mich, für ein paar Wochen aus meiner ungemütlichen möblierten Bude heraus zu kommen und sagte gern zu. Es stellte sich jedoch heraus, dass er nur eine Dumme gebraucht hatte, um alle schweren Rollläden abends herunter zu lassen und morgens wieder hochzuziehen. Auch eine Menge Pflanzen musste ich gießen. Und von wegen mehr Komfort: Im Wohnzimmer der Familie waren alle Sofas und Sessel mit weißen Laken bedeckt. Im Zimmer, das man mir zuwies, schien seit Jahren nicht mehr geputzt und Staub gewischt worden zu sein. Es sah darin fast so aus wie im Haus des Films „Dr. Schiwago". Auch das Bett war nicht frisch bezogen worden. Alles roch muffig, staubig. Nachts hatte ich Angst vor Einbrechern. Einmal klingelte es nämlich lange an der Haustür. Ich tröstete mich mit dem Gedanken, dass mir Herr und Frau von Hinke sicher ein nettes Geschenk aus dem Urlaub mitbringen würden und harrte aus. Als sie mir dann bei der Rückkehr gnädig eine Tafel Milchschokolade in die Hand drückten, war ich doch, gelinde gesagt, erstaunt. Dafür, dass der Herr mich danach sofort mit dem Auto in mein bescheidenes Heim zurückfuhr, sagte ich sogar danke. Er bot an, mich bis ins Zimmer zu begleiten. Das lehnte ich jedoch dankend ab.

Herr von Hinke hatte ein Problem mit seinen Knöpfen an Hemden und Jacken. Ständig fielen sie ab, und ich musste sie ihm wieder annähen. Dafür hatte ich immer Nadel und Faden in allen Farben vom eigenen Geld bereit zu halten. Am liebsten war es ihm, wenn ich die Knöpfe direkt an seinem Körper wieder annähte. Seine Frau schien keine Lust dazu zu haben. Auch

Kaffee hatte ich für ihn zu kochen. Einmal zitterte ich ein wenig, als ich den Kaffee vor ihn auf den Schreibtisch stellte. „Sie zittert ja!" feixte er. Und ich, anstatt ihm den Kaffee über die Hose zu schütten, versank vor Scham fast in den Fußboden. Das waren noch Zeiten für Chefs! Eine Sekretärin konnte fast wie eine Sklavin behandelt werden, und sie traute nicht, sich dagegen aufzulehnen, weil sie ihre Arbeitsstelle nicht riskieren wollte. Einem Herrn mit „von" vor dem Namen wäre bei Röchling bestimmt mehr geglaubt worden als mir. Dabei steckte er selbst voller Komplexe, weil er nicht studiert und seine Frau scheinbar das Geld hatte. Protektion schien ihn auf den Betriebschef-Sessel gehievt zu haben. Sogar ich merkte, dass er keine wirklichen Fachkenntnisse besaß. Nach seiner Pensionierung segnete er bald das Zeitliche, was mich nicht weiter betrübte. Sein Nachfolger, Herr Dr. Krummacher, stellte allerdings keine Verbesserung dar. Er schickte mir sogar einen Kontrolleur, als ich einmal ein paar Tage krank mit Attest zuhause blieb. Er verließ seinen Körper ebenfalls schnell nach der Pensionierung. Nach Dr. Krummacher sollte Ingenieur Dr. Ditscher der neue Betriebschef werden. Dummerweise hatte ich mich nicht genügend zur Wehr gesetzt, als er, ein verheirateter Mann, mir zu nahe getreten war. Ich wollte ihn wieder loswerden, doch er haftete an mir wie Sekundenkleber. Wenn er mir diktierte, würzte er das Diktat immer wieder durch anzügliche Redensarten, was mir unerträglich wurde. Deshalb entschloss ich mich, so bald wie möglich zu kündigen. Indirekt hat er mir also geholfen, endlich der Völklinger Hütte den Rücken zu kehren. Die Bewerbung auf eine Stellenanzeige in der Saarbrücker Zeitung war der nächste Schritt. Ich hoffe nur, dass heute, in Zeiten der Arbeitslosigkeit und der Niedriglöhne, solche Zustände nicht wieder heraufdämmern. Ehrlich gesagt, bin ich froh, alt zu sein. Mein Schutzengel hatte Erbarmen mit mir und half, dass ich diese unangenehmen Erfahrungen nach fünf Jahren endlich hinter mir lassen konnte. Meine Mutter war das Instrument der Vorsehung. Ohne sie hätte ich den Absprung vielleicht nie geschafft. Ich war bereits sehr resigniert, mut- und kraftlos und dachte traurig: Das war nun mein

Leben. Seit der Stilllegung der Hütte und der Kohlenwertstoff-
betriebe sowieso, weil inzwischen das Erdöl der Kohle den Rang
abgelaufen hatte, habe ich das Hüttengelände nicht mehr betreten. Sollte ich mir nicht doch mal ein Kultur-Event in der ehemaligen Gebläsehalle anschauen? Es sollen ja spektakuläre Dinge
dort veranstaltet werden. Hoffentlich überfällt mich dann nicht
wieder die Depression der Jahre zwischen 1960 und 1965. Auf
jeden Fall bin ich froh, dass die Schwerindustrie des Saarlandes
weitgehend stillgelegt wurde. Die Menschen hatten lang genug
gelitten. Nun kann das Land aufatmen und seine Naturschön-
heiten wieder zur Geltung bringen.

77

DIE ANFÄNGE VON GÖTTELBORN

Göttelborn war vor Errichtung des Kohlenbergwerks ein idyllischer Platz. Vater, der sich für Heimatkunde interessierte, erzählte uns, dass es davor noch gar kein richtiges Dorf gewesen war. Eher ein Flecken mit Katen für Kesselflicker, Scherenschleifer und sonstige umherziehende Kleinhandwerker. Richtig alte Häuser gibt es nicht. Viele der relativ großen Einfamilienhäuser an der Hauptstraße entstanden während oder nach der Inflation. Vater erinnerte sich, dass gut verdienende Grubenbeamte (in den ersten Jahren waren sie noch verbeamtet) ins Ruhrgebiet fuhren, um dort Häuser billig zu ersteigern. Viele Menschen gerieten durch die Finanzkrise in Konkurs und konnten ihre Häuser nicht halten. Davon profitierten andere Leute, zum Beispiel aus dem Saarland, das zu Frankreich gehörte. Die Häuser wurden bald gewinnbringend weiterverkauft, um sich in der Heimat ein schönes, großes Haus mit Erker zu bauen. Die Wälder reichten bis dicht ans Dorf, und das breite Tal wurde teilweise landwirtschaftlich genutzt. In meiner Kindheit gab es noch einen Bauern. Der Hang zu Quierschied hin war landschaftlich auch sehr lieblich. Das Kraftwerk Weiher hat alles zerstört, und der Kohlbach-Badeweiher wurde ein Auffangbecken für Schlamm. Ich erinnere mich sehr gut, wie damit begonnen wurde, die riesigen Überland-Strommasten aufzustellen. Vorher hatten wir dort in den Hecken Brombeeren gesammelt. Hinter dem Haus, wo Oma wohnte, starben plötzlich alle Bäume ab. Als Kind war ich traurig darüber. Ein öffentliches Thema war es jedoch nicht. Damals ging die Industrie über den Naturschutz. Vielleicht ist es immer noch so, doch heute sind die Menschen bewusster und protestieren eher, wenn auch oft vergeblich. Die Grube hat uns nicht wirklich beeinträchtigt. Erst als das Kohlekraftwerk erweitert wurde, begann unsere Leidenszeit in Göttelborn. Filter wurden nämlich keine eingebaut, so dass der ganze Staub auf uns nieder ging. Die Arbeit im Garten war für die Katz. Obst, Gemüse und Salat waren praktisch ungenießbar. Der graue Dreck klebte überall. Sogar in den Häusern knirschte es. Ständig war man am Wischen. An ein Vorkommnis erinnere ich mich noch sehr genau. Ich hatte mir Badewasser einlaufen lassen, ohne vorher die Wanne zu kontrollieren. Als sie voll war, schwamm eine dicke Schmutzschicht auf der Wasseroberfläche. Ich gab meine Absicht kund, das Wasser wieder ablaufen zu lassen, weil ich in dem Dreck nicht baden könne. Vater verstand das nicht und meinte ich übertreibe. Er wurde richtig wütend, als ich nicht auf ihn hörte und trotzdem neues Wasser nach gründlicher Reinigung der Wanne einlaufen ließ. Man kann sich lebhaft vorstellen, welch belastete Luft wir einatmen mussten. Draußen waren wir nur noch mit niedergeschlagenen Augen unterwegs. Ständig musste man reiben. Ich bin überzeugt, dass Muttis Bronchitis, ihre erweiterten Lungenbläschen und ihr früher Tod auf diese Umweltschande zurückzuführen waren. Irgendwann wurden die Schornsteine erhöht, so dass der Dreck auf größere Flächen weiter verteilt wurde. Schließlich baute man nach Jahren auch Filter ein, und das Leben wurde wieder halbwegs erträglich. Sogar heute noch sticht mir der typische Geruch des Kraftwerks in die Nase, wenn ich den Friedhof in Göttelborn besuche. Einmal begleitete mich eine Freundin, die angeekelt sagte: „Hier könnte ich nicht leben."

78

EIN GANZ EKLIGER KERL

Vor meinem Abgang aus Völklingen hatte ich jedoch noch eine weitere Prüfung zu bestehen, die meinem Leben in der Tat leicht einen endgültigen Abgang beschert haben könnte. Gott sei Dank war es nur ein Übergang. Meine einzige Hoffnung, aus der unbefriedigenden Situation heraus zu kommen, war, den Mann fürs Leben zu finden. An Karneval besuchte ich zu diesem Zweck einen Ball in der Nähe von Saarlouis. Dort traf ich Ernst. Er war Sportflieger und hatte vor, sich eine eigene kleine Maschine zuzulegen. Ich erzählte ihm natürlich gleich von meiner Heldentat als Fallschirmspringerin. Das imponierte ihm. Lange dauerte seine Bewunderung allerdings nicht an, und er begann uncharmant zu werden. Ich gab mir Mühe, weil ich hoffte, in ihm endlich meinen zukünftigen Ehegatten gefunden zu haben. Einmal sagte er sogar selbstbekennerisch: „Ich verstehe gar nicht, dass du mich liebst. Ich bin doch ein ganz ekliger Kerl." Da hatte er Recht, aber ich wollte ihn ändern oder seine Launen notfalls tolerieren. Am Anfang war er ja noch ganz erträglich. Als er jedoch Flugzeugbesitzer geworden war, wurde sein Verhalten mir gegenüber immer gleichgültiger und liebloser. Anstatt mich, wie zu Beginn, mit zum Flugplatz zu nehmen, kam er sonntags abends erst auf dem Heimweg auf einen Sprung bei mir vorbei, nachdem ich blöde Kuh den ganzen Tag geduldig gewartet hatte. Auf seinen Wunsch hin, versuchte ich dann, Englisch mit ihm zu üben, damit er wenigstens die internationalen Fachausdrücke der Fliegerei für den Tower erlernte. Das fiel ihm überaus schwer. Solange ich mit ihm zusammen war, hat er es nicht geschafft. Sein Flugradius reichte gerade von Ensheim bis Saarlouis oder Göttelborn. Manchmal kreiste er über unserem Haus und winkte mit der Tragfläche, so dass alle Nachbarn es sahen. Sicher dachten sie: Hat die einen netten, reichen Freund. Einmal lud er mich ein, mit ihm zu fliegen, verriet mir vorher jedoch nicht, was er vorhatte. Ich musste trotz Protest meine Handtasche im Hangar auf dem Boden liegen lassen. In der Luft zog er plötzlich den Steuerknüppel an und stieg steil mit der Nase in die Höhe, um ein Looping zu drehen. Plötzlich hing mein Kopf nach unten. Nun verstand ich, warum er meine Tasche nicht in die Kabine ließ. „Ich wollte nicht, dass sie mir um den Kopf fliegt", sagte er. Das hätte er mir auch schon auf der Erde mitteilen können. Wahrscheinlich wollte er mir einen Schreck einjagen oder testen, ob ich wirklich mutig bin. Ich fand den Kunstflug ganz interessant. Da ich annahm, dass er noch nicht abkratzen wollte, vertraute ich seinen Flugkünsten. Ein zweites Mal hat er mich geprüft, als ich für ihn in der Küche seiner abwesenden Mutter kochen musste, und zwar Spargel, die es bei meinen Eltern noch nie gegeben hatte. Dummerweise wählte ich eine komplizierte Soße aus dem Kochbuch aus und arbeitete stundenlang im Schweiße meines Angesichts. Richtig gut gelungen war sie nicht. Ich glaube, anschließend gingen wir noch in ein Restaurant, um einen Gummiadler (so nannte er Hähnchen) zu essen. Auch durch seinen Eloxierbetrieb führte er mich stolz. Dort stank es scheußlich nach Chemikalien. Davon hatte ich bereits bei der Hütte die Nase voll. Es war die hohe Zeit der Aluminium-Fensterrahmen. Heute werden sie ja meist aus Kunststoff gefertigt. Falls es seinen Betrieb noch geben sollte, ist die Konjunktur wahrscheinlich nicht mehr sehr einträglich. Er selbst wird jetzt schon 80, und ich hätte einen alten Knauser, wenn er mich geheiratet hätte. Geizig war er nämlich auch. Halt, immerhin schenkte er mir einen goldenen Ring mit Münze, den er günstig durch einen Bekannten erworben hatte. Solche Ringe gefielen mir nicht. Nach Ende unserer Beziehung verlor ich ihn umgehend, sonst hätte ich ihn zurückgegeben. Von mir bekam Ernst zu Weihnachten eine selbst gestrickte Jacke, die er auch nie getragen hat. Im Büro hielt er mir einen französischen Brief unter die Nase, den ich zu übersetzen hatte. Das konnte ich besser als Spargel kochen. Ich fühlte mich wie in einer Eignungsprüfung. Wäre ich seine Frau geworden, hätte er mich überall eingesetzt und ausgebeutet, im Haushalt wie im Büro. Seinen Arbeitern erlaubte er übrigens nicht, einer Gewerkschaft beizutreten und einen Betriebsrat zu gründen. In einer Verbindung mit ihm wäre ich ohne alle Rechte seiner Willkür ausgeliefert gewesen. Wie dankbar bin ich meinem Schicksal, die Freiheit nicht an ihn verloren zu haben. Allerdings muss ich jetzt eingestehen, dass ich damals auch nicht frei von materialistischen Gedanken war. Mein Wunsch, im Leben gut versorgt zu werden, war aber nicht der Hauptgrund, mich auf Ernst versteift zu haben. Er gefiel mir äußerlich schon nicht schlecht, und ich bildete mir ein, ihn zu lieben. Vielleicht würden wir uns heute besser verstehen und könnten sogar über unser Verhalten von vor sechsundvierzig Jahren lachen, sollten sich unsere Wege je wieder kreuzen, wenn er nicht schon von oben herunter guckt. Auf einem andern Gebiet hätten wir ebenfalls überhaupt nicht zueinander gepasst. Er brüstete sich nämlich damit, noch nie ein belletristisches Buch gelesen zu haben. Für ihn kam nur Fachliteratur infrage. Dass er ein bisschen Geige spielte, spricht wiederum für ihn. Gehört habe ich ihn jedoch nie. Irgendwann tauchte Ernst für etwa zwei Wochen nicht mehr auf. Warten hatte ich ja gelernt, doch zwei Wochen kamen selbst mir ziemlich lang vor. Ich schloss daraus, dass er mich nicht mehr sehen wollte und setzte eine Trauermiene auf. Mutti wollte mir helfen und schrieb deshalb (wieder einmal) einen Brief an Ernst, ohne mir etwas davon zu sagen. Ich erfuhr auch später nicht, was darin gestanden hatte. Ernst ließ sich umstimmen und besuchte mich wieder. Durch ihn erfuhr ich von Muttis peinlicher Einmischung. Trotzdem konnte ich ihr nicht böse sein, weil sie es ja nur gut gemeint hatte. Es wäre besser gewesen, wenn mir Ernst nie wieder unter die Augen gekommen wäre; denn erst jetzt wurde es richtig schlimm. Meine Periode war überfällig, und ich nahm an, schwanger zu sein. Sicher war man natürlich so früh noch nicht. Auch kein Arzt konnte es einem bestätigen, weil Schwangerschaftstests noch nicht erfunden waren. Ich bemerkte aber Veränderungen an meinem Körper. Die Brust war rund und prall wie nie. Außerdem war ich in Hochstimmung. So wohl hatte ich mich noch nie gefühlt. Ich freute mich bereits auf ein Baby, sagte aber nichts zu Mutti. Schließlich setzte ich Ernst davon in Kenntnis. Der war jedoch überhaupt nicht begeistert Vater zu werden und plante sofort Gegenmaßnahmen. Ich stürzte in einen Abgrund der Enttäuschung und schluckte die Chinintabletten, die er von einem Apotheker erhalten hatte. Wenn ich tue, was er will, heiratet er mich vielleicht doch noch, dachte ich völlig unlogisch. Auch danach setzten die Tage nicht ein, aber ich bekam entsetzliche Krämpfe im Unterleib. Alles spielte sich im Auto ab. Das Fahren bereitete mir Schwierigkeiten. Wenn ich vorher noch mit dem Gedanken gespielt hatte, das Kind auf die Welt zu bringen, so geriet ich nun in Panik, der Fötus könnte durch die Pillen geschädigt sein. Als Ernst mir die Adresse eines Arztes und 500 DM in die Hand drückte, willigte ich in den Abbruch ein. Ich hatte doch noch so viel vor im Leben. Ein behindertes Kind ohne Ehemann würde alles verderben. Zu einem solchen Opfer war ich nicht bereit. Ich wusste natürlich, dass meine Mutter sich gern um mein Kind gekümmert hätte. Doch das wollte ich nicht, weil ich dann letztenendes eher die große Schwester meines Kindes gewesen wäre.

Der Quacksalber von Arzt behandelte mich wie ein Flittchen. Auf seine Frage nach dem Vater, log ich, dass er verheiratet wäre und weinte dabei, um ihn zu einem Eingriff geneigter zu machen. „Später wird er Sie als Schlampe bezeichnen" prophezeite er mir daraufhin. Nun war mir alles egal. Ich stellte das Denken ein und ließ mir eine Narkose verpassen. Stunden später wachte ich mit einem wunden Gefühl im Unterleib auf. Was für ein schlechter Arzt muss das gewesen sein, um ein solches Risiko einzugehen. Wenn ich nicht mehr aus der Narkose erwacht wäre, hätte er ein Problem gehabt. Ernst kam zurück und nahm mich im Flur in Empfang. Der Arzt wollte ihn nicht sehen. Der abgebrochene Vater brachte mich zu meinem Auto und ließ mich allein nachhause fahren. Unterwegs wurde mir ziemlich schlecht, aber ich hielt durch. Zuhause schleppte ich mich sofort ins Bett. Mutti kam mir nach, und ohne viele Worte verstand sie, was passiert war. Ein paar Tage pflegte sie mich liebevoll. Auch Vater kam einmal an mein Bett, ohne sich nach dem Grund meines Krankseins zu erkundigen. Sogar Ernst hatte die Dreistigkeit, sich noch ein letztes Mal in mein Elternhaus zu wagen. Trieben ihn Gewissensbisse, oder wollte er sicher gehen, dass ich auch wirklich keinen Ableger mehr im Bauch hatte? Kinder nannte er nämlich Ableger. Schwangerschaftsabbrüche waren zu jener Zeit noch nicht von der Gesellschaft akzeptiert. Man hätte sogar deswegen ins Gefängnis kommen können. „Hast du kein Mitleid?" fragte ich ihn. Darauf antwortete er zum Glück nicht. Was hätte mir auch sein Mitleid genützt? Ich gab mir Mühe, ohne allzu viel Selbstmitleid wieder auf die Beine zu kommen und in mein ungeliebtes Büro bei der Hütte zurückzukehren. Schließlich musste ich Geld verdienen, um von meinen Eltern unabhängig zu werden und weiter für die Aussteuer zu sparen. Eigentlich hätte ich schon längst auf die Alarmglocken in mir hören müssen, die mich deutlich vor Ernst gewarnt hatten. Obwohl er mit mir schlafen wollte, verachtete er mich dafür. Er sagte nämlich einmal: „Meine Schwester hat noch nie einen Mann geküsst", obwohl sie älter war als ich und einen Freund hatte. Als wir alle zusammen in einem Lokal Sylvester feierten, bemerkte ich, dass sie ihren Freund genau so schlecht behandelte, wie ihr Bruder mich. Der Freund und ich spürten, dass wir ein gemeinsames Leid hatten und hätten es uns vielleicht gern geklagt.

Zurzeit wird wieder über Goethes Faust, erster Teil, gesprochen, der 200 Jahre alt geworden ist. Irgendwie finde ich, dass meine Geschichte ganz gut als Gegenpol dazu passt. Während Gretchen verzweifelte und trotz Enttäuschung immer noch an Faust hing, habe ich vor 45 Jahren die Misere doch recht tapfer, ohne in Selbstmitleid zu verfallen, bewältigt und mich auch emotional schnell von Ernst gelöst. Junge Frauen von heute können den Konflikt wahrscheinlich kaum noch nachvollziehen, auch wenn es immer noch schwierig ist, alleinerziehende Mutter zu sein. Die Errungenschaft der heutigen Zeit ist, dass es keine Schande mehr bedeutet, ein uneheliches Kind zu bekommen beziehungsweise sich keinen Scharlatanen ausliefern zu müssen, wenn sie das Kind nicht zur Welt bringen möchten. Das Jahr 1964 lag für mich am Wendepunkt zwischen der alten und neuen Zeit. Ein Glück, dass ich schon stark genug war, mich nicht von der Gesellschaft geächtet zu fühlen, obwohl ich etwas tat, das offiziell nicht erlaubt war. Auch die Religion hatte keine Macht mehr über mich, indem sie mir ein schlechtes Gewissen eingeimpft hätte.

79

DER RETTENDE AUFBRUCH

Einige Monate später machte mich Mutter auf eine Stellenanzeige in der Saarbrücker Zeitung aufmerksam. Darin suchte eine Schweizer Bank-Holding in Luxemburg eine Fremdsprachen-Sekretärin. Ich schrieb eine sorgfältige Bewerbung und wurde zu einem Vorstellungsgespräch eingeladen. Gott sei Dank hatte ich mich inzwischen von den schlimmen Erfahrungen mit der Liebe erholt. Auch die Belastungen durch die Hütte hatten mich nicht klein gekriegt. Ich fühlte mich gesund, selbstbewusst und leidlich hübsch. Das Feuer der Hochöfen und der Emotionen hatte mich abgehärtet. Der Direktor war von mir überzeugt und stellte mich ohne zu zögern ein. In dieser Firma blieb ich jedoch nur rund acht Monate. Das Betriebsklima war sehr schlecht. Es gab einen intriganten Direktor, einen ängstlichen Sous-Direktor, einen unerfahrenen Prokuristen und zwei Sekretärinnen (eine faule Luxemburgerin und mich). Die Holding hatte mir jedoch als Sprungbrett zu einer Anstellung auf Lebenszeit bei der Hohen Behörde für Kohle und Stahl, später Europäische Gemeinschaft und heute Europäische Union (EU) gedient.

Meine Eltern waren ganz froh, dass ich endlich aus dem Haus war. Mutter musste sich nicht mehr täglich um mich sorgen, und Vater brauchte nicht mehr mit mir zu streiten, worunter auch seine Frau gelitten hatte. Mit ungefähr 25 Jahren ging ich einmal mit meiner Kusine Brunhilde abends in ein Tanzlokal bei Saarlouis. Dort lernten wir zwei junge Männer kennen, die uns einluden, anschließend noch mit ihnen eine Bar aufzusuchen. Die hatte die ganze Nacht geöffnet. Da wir damals noch kein Telefon zuhause hatten, war ich etwas beunruhigt, weil sich meine Eltern sicher Sorgen machen würden. Ich drängte zum Aufbruch. Inzwischen war es mindestens drei Uhr, doch Brunhilde wollte noch nicht. Und ich wollte keine Spielverderberin sein und gab nach. Auf dem Heimweg kam uns schließlich mein Bruder Werner im Auto entgegen. Er hatte zu meinen Eltern gesagt, dass um diese Zeit alle Lokale geschlossen hätten. Also stellten sie sich vor, uns wäre etwas passiert. Als wir die Küche betraten, war Mutter völlig aufgelöst in Tränen. Aber anstatt Mitleid mit ihr zu haben, wurde ich ärgerlich und sagte: „Mit 25 Jahren werde ich doch wohl mal eine Nacht außer Haus bleiben dürfen!" Das sahen meine Eltern ja auch ein, aber Brunhilde wäre noch so jung, meinten sie. Damals wurde man erst mit 21 großjährig. Ja, aber sie war schuld. Jetzt, fünfzig Jahre später, tut es mir immer noch leid, dass ich meiner lieben Mutter so hart begegnet bin und sie nicht tröstend in den Arm genommen habe. Möglicherweise hat sie diese Erfahrung ja gebraucht, um mich loszulassen. Ich selbst war auch nicht konsequent, weil ich ihre Dienste, wie Kochen und Wäschewaschen noch recht gern in Anspruch nahm.

Alle drei, vier Wochen fuhr ich auf Besuch nachhause, und Mutter und ich quatschten alles durch. Wir saßen abends zusammen vor dem Fernseher, die Beine auf einem Sessel hochgelegt. Wenn ich kalte Füße hatte, sagte Mutti: „Komm, ich wärm sie dir." Ihre Füße waren nämlich immer warm, so wie ihr Herz. Während der ersten zehn Jahre wusch sie mir auch noch die Wäsche (inzwischen in einer Waschmaschine), weil ich in Luxemburg keinen Platz in der kleinen Küche hatte, um eine Waschmaschine aufzustellen. Vater hatte keine Lust, mit uns fernzusehen. Das interessierte ihn alles nicht. Er bastelte lieber in seiner Kellerwerkstatt herum, ohne viel zustande zu bringen. Außerdem konnte er dort rauchen. In der Wohnung nahm er Rücksicht auf seine Frau. Vater schien mit sich allein zufrieden zu sein. Wahrscheinlich vergrub er im Keller alles, was ihm quer kam und ihn ärgerte. Im Sommer arbeitete er natürlich bis spät abends im Garten. Seine Ernten fielen aber eher mäßig aus. Auf einen Süßkirschenbaum war er besonders stolz. Die Früchte schmeckten auch wirklich köstlich. Allerdings hatte buchstäblich jede Kirsche einen Bewohner. Ich vergesse nie, wie Vater uns einmal eine große

Schüssel voll praller dunkelroter Kirschen aus dem Garten heraufbrachte. Ich öffnete eine, zwei, drei, vier, usw. und fand nicht eine ohne Made. „Die kann ich nicht essen", protestierte ich. Vater war sehr beleidigt. Er aß sie nämlich unbesehen mit Appetit und Fleischinhalt. In solchen Dingen war er halt weniger pingelig als ich. Ich kann mich jetzt gar nicht mehr erinnern, ob Mutti sie auch abgelehnt hat, wenn ja, sicher nicht so rigoros wie ich.

Ein neuer Lebensabschnitt brach für mich an. Wenn mich auch das große Glück in Luxemburg nicht mit offenen Armen empfing, so ging es doch stetig aufwärts mit meiner inneren und äußeren Entwicklung. Nun musste ich mir keine Sorgen mehr um die Existenzsicherung machen und konnte mir endlich eine kleine Wohnung mieten und später eine neu gebaute Wohnung kaufen. Die Quälerei mit den falschen Männern ging weiter, aber ich war nicht mehr auf der Suche nach einem Ehemann, der mich gut ernähren könnte. Das konnte ich inzwischen selber. Wenn ein Mann falsch für mich war, beendete ich die Beziehung ohne Bedauern. Meine Selbstsicherheit war nicht mehr zu erschüttern. Im Rückblick weiß ich jetzt, dass mein Lebenslauf richtig war und ist. Eines ergab sich aus dem anderen. Alle Erfahrungen sind folgerichtig miteinander verknüpft und helfen mir jeden Augenblick bei der Bewusstwerdung. Auf die so genannte „große Liebe" musste ich noch fünfzehn Jahre warten. Ihr begegnete ich während eines dreijährigen unbezahlten Urlaubs in Südindien. Inzwischen hatte ich keinerlei materielle Erwartungen mehr. Mein Liebster, ein Palästinenser, war arm wie eine Kirchenmaus. Diese Geschichte habe ich in meinem Buch „Wasser-Morgen" erzählt.

80

FAZIT

Mit Hilfe der schwierigen Erfahrungen während meiner Jugend-
jahre wurden mir Eigenschaften ausgetrieben, die mich daran ge-
hindert hätten, dem Wahren, Echten im Leben zu begegnen und
es zu erkennen. Finden wäre das falsche Wort. Alles wurde mir
nämlich zum rechten Zeitpunkt durch Gnade geschenkt. Wirklich verdient habe ich nichts. Nun darf ich meine Dankbarkeit
in Demut ausdrücken. Der nächste Schritt ist die Distanzierung
von eigenen Wünschen und Bestechungsangeboten von außen.
Eine falsche Freundin sagte einmal zu mir: „Jeder Mensch hat
seinen Preis." Ich hoffe jedoch aus tiefster Seele, dass mich die
„Höhere Kraft" immer stark genug macht, den Bestechungsver-
suchungen zu widerstehen.

Nachdem ich meine Erzählung am Ende wieder durchgelesen
habe, kann ich nicht verhehlen, dass auch ein bisschen Genug-
tuung darin mitschwingt. Es hat mir gewissermaßen gut getan,
über die Unverschämtheiten einiger Leute humoristisch, ironisch
zu berichten, obwohl die Jahre der Frustrationen schon lange der
Vergangenheit angehören und ich eine glückliche ältere Frau bin.
Da ich mich beim Schreiben auch selbst nicht verschont habe,
hält sich mein schlechtes Gewissen, andere kritisiert zu haben,
in Grenzen. Die wichtigste Erkenntnis meines bisherigen Lebens
ist folgende: Liebe in jeder Ausprägung stellt die höchste Errungenschaft dar, auf die es letztendlich ankommt, weil wir sie mitnehmen können, auch wenn das letzte Hemd keine Taschen hat.
An ihrer Vollendung müssen wir unser ganzes Leben lang arbeiten. Wir werden aus der Liebe geboren und kehren schließlich
in ihre ewige Welt zurück. Für mich ist das irgendwie logisch.
Sonst hätte das ganze irdische Dasein doch keinen Sinn. Die verzweifelte, angestrengte Suche nach dem Sinn des Lebens bringt –

nach meiner Erfahrung – jedoch nichts. Wenn wir bereit sind, uns einer höheren, allgegenwärtigen Kraft hinzugeben, die Fügungen erkennen und bedingungslos zu lieben, finden uns Sinn und Glück mit Leichtigkeit und Freude von allein.

„Die Liebe ist der Endzweck der Weltgeschichte und das Amen des Universums" (Novalis)

Nachwort

All meine Bemühungen um Bewusstwerdung, den Sinn des Lebens und die Liebe zu finden, wären wahrscheinlich wie ein Kartenhaus zusammengefallen, wenn ich nicht im Dezember 1974 ein wunderbares, erhebendes inneres Erlebnis gehabt hätte. Es hat mich gerettet und mir geholfen, fortan meiner wahren inneren Stimme zu vertrauen. Danach war ich verändert und fand mich nie mehr völlig unglücklich am Boden zerstört. Ich wusste, dass irgendetwas Großes auf mich wartet; dazu brauchte ich nur geduldig und zuversichtlich einen intuitiven Schritt vor den andern zu setzen. Auch zweifle ich nicht mehr daran, dass am Ende der irdischen Tage ein neues Leben auf einer höheren Ebene in einem leichten, subtilen Körper beginnt oder dass wir nach der irdischen Abarbeitung des aktuellen Lebensplanes unserer Seele dahin zurückkehren dürfen. Was mit der physischen Hülle passiert, ist uns dann ziemlich schnuppe. Solche inneren Erlebnisse, das möchte ich ausdrücklich betonen, sind keine abgehobenen, elitären, okkulten Ausnahmeerscheinungen. Jeder kann sie erfahren, wenn er/sie dafür bereit ist und sich öffnet. Es besteht auch kein Grund, sich etwas darauf einzubilden. Man muss sie nur sehr wichtig nehmen. Allerdings verstehe ich nicht, warum die meisten Menschen ein solches Geheimnis daraus machen. Das Beispiel könnte doch dazu gut sein, auch anderen Zeitgenossen Mut zu machen, nicht an dem irdischen Jammertal zu verzweifeln und vielmehr mit Zuversicht und Vertrauen der Zukunft entgegenzusehen. Denn alles, das Angenehme wie das Unangenehme, hat seinen Sinn. Wenn ich darüber spreche, erfahre ich manchmal, dass gar nicht so wenige Mitmenschen Ähnliches erlebt haben. Sie zögern nur es zuzugeben, weil sie fürchten, sich lächerlich zu machen oder für ein bisschen überspannt gehalten zu werden. Die Einzelheiten des Mysteriums, das diese Erfahrung ausmachte, werde ich in diesem Text nicht enthüllen. Ich habe es bereits in meinem Buch „Wasser-Morgen" geschildert.

Mir scheint auch, dass Erkenntnisse solcher Art nicht neu sind; sie waren nur seit, sagen wir, 2000 Jahren mehr oder weniger verschütt´ gegangen. Einige selbsternannte Weltverbesserer und Despoten hatten das Monopol an sich gerissen, um uns vorzuschreiben, was wir zu glauben hatten. Und, wehe, wir erlaubten uns in trüber Vergangenheit, eine andere Meinung zu haben. Dann wurden wir schlimmstenfalls auf den Scheiterhaufen geschleift und abgefackelt. Schon alleine deshalb singe ich ein Loblied auf die freiere Gegenwart, und sei sie noch so kompliziert und riskant. Menschen mit Durchblick reden heute manchmal von einem großen kollektiven Kraftfeld, das sich immer weiter über die ganze Erde auszudehnen scheint, um Ost, West, Süd und Nord miteinander zu verbinden. Wenn das die neue globale Vernetzung bedeutet, bin ich vollauf damit einverstanden und vertraue darauf, dass die geistige und materielle Versöhnung und Zusammenführung aller Länder der Erde letztendlich mit Hilfe der „Höheren Kraft" gelingt. Erst dann wird die Menschheit das Kriegsbeil begraben, weil Liebe und Frieden die Vorherrschaft gewonnen haben werden.

Ganz zum Abschluss gestehe ich nun, dass ich doch noch einen Wunsch habe, nämlich: in unbekannter Zukunft – wenn ich es endgültig satt habe, meinen abgenutzten Körper durch die Landschaft zu schleppen – mit einem Lächeln in den müden Augen und auf den ausgetrockneten Lippen aus dem irdischen Körper zu schlüpfen, mit der Vorstellung, dass mir alle geliebten Menschen (die vor mir ausgestiegen sind) zum freudigen Empfang mit unverwelkbaren Blumensträußen entgegen kommen werden und mir beistehen, den Weg in die mir gemäße himmlische Existenz zu finden.

To conquer the difficulties
there is more power
in a smile than in a sigh.
(Mira Alfassa, The Mother)

Der Sieg über die Schwierigkeiten
wird eher durch die Macht eines Lächelns
als eines Seufzers erreicht.

Exposé

Als ich begann, diesen Text niederzuschreiben, zog ich in Erwägung, ihn unter einem Pseudonym zu veröffentlichen. Immerhin gebe ich einige Geheimnisse von mir preis. Jetzt, wo die Blätter vor mir liegen, finde ich es – angesichts meines Anspruchs, aufrichtig und wahr über versunkene Zeiten zu berichten – etwas feige, meinen Namen zu verschweigen. Schließlich geht es mir um Kommunikation, und ich würde mich über Reaktionen der Leser-Innen freuen. Auch sie wären anonym weniger wertvoll für mich.

Obwohl mein langer Aufsatz auf den ersten Blick wie eine Autobiografie aussehen mag, war dies nicht meine Absicht. Ich lasse lediglich Zustände, Ereignisse – persönlicher und allgemeiner Art – wie in einem Prisma zusammenfließen, um einen begrenzten Ausschnitt einer Zeitspanne lebendig werden zu lassen. Natürlich ist mein Erfahrungsreichtum damit noch lange nicht ausgeschöpft.

In erster Linie versuche ich, jungen Menschen von heute einen ungefähren Eindruck davon zu vermitteln, wie schwierig und oft rückständig die Zeit vor 70-60-50, ja 30 Jahren war. Vielleicht hilft es ihnen ja ein wenig, die Gegenwart besser zu ertragen und zu schätzen, wenn sie sich bewusst werden, dass auch die Nachkriegsgenerationen nicht immer auf Rosen gebettet waren.

Vor meinem inneren Auge zogen moderne Teenies und Grufties vorbei, während ich auf meiner Lieblingsinsel Porto Santo im Atlantik altmodisch in mein Heft kritzelte. Deshalb bezeichne ich das Ergebnis als ein Jugend- und Altenbuch. In den Mädchenjahren meiner Mutter nannte man die junge ungestüme, leicht alberne Spezies *Backfische*. Für und über sie wurden schmalzige Bücher geschrieben, die relativ wenig mit der Wirklichkeit zu tun hatten. Heute würden Teenager mitleidig darüber lächeln, denke ich mal. Mein Lieblingsbuch war: *Steffys Backfischzeit* von Magda Trott. Der Roman handelt von einem jungen Mädchen, das nach langem Hin und Her seinen ersten Kuss bekommt. Das fand ich mit fünfzehn Jahren unheimlich aufregend. Junge Damen von heute machen in jenem Alter wahrscheinlich schon ganz andere Erfahrungen und könnten sich über so viel Naivität nur amüsieren. Vielleicht würden sie das Buch aber auch ein wenig romantisch finden und mit Spaß lesen, wer weiß. So habe ich mir jahrelang meinen ersten Kuss ausgemalt. In der Realität war er dann nur nass wie von einem Karpfen, und ich traute mich nicht, mir den Mund abzuwischen, weil **Er** dadurch gekränkt sein könnte. Der neun Jahre ältere Knabe mag sich dagegen gefragt haben, warum ihn dieses 16-jährige Kind verlegen wie ein Honigkuchenpferd angrinste, wenn er es „in seine Arme riss". Sicher hatte ich irgendwo gelesen, dass man immer lieb und freundlich zu den Herren sein sollte.

Wenn ich das Radio anschalte, vernehme ich ständig, wie prekär die Zeiten sind. Wir haben eine „Schönwetter-Demokratie" hörte ich zum Beispiel jemand sagen. Man müsse warnen, um den Anfängen zu wehren und den dumpfen Rechten keine Chance zu geben, falls sich die Probleme doch nicht so schnell in den Griff kriegen lassen. Die Menschen in unserem Land hätten es jedoch satt, immer als die Bösen beschimpft zu werden. Trotzdem wäre die Jugend sehr schlecht über die Zeit vor dem Krieg, während seiner Dauer und danach informiert. Zeitzeugen hätten aber leider die Tendenz, den Nationalsozialismus zu rechtfertigen. Teenager wären außerdem wenig an komplizierten, theoretischen Abhandlungen über jene unrühmliche Zeit interessiert. Warum machen wir dann nicht das Erzählen und den Humor zu unseren Verbündeten? Ich nehme mir das jetzt zu Herzen, überwinde die Hürde meiner scheuen Zurückhaltung und versuche, meine subjektiven Wahrheiten mit Spaß und einem Augenzwinkern in die Welt zu setzen. Sehr glücklich wäre ich, wenn beim Lesen ab und zu ein herzhaftes Lachen erschallen würde, so dass die Nachbarn entnervt an die Wand klopfen. Das habe ich in Luxemburg auch schon selbst erlebt.

HERZ FÜR AUTOREN A HEART FOR AUTHORS À L'ÉCOUTE DES AUTEURS MIA KAPΔIA ΓΙΑ ΣΥΓΓΡΑΦ
FÖR FÖRFATTARE UN CORAZÓN POR LOS AUTORES YAZARLARIMIZA GÖNÜL VERELIM SZÍVÜ
PER AUTORI ET HJERTE FOR FORFATTERE EEN HART VOOR SCHRIJVERS TEMOS OS AUTORE
ZOINKERT SERCE DLA AUTORÓW EIN HERZ FÜR AUTOREN A HEART FOR AUTHORS À L'ÉCOUTE
AÇÃO ВСЕЙ ДУШОЙ К АВТОРАМ ETT HJÄRTA FÖR FÖRFATTARE Á LA ESCUCHA DE LOS AUTORE:
EURS MIA KAPΔIA ΓΙΑ ΣΥΓΓΡΑΦΕΙΣ UN CUORE PER AUTORI ET HJERTE FOR FORFATTERE EEN HA
ARIMIZ ER ÖINKÉRT SERCE DLA AUTORÓW EIN HERZ FÜR A
SCHRI S ÃO ВСЕЙ ДУШОЙ К АВТОРАМ ETT HJÄRTA FÖR F

Die Autorin

Ursula Guthörl wurde 1936 im Saarland geboren. 1965 zog sie nach Luxemburg. Von 1981 bis 1984 verbrachte sie unbezahlten Urlaub in Pondicherry (Indien). Beruflich hatte die Autorin nach dem Abschluss der Höheren Handelsschule Erfolg als Sekretärin bei der Europäischen Kommission. Das Schreiben von Gedichten machte ihr Freude und half, einsame Phasen besser zu ertragen. „Wasser-Morgen", eine „Tatsachenerzählung", hieß das erste Werk von Guthörl. In Luxemburg ist die Autorin Mitglied im Autorenlexikon. Seit 2018 lebt Ursula Guthörl in Berlin.

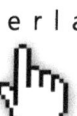